Collection animée par
Jean-Paul Brighelli et Michel Dobransky

Sir Arthur Conan Doyle
Le Monde perdu

Traduit de l'anglais par
LOUIS LABAT

Présentation, notes, questions et après-texte établis par

SYLVIE HOWLETT
professeur de Lettres

Dans la collection | Classiques & Contemporains

SÉRIES COLLÈGE ET LYCÉE

1. **Mary Higgins Clark,** *La Nuit du renard*
2. **Victor Hugo,** *Claude Gueux*
3. **Stephen King,** *La Cadillac de Dolan*
4. **Pierre Loti,** *Le Roman d'un enfant*
5. **Christian Jacq,** *La Fiancée du Nil*
6. **Jules Renard,** *Poil de Carotte* (comédie en un acte), suivi de *La Bigote* (comédie en deux actes)
7. **Nicole Ciravégna,** *Les Tambours de la nuit*
8. **Sir Arthur Conan Doyle,** *Le Monde perdu*
9. **Poe, Gautier, Maupassant, Gogol,** *Nouvelles fantastiques*
10. **Philippe Delerm,** *L'Envol*
11. *La Farce de Maître Pierre Pathelin*
12. **Bruce Lowery,** *La Cicatrice*
13. **Alphonse Daudet,** *Contes choisis*
14. **Didier van Cauwelaert,** *Cheyenne*
15. **Honoré de Balzac,** *Sarrasine*
16. **Amélie Nothomb,** *Le Sabotage amoureux*
17. **Alfred Jarry,** *Ubu roi*
18. **Claude Klotz,** *Killer Kid*
19. **Molière,** *George Dandin*
20. **Didier Daeninckx,** *Cannibale*
21. **Prosper Mérimée,** *Tamango*
22. **Roger Vercel,** *Capitaine Conan*
23. **Alexandre Dumas,** *Le Bagnard de l'Opéra*
24. **Albert t'Serstevens,** *Taïa*
25. **Gaston Leroux,** *Le Mystère de la chambre jaune*
26. **Éric Boisset,** *Le Grimoire d'Arkandias*
27. **Robert Louis Stevenson,** *Le Cas étrange du Dr Jekyll et de M. Hyde*
28. **Vercors,** *Le Silence de la mer*
29. **Stendhal,** *Vanina Vanini*
30. **Patrick Cauvin,** *Menteur*
31. **Charles Perrault, Mme d'Aulnoy, etc.,** *Contes merveilleux*
32. **Jacques Lanzmann,** *Le Têtard*
33. **Honoré de Balzac,** *Les Secrets de la princesse de Cadignan*
34. **Fred Vargas,** *L'Homme à l'envers*
35. **Jules Verne,** *Sans dessus dessous*
36. **Léon Werth,** *33 Jours*
37. **Pierre Corneille,** *Le Menteur*
38. **Roy Lewis,** *Pourquoi j'ai mangé mon père*
39. **Charles Baudelaire,** *Les Fleurs du mal*
40. **Yasmina Reza,** *« Art »*
41. **Émile Zola,** *Thérèse Raquin*
42. **Éric-Emmanuel Schmitt,** *Le Visiteur*
43. **Guy de Maupassant,** *Les deux Horla*
44. **H. G. Wells,** *L'Homme invisible*
45. **Alfred de Musset,** *Lorenzaccio*
46. **René Maran,** *Batouala*
47. **Paul Verlaine,** *Confessions*
48. **Voltaire,** *L'Ingénu*

SÉRIE ANGLAIS

1. **Roald Dahl,** *Three Selected Short Stories*
2. **Oscar Wilde,** *The Canterville Ghost*
3. **Allan Ahlberg,** *My Brother's Ghost*
4. **Saki,** *Selected Short Stories*

Sommaire

PRÉSENTATION
Qui est Sir Arthur Conan Doyle? 5

LE MONDE PERDU
Texte intégral 7

Après-texte

POUR COMPRENDRE
Séquences 1 à 8 (questions) 260

GROUPEMENT DE TEXTES
Les animaux préhistoriques 309

INFORMATION / DOCUMENTATION
Bibliographie, filmographie, visites, Internet 318

Présentation

QUI EST SIR ARTHUR CONAN DOYLE ?

Sir Arthur Conan Doyle est né à Édimbourg, en Écosse, le 22 mai 1859, dans une famille catholique d'origine normande.

Après des études chez les jésuites de Stonyhurst, il entreprend des études de médecine à Édimbourg et obtient le diplôme de docteur en médecine en 1881. On en retrouve des traces diverses dans ses romans, comme le métier du docteur Watson, compagnon maladroit et chroniqueur de Sherlock Holmes ou encore la connaissance des drogues et de l'anatomie. C'est en tant que médecin de bord qu'il voyage sur les mers arctiques et le long des côtes de l'Afrique. Puis il participe à diverses campagnes militaires anglaises, au Soudan, en Afrique du Sud, et pendant la Première Guerre mondiale. Ce sera l'objet de nombreuses conférences à travers le monde.

Tout en poursuivant sa carrière de médecin, il commence à écrire des romans policiers. Avec le succès de son premier roman, *La Tache écarlate* (1887), et malgré le peu d'argent qu'il en retire (vingt-cinq livres sterling), il décide d'abandonner la médecine pour se consacrer à la littérature. C'est ainsi que se succèdent les aventures de Sherlock Holmes. Les enquêtes les plus célèbres du héros taciturne sont racontées par le fidèle Watson, dont la naïveté souligne la finesse et l'intelligence de son héros. Sherlock Holmes, qui joint à l'enquête scrupuleuse de longues méditations, soutenues pas le jeu du violon ou, au contraire, un silence obstiné qui agace Watson, résout les mystères les plus complexes dans *Le Signe*

Présentation

des quatre (1889), *Le Chien des Baskerville* (1902) et *Les Souvenirs de Sherlock Holmes* (1927). Ces romans se déroulent dans des atmosphères souvent fantastiques et inquiétantes, mais les mystères se résolvent de la façon la plus rationnelle possible.

Le Monde perdu, publié en 1912, constitue un livre à part, entre le fantastique, la science-fiction et ce genre original inauguré par Jules Verne : relater une aventure extraordinaire et pourtant plausible dans un monde qui, jusqu'ici, n'en fournit pas les conditions. Les enquêtes préliminaires du journaliste-héros rappellent les recherches minutieuses de Sherlock Holmes. Les nombreuses conférences qui rythment le roman et les portraits souvent caricaturaux de savants doivent beaucoup à l'expérience de Conan Doyle, conférencier brillant et ancien médecin. Mais l'originalité de la découverte, si elle emprunte peut-être à Jules Verne (*cf. Voyage au centre de la Terre* et *Vingt Mille Lieues sous les mers*), met à rude épreuve les compétences des savants et le courage des aventuriers. N'oublions pas que Conan Doyle écrit *Le Monde perdu* dans une Angleterre encore bouleversée par le darwinisme. Même s'il le fait maladroitement, victime d'un ethnocentrisme répandu chez les Britanniques fiers de leurs colonies, Conan Doyle tente d'introduire certaines valeurs humanistes dans le récit des aventures de Malone. Il dénonce l'esclavage encore fréquent, quoique déguisé, en Amérique latine ; il reconnaît la spécificité des cultures indiennes ; et il dénonce le profit matériel qui s'exerce aux dépens des valeurs de courage, d'amitié et de dévouement.

Il meurt à Crowborough, dans le Sussex, le 7 juillet 1930.

Sir Arthur Conan Doyle
Le Monde perdu

Je n'ai voulu que divertir en somme,
L'homme, ce grand enfant, l'enfant, ce petit homme.

1

« NOUS VIVONS PARMI LES POSSIBILITÉS D'HÉROÏSME »

Imaginez l'être le plus dépourvu de tact qu'il y eût au monde, une espèce de cacatoès toujours ébouriffé, au demeurant un excellent homme, mais uniquement concentré sur son niais personnage : et voilà le père de Gladys, Mr. Henderson. Si quelque chose eût pu m'éloigner d'elle, c'eût été la pensée d'un tel beau-père. Je ne doute pas qu'en son for intérieur[1] il ne me crût capable de venir aux Chestnuts trois fois par semaine pour y jouir de sa compagnie, et spécialement pour l'entendre exposer ses vues sur la question du bimétallisme, où il apportait une certaine autorité.

Pendant une heure ou deux ce soir-là, je subis son morne rabâchage : supplantation de la bonne monnaie par la mauvaise ; valeur représentative de l'argent ; dépréciation de la roupie ; véritables étalons de l'échange…

– Supposez, cria-t-il avec une débile fureur, que toutes les dettes du monde fussent évoquées à la fois et leur paiement immédiat exigé : qu'arriverait-il dans les conditions actuelles ?

Je répondis qu'évidemment je me trouverais ruiné. Sur quoi, il bondit de sa chaise, réprouva mon habituelle légèreté, qui rendait impossible toute discussion sérieuse, et courut s'habiller pour une réunion maçonnique[2].

---

1. Du latin *forum* qui désigne « la place publique », « le tribunal ». Le *for intérieur* est le tribunal intérieur : « la conscience ».
2. De la franc-maçonnerie : société secrète (*cf.* séquence 1, p. 296, question 14).

Je restai seul enfin avec Gladys. L'heure de mon destin avait sonné. Je m'étais senti toute la soirée dans l'état du soldat attendant le signal qui doit fixer son incertaine fortune, et traversé alternativement par l'espoir du succès et la crainte du désastre !

Assise comme je la voyais, sa silhouette se détachant fière et fine sur un fond rouge, qu'elle était belle ! Et qu'avec cela elle gardait de réserve !

Une bonne, une très bonne amitié nous liait l'un à l'autre, mais qui ne dépassait pas les termes d'une de ces camaraderies comme il aurait pu en exister, à la *Daily Gazette* où j'étais reporter, entre un de mes confrères et moi : franchise absolue, cordialité parfaite, bon garçonnisme. Il me déplaît foncièrement qu'une femme se montre avec moi trop franche et trop à l'aise. Cela ne flatte jamais un homme. Là où commence l'attrait du sexe, la timidité et la méfiance l'accompagnent, héritage des jours mauvais où l'amour allait souvent de pair avec la violence. Une tête qui s'incline, une voix qui tremble, des yeux qui fuient, tout un être qui se dérobe, là se reconnaissent les marques de la passion, et non pas au regard assuré ni à la réplique sincère. Si peu que j'eusse vécu, j'avais eu le temps d'apprendre cela, ou de le retrouver dans cette mémoire de la race qu'on nomme l'instinct.

Gladys possédait toutes les qualités de la femme. Quelle trahison que de la juger froide et insensible ! Cette peau d'un bronze délicat, d'un coloris presque oriental, ces cheveux d'un noir de corbeau, ces grands yeux limpides, ces lèvres pleines mais exquises, tout dénonçait chez elle la flamme intérieure. Mais, cette flamme, j'avais tristement conscience de n'avoir pas su encore la faire briller au jour. Coûte que coûte, je devais, ce soir, brusquer les événements et sortir de l'incertitude. Peut-être irais-je à un échec ; mais plutôt être repoussé comme soupirant qu'accepté comme frère !

À ce point de mes pensées, j'allais rompre un long silence pénible, quand elle attacha sur moi deux yeux noirs et scrutateurs, hocha sa tête altière, et avec un sourire chargé de reproche :

— Je devine que vous allez vous déclarer, Ned. Tant pis. Nos relations étaient si gentilles !

Je rapprochai un peu ma chaise.

— Comment avez-vous su que j'allais me déclarer ? fis-je, vraiment surpris.

— Croyez-vous que les femmes s'y trompent ? Supposez-vous que jamais on en ait pris une au dépourvu ? Ah ! quel dommage de toucher à une amitié aussi charmante que la nôtre ! Vous ne comprenez donc pas combien il est merveilleux qu'un jeune homme et une jeune femme puissent, sans arrière-pensée, causer comme nous faisons, en tête à tête ?

— Mais, Gladys, je puis aussi, sans arrière-pensée, causer en tête à tête avec… avec le chef de gare, par exemple !

Je ne conçois pas comment je jetai dans la conversation le nom de ce fonctionnaire ; mais enfin je l'y jetai, et nous partîmes, elle et moi, d'un éclat de rire.

— Non, repris-je, ce que vous m'offrez ne me suffit pas, Gladys. Je voudrais vous serrer dans mes bras, je voudrais sentir votre tête sur ma poitrine, je voudrais…

75 Elle se dressa, impressionnée par la chaleur de mon émotion.
– Vous avez tout gâté, Ned, dit-elle. Et c'est toujours la même histoire. Toujours cette même… question qui intervient où elle n'a que faire ! Tant pis. Ah ! comment n'avez-vous pas plus d'empire sur vous-même ?
80 J'invoquai la nature, l'amour.
– L'amour… Oui, peut-être, quand on est deux à aimer, cela change bien des choses ; mais je l'ignore.
– Et pourtant, avec votre beauté, avec votre âme, Gladys !… Il faut aimer !
85 – Il faut, d'abord, attendre son heure.
– Qu'est-ce qui vous déplaît en moi ? Mon physique ?
Elle se pencha un peu, avança une main, me renversa la tête… Et qu'elle était gracieuse, me dévisageant ainsi, de haut, souriante et pensive !
90 – Non, ce n'est pas cela, non. Vous n'êtes pas un fat, et je puis donc vous le dire sans crainte. Mais c'est quelque chose de plus grave…
– Mon caractère ?
Elle fit « oui », sévèrement, d'un signe de tête.
95 – Mais je puis le redresser, l'amender ! Prenez un siège et causons. Prenez un siège, vous dis-je !
Elle me regarda d'un air de méfiance étonnée, plus pénible que sa confiance de tout à l'heure.
– Voyons, d'où vient que vous ne m'aimez pas ?
100 – De ce que j'en aime un autre.
Ce fut à mon tour de bondir.

— Non pas, expliqua-t-elle, riant de ma mine, non pas un être particulier, mais un idéal. L'homme dont je rêve, je ne l'ai pas rencontré encore.

— Comment le voyez-vous ?

— Il pourrait vous ressembler sur bien des points.

— Merci de cette bonne parole ! Mais enfin, que fait-il que je ne fasse pas ? Que peut-il bien être : membre d'une société de tempérance[1], végétarien, aéronaute, théosophe[2], surhomme ? Il n'y a rien que je ne sois prêt à tenter, Gladys, sur la seule indication de ce qui doit vous plaire.

Tant de souplesse la fit rire.

— Et d'abord, je crois que mon idéal ne parlerait pas ainsi. Je l'imagine plus raide, moins prompt à se plier aux caprices d'une petite sotte. Par-dessus tout, ce serait un homme d'action ; il chercherait le risque et la prouesse ; il saurait regarder la mort en face. J'aimerais en lui, non pas lui-même, mais sa gloire, pour ce qui en rejaillirait sur moi. Pensez à Richard Burton : l'histoire de sa vie écrite par sa femme m'aide tellement à comprendre l'amour qu'elle avait pour lui ! Et Lady Stanley ! Avez-vous jamais lu l'admirable dernier chapitre du livre qu'elle a consacré à son mari ? Voilà l'espèce d'homme qu'une femme peut adorer de toute son âme ; car elle s'en trouve, aux yeux du monde, non pas diminuée, mais grandie, comme l'inspiratrice de nobles gestes !

---

1. Les sociétés de tempérance militaient, surtout en Angleterre, pour une sobriété absolue.
2. La *théosophie*, « connaissance des choses divines » selon l'étymologie grecque, vise à connaître Dieu par l'approfondissement de la vie intérieure et à agir sur l'univers par des moyens surnaturels.

L'enthousiasme la rendait si belle que je faillis rompre la conversation. Je dus rappeler tout mon sang-froid pour lui répondre :

– Nous ne pouvons pas tous être des Stanley ni des Burton[1]. D'autant que les occasions nous manquent. Du moins m'ont-elles toujours manqué. Je ne demanderais, si elles se présentaient, qu'à les saisir.

– Au contraire, les occasions abondent, et tout près de nous. C'est la caractéristique de l'homme dont je parle de se les créer lui-même. Rien ne l'arrête. Je ne l'ai jamais rencontré, mais comme il me semble le connaître ! Nous vivons parmi les possibilités d'héroïsme : aux hommes de réaliser ces possibilités, aux femmes d'aimer les hommes qui les réalisent. Voyez ce jeune Français qui partit en ballon[2] la semaine dernière : un vent de tempête n'ébranla pas sa décision, et, balayé pendant vingt-quatre heures, il alla tomber à quinze cents milles, en pleine Russie ! Celui-là est de l'espèce des hommes qui m'intéressent. Pensez à la jalousie des autres femmes envers celle qu'il aimait ! Ah ! me sentir jalousée à cause d'un homme, voilà mon rêve !

– Pour l'amour de vous, j'aurais fait volontiers la même chose.

– Ce n'est pas seulement pour l'amour de moi que vous l'auriez fait, mais parce que vous n'auriez pu vous en défendre, parce qu'un instinct naturel vous l'eût ordonné, parce qu'en

---

1. Burton (1821-1890) et Stanley (1841-1904) sont de grands voyageurs et explorateurs anglais (*cf.* séquence 1, p. 296, question 16).
2. *Le Monde perdu* rappelle plusieurs romans de Jules Verne, où des journalistes réalisent des paris impossibles et des explorateurs découvrent des univers mystérieux. Ici, l'on pourrait penser à *Cinq Semaines en ballon*, écrit par Jules Verne en 1863.

vous le héros eût primé l'homme ! Quand, récemment, vous avez eu à raconter dans votre journal cette explosion de grisou, pourquoi n'être pas, au mépris de l'asphyxie, descendu avec les sauveteurs dans la mine ?

— J'y suis descendu.

— Vous ne m'en avez soufflé mot.

— Je n'y voyais rien de si méritoire.

Un certain intérêt parut s'éveiller dans les yeux de Gladys.

— Ce fut très brave, dit-elle.

— Je ne pouvais agir autrement. On ne fait de bonne copie qu'en se documentant par soi-même.

— La plate raison ! Elle me dépoétise presque votre acte. Mais ne parlons pas de raison ! Il me suffit que vous soyez descendu dans cette mine : j'en suis heureuse.

Elle me tendit la main avec une dignité charmante, et, m'inclinant, je baisai ses doigts.

— Oui, je le reconnais, je suis simplement une femme un peu folle, avec des imaginations de petite fille. Mais ces imaginations prennent chez moi une réalité si forte, elles deviennent tellement moi-même, que je ne saurais m'empêcher d'y conformer ma conduite. Si je me marie, j'entends n'épouser qu'un homme célèbre.

— Pourquoi pas ? m'écriai-je. Ce sont des femmes comme vous qui exaltent les hommes. Vous m'avez exalté. Offrez-moi une chance, vous verrez si je n'en profite pas sur l'heure ! Ou plutôt, non : les hommes, vous l'avez fort bien dit, ont à se faire leurs chances, sans les attendre de personne. Un simple commis,

Cleeve, ne nous a-t-il pas conquis l'Inde ? *By George !* je prétends servir à quelque chose ici-bas !

Elle rit de ma brusque effervescence irlandaise.

– Mais en effet, dit-elle, vous avez tout ce qu'un homme peut avoir : jeunesse, santé, vigueur, éducation, énergie. Vous m'aviez, tantôt, fait de la peine ; à présent, je me réjouis de cet entretien s'il suscite en vous des idées pareilles.

– Et si je… ?

Le tiède velours de sa main se posa contre mes lèvres.

– Plus un mot. Voilà une demi-heure que votre service de nuit vous réclame. Je n'avais pas le cœur de vous en faire souvenir. Nous recauserons peut-être un jour, quand vous aurez pris votre place dans le monde.

Et ce fut ainsi que, par une brumeuse soirée de novembre, je me trouvai courant après le tramway de Camberwell. Le cœur me rayonnait dans la poitrine. Non, le jour du lendemain ne s'achèverait pas sans m'avoir suggéré un exploit digne de ma dame ! Mais, cet exploit, qui jamais l'eût imaginé si invraisemblable, et déterminé par un concours de circonstances si singulières ?

Je ne voudrais pas qu'on fît à ce premier chapitre le reproche d'inutilité. Il commande toute mon histoire. C'est seulement quand un homme vient à sentir autour de lui mille possibilités d'héroïsme et dans son cœur le désir violent d'en réaliser une, n'importe laquelle, c'est alors seulement, dis-je, qu'il rompt, comme moi, avec le banal train-train de l'existence, pour entrer dans le mystérieux et merveilleux pays où l'attendent les grands hasards et les grandes rémunérations. En arrivant aux bureaux de la *Daily Gazette*, où je ne comptais que pour une bien petite unité, j'y portais la ferme résolution de trouver, et, de préférence, cette nuit même, une entreprise selon les vœux de ma Gladys. Qu'il y eût, de sa part, égoïsme et dureté de cœur à me demander de risquer ma vie pour sa gloire, c'est là de ces détails dont on s'avise avec l'âge, mais non pas dans l'ardeur de la vingt-troisième année et dans la fièvre d'un premier amour.

BIEN LIRE

CHAPITRE 1
- **Le mobile décisif de l'aventure que va vivre le héros est le désir de séduire sa bien-aimée par une action héroïque (*cf.* séquence 1, p. 296, question 15).**
- **Comment Gladys définit-elle le héros ? Par quelle action héroïque le narrateur s'est-il déjà signalé, sans pour autant s'en vanter ?**

2

« Tentez la chance auprès de Challenger »

J'avais toujours eu de la sympathie, au journal, pour le chef du service des nouvelles, Mc Ardle, un petit vieux bourru, voûté, roux de poil ; et j'espérais ne lui être pas antipathique. Bien entendu, le vrai patron, c'était Beaumont ; mais il vivait dans l'atmosphère raréfiée d'une sorte de région olympienne, où rien ne parvenait jusqu'à lui qui n'eût au moins l'importance d'une scission dans le Cabinet ou d'une crise internationale. Nous le voyions de temps en temps gagner les ombres de son sanctuaire : il passait solitaire et majestueux, les yeux vagues, l'esprit tourné vers les Balkans où le golfe Persique. Il planait au-dessus de nous, loin de nous. Nous ne connaissions que Mc Ardle. Mc Ardle le représentait devant nous. Quand j'entrai dans la pièce où il se tenait, le bonhomme me fit un petit salut de la tête, et relevant ses bésicles jusqu'au sommet de son crâne chauve :

– Eh bien, mais… il me semble que vous vous tirez d'affaire, monsieur Malone ? dit-il avec un accent écossais tout plein de bienveillance.

Je le remerciai.

– Parfaite, votre relation du coup de grisou. Celle de l'incendie de Southwark était déjà excellente. Vous avez la note. Mais vous désirez me parler, je crois ?

– J'ai à vous demander une faveur.

Le Monde perdu

Ses yeux inquiets m'évitèrent.

– Ah bah ! et de quoi s'agit-il ?

– De voir s'il n'y a pas une mission que vous puissiez me confier au nom du journal. Je ferai tout pour la bien remplir, monsieur, et pour vous envoyer de la copie intéressante.

– Quelle espèce de mission voulez-vous dire, monsieur Malone ?

– N'importe laquelle, pourvu qu'elle comporte de l'aventure et du danger. J'y mettrai, je vous assure, toute ma conscience. Elle me conviendrait d'autant mieux qu'elle serait plus difficile.

– Vous tenez à risquer votre vie ?

– Pour me donner une raison de vivre !

– Pardieu ! voilà qui s'appelle de l'enthousiasme, monsieur Malone ! Malheureusement, je crains que le temps ne soit passé de ces sortes d'entreprises. Une mission spéciale justifie rarement par ses résultats les frais qu'elle occasionne ; et, dans tous les cas, elle ne se confie jamais qu'à un homme d'expérience, dont le nom en impose au public. Les grands espaces vierges sur la carte du monde s'effacent de jour en jour, et il n'y a plus de place nulle part pour le romanesque. Mais… attendez donc !

Un sourire éclaira le visage de Mc Ardle.

– En parlant des grands espaces restés vierges sur la carte, il me vient une idée. Que diriez-vous si je vous chargeais de confondre un imposteur, un moderne Münchhausen[1], et de le

---

[1] Le baron Karl Hieronymus von Münchhausen (1720-1797) servit comme officier dans l'armée russe en 1740, dans la guerre contre les Turcs. Ses aventures extravagantes ont inspiré romanciers et cinéastes.

rendre ridicule ? Vous auriez à faire la preuve de ses mensonges. Hé ! hé ! mon ami, cela n'irait pas sans beauté. Que vous en semble ?

– Tout ce que vous voudrez, où et quand vous voudrez.

Mc Ardle réfléchit une minute.

– La question, dit-il enfin, c'est de savoir si vous pourriez vous entendre – ou même simplement causer – avec notre homme. Mais vous semblez avoir une sorte de génie pour vous imposer aux gens : don de sympathie, pouvoir magnétique, effet de vitalité juvénile, ou quelque chose d'analogue, je suppose. J'en ai, pour ma part, le sentiment très net.

– Vous êtes bien aimable.

– Tentez donc la chance auprès du professeur Challenger !

Je ne dissimulai pas ma surprise.

– Challenger ? m'écriai-je ; le professeur Challenger, d'Enmore Park ? le fameux zoologiste ? N'est-ce pas lui qui cassa la tête à Blundell, du *Telegraph* ?

Le « chef » esquissa un sourire.

– Cela vous trouble ? Vous me disiez que vous cherchiez les aventures ?

– Le fait est qu'en voilà une !

– Précisément. Je suppose d'ailleurs qu'il ne pousse pas toujours si loin la violence. Sans doute Blundell tomba mal ou ne sut pas le prendre. Vous pouvez avoir plus de veine ou plus de tact. Il y a là, sûrement, dans le sens indiqué par vous, quelque chose à faire. La *Gazette* marcherait.

– Mais j'ignore tout de Challenger. Je me souviens seulement d'avoir vu, à propos de Blundell, son nom évoqué en simple police pour coups et blessures.

– Apprenez une chose, monsieur Malone : ce n'est pas d'aujourd'hui que le professeur m'intéresse et que je le tiens à l'œil.

Il sortit un papier d'un tiroir.

– Voici sa fiche. Je vous la résume :

« Challenger, George-Edouard. Né à Largs (Angleterre septentrionale), 1863. Élève de l'académie de Largs, université d'Édimbourg. Adjoint au British Museum, 1892. Conservateur adjoint du Service d'anthropologie comparée, 1893. Résigna ses fonctions la même année, après des lettres acrimonieuses. Titulaire de la médaille Crayston pour recherches zoologiques. Membre étranger de… (ici une kyrielle de noms, plusieurs lignes en petits caractères : Société belge, Académie des sciences de la Plata, etc.). Ancien président de la Société paléontologique, membre de l'Association britannique, section H… Et ainsi de suite. A publié : *Quelques Observations sur une série de crânes kalmouks*; *Esquisses de l'évolution vertébrée*; et de nombreux articles dont un, *Les Mensonges du weismannisme*, provoqua une discussion orageuse au Congrès zoologique de Vienne. Récréation favorite : marche, excursions en montagne. Adresse : Enmore Park, Kensington, W. »

« Voilà. Prenez ça. Je crois que pour ce soir nous n'avons plus rien à nous dire.

J'empochai le papier.

– Pardon, monsieur, insistai-je, m'avisant que déjà je n'avais plus devant moi une figure, mais un crâne ; j'entends bien qu'il s'agit d'interviewer ce gentleman ; mais à quel propos ?

Instantanément, je vis reparaître la figure.

– Parti seul en exploration, il y a deux ans, en Amérique du Sud. Rentré l'année dernière. Refusa de préciser la région explorée. Commençait un vague récit de son voyage quand, pour une objection soulevée, se replia dans sa coquille. Ou bien a été le héros d'une aventure peu banale, ou bien, ce qui paraît plus probable, n'est qu'un farceur. Rapportait quelques photographies en mauvais état, qu'on prétend truquées. Est devenu irritable au point de se jeter sur quiconque l'interroge et de faire dégringoler son escalier aux journalistes. Mégalomane homicide à tournure scientifique. J'ai vidé mon sac, monsieur Malone. Allez, maintenant, et rendez-vous compte. Vous êtes de taille à imposer le respect. En tout cas, le journal vous couvre : loi sur la responsabilité patronale en matière d'accidents.

Un crâne liséré de petits poils blonds avait de nouveau pris la place de la figure ricanante et rouge. L'entretien était clos.

Je pris la porte et me dirigeai vers le Savage Club ; mais au lieu d'y entrer, je m'accoudai sur la balustrade de l'Adelphi Terrace, où je demeurai pensif à contempler la coulée huileuse et brune de la Tamise. En plein air, les idées me viennent plus nettes et plus justes. Je pris la notice que Mc Ardle m'avait remise ; je la lus sous un globe électrique, et j'eus alors ce qu'il m'est impossible de ne pas considérer comme une inspiration. Pour arriver jusqu'au terrible professeur, je savais n'avoir pas à compter sur ma qualité de journaliste ; mais les violences dont faisait mention par deux fois sa biographie sommaire pouvaient

… n'impliquer chez lui qu'un fanatisme de savant. N'y avait-il pas, de ce côté, un point par où il demeurait accessible ? Je verrais bien.

J'entrai au Club. Onze heures sonnaient. La grande salle commençait à se remplir. Dans un fauteuil près de la cheminée, je remarquai un homme grand, mince, aigu, desséché. L'heureuse rencontre ! Je connaissais Tarp Henry : il appartenait à la rédaction de *Nature*, et il était la bonne grâce en personne. Je lui demandai à brûle-pourpoint :

– Que savez-vous du professeur Challenger ?

– Challenger ?

Il fronça les sourcils.

– Challenger est cet individu qui, parti pour l'Amérique du Sud, en revint avec une histoire abracadabrante.

– Quelle histoire ?

– Il avait, disait-il, découvert les animaux les plus étranges. Depuis, je crois qu'il a fait amende honorable. Ou, du moins, il s'est tu. Interviewé par l'Agence Reuter, il souleva par ses déclarations une telle clameur qu'il jugea inutile d'insister. C'était une affaire à le discréditer devant tous ses confrères. Une ou deux seules personnes ayant paru disposées à le prendre au sérieux, lui-même les découragea vite.

– Comment cela ?

– Par son intolérable grossièreté, par ses façons impossibles. Je vous citerai entre autres le vieux Wadley, de l'Institut zoologique. Wadley lui envoya un message conçu en ces termes : « Le président de l'Institut zoologique présente ses compliments au professeur Challenger et considérerait comme une faveur personnelle qu'il voulût bien faire à ses collègues et à lui-même l'honneur d'assister à leur prochaine séance. » La réponse n'aurait pu décemment s'imprimer.

– Elle peut se dire ?

– Je vous la traduis, en l'expurgeant : « Le professeur Challenger présente ses compliments au président de l'Institut zoologique et considérerait comme une faveur personnelle qu'il voulût bien aller au diable ! »

– Fichtre !

– Je vois d'ici la tête du destinataire. Je l'entends encore, ce pauvre vieux Wadley, gémir, au début de la séance : « Cinquante ans de relations scientifiques… » Il ne devait pas s'en remettre.

– Avez-vous d'autres détails sur Challenger ?

– Je suis, vous le savez, bactériologiste. J'habite, très exactement, un microscope. À peine si je regarde rien de ce qui se voit à l'œil nu. Je vis en pionnier à l'extrême frontière du connaissable, et je me sens tout dépaysé quand je sors de mon laboratoire pour aborder mes semblables, créatures démesurées et grossières. J'ai l'esprit trop détaché pour médire ; cependant j'ai entendu parler de Challenger dans les milieux savants : c'est un homme qu'on n'a pas le droit d'ignorer, aussi intelligent que possible, et doué d'une énergie, d'une vie, qui en font une sorte de batterie en pleine charge ; mais, par contre, intolérant, sujet à des idées fixes, incapable de scrupules. N'alla-t-il pas, dans cette affaire d'Amérique, jusqu'à truquer des photographies ?

– Vous le dites sujet à des idées fixes : par exemple ?

– Il en a mille, dont la plus récente, à propos de Weismann et de l'évolutionnisme[1], fut cause qu'il déchaîna un beau vacarme à Vienne.

– Dans quelles circonstances ?

– Je ne me rappelle pas bien. Mais nous avons, au journal, un texte anglais du procès-verbal de la séance. Voulez-vous prendre la peine de venir avec moi ?

– Très volontiers. Je dois interviewer le professeur, et je cherche un moyen de l'atteindre. Merci de m'y aider si aimablement. Je vous accompagne.

Une heure plus tard, dans les bureaux de *Nature*, j'étais assis en face d'un grand volume. L'article que je consultais : « Weismann contre Darwin », portait en sous-titre : « Vives protestations à Vienne. Une séance orageuse. » Si l'insuffisance de mon éducation scientifique m'empêchait de suivre la discussion, du moins je me rendais compte que le professeur anglais, par son attitude agressive, avait violemment indisposé ses confrères du continent. « Protestations », « Bruits », « Réclamations unanimes » : ce sont les trois premières parenthèses qui me sautèrent aux yeux. Pour tout le reste, l'article, écrit en chinois, ne m'eût pas échappé davantage.

– Et vous appelez ça un texte anglais ? dis-je à mon confrère d'une voix pathétique ; je verrais tout aussi clair dans l'original.

---

1. Doctrine selon laquelle les êtres vivants résultent d'une série de modifications progressives. Ainsi la vie ne cesse de se complexifier, des premières cellules vivantes aux végétaux, puis des invertébrés aux vertébrés, des poissons aux reptiles, et enfin des premiers mammifères à l'homme (*cf.* séquence 2, p. 298, question 17).

– En effet, cela manque de limpidité pour un profane.

– Si seulement j'y trouvais à prendre une bonne petite phrase explicite, d'où se dégageât un semblant d'idée ! Je n'en demanderais pas plus. Tiens, mais… justement, en voici une, je crois… une à peu près intelligible. Je vais en prendre copie. Elle m'offre une entrée en matière.

– C'est tout ce que je puis pour vous ?

– Attendez donc ! Je voudrais écrire au terrible professeur. Si vous me permettiez de rédiger ma lettre ici même, sur du papier à l'en-tête de votre journal, cela mettrait autour de moi une atmosphère.

– Et Challenger, ensuite, viendrait nous faire une scène à tout casser !

– Non pas. Vous verrez la lettre. Elle n'aura rien de provocateur, je vous assure.

– Voici donc ma chaise et ma table. Vous trouverez là du papier. Mais il est entendu que je donnerai un coup d'œil à votre lettre avant qu'elle ne parte.

J'y mis tout le temps utile, mais mon factum[1] avait, oserai-je dire, le tour ; et ce fut avec une certaine fierté d'auteur que je le lus à mon bactériologiste :

« Cher professeur Challenger,
« Je ne suis qu'un modeste curieux des lois naturelles. J'ai toujours pris l'intérêt le plus vif à vos spéculations sur Darwin

---

1. Texte violent, pamphlet.

et Weismann. Récemment encore, j'ai eu l'occasion de me rafraîchir la mémoire en relisant…

– Sacré blagueur ! murmura Tarp Henry.

– « … en relisant votre magistrale communication de Vienne. Ce document, d'une lucidité admirable, me paraît trancher la question. Souffrez toutefois que j'appelle votre attention sur une de vos phrases. Vous dites : "Je proteste de toutes mes forces contre cette assertion exorbitante, et purement dogmatique, que chaque *id* est un microcosme possesseur d'une architecture historique lentement élaborée à travers la série des générations." Ne pensez-vous pas que ce sont là des termes bien catégoriques ? N'y voyez-vous rien à reprendre et à vérifier ? Si vous vouliez me le permettre, je vous demanderais la faveur d'un entretien, car le sujet me tient à cœur, et je désirerais vous présenter de vive voix quelques idées personnelles. Avec votre assentiment, j'espère avoir l'honneur de vous rendre visite après-demain mercredi, à onze heures du matin.

« Croyez-moi, monsieur, très respectueusement et sincèrement votre

« Edouard D. Malone. »

– Eh bien ? demandai-je, triomphant.
– Eh bien, si votre conscience admet cela…
– Elle n'a jamais rien eu à me reprocher.
– Que comptez-vous faire ?
– Rendre visite à Challenger. Une fois chez lui, je verrai toujours un moyen d'engager la conversation. Au besoin,

j'avouerai ma ruse. S'il a le goût du sport, Challenger en sera chatouillé.

– En vérité ? Prenez garde qu'au lieu d'être chatouillé ce ne soit lui qui vous chatouille. Et portez sur vous un bon costume de football américain ou une cotte de mailles. Au revoir. Je tiendrai sa réponse à votre disposition mercredi matin, s'il daigne vous répondre. C'est un homme violent, dangereux, hargneux, exécré de tous ceux qui l'approchent, et combattu par les savants dans la mesure où il autorise leurs audaces. Peut-être vaudrait-il mieux pour vous n'avoir jamais entendu parler de lui.

BIEN LIRE

CHAPITRE 2
• Comment le journaliste se documente-t-il et se prépare-t-il à l'entretien avec le professeur Challenger ?

3

« UN ÊTRE IMPOSSIBLE »

L'événement ne justifia point les craintes de mon ami – ou ses espérances. Quand j'arrivai, le mercredi, aux bureaux de *Nature*, j'y trouvai une enveloppe qui portait le cachet de West Kensington, et sur laquelle mon nom était tracé d'une écriture imitant le fil de fer barbelé. Elle contenait les lignes suivantes :

« ENMORE PARK, W.
« Monsieur,
« J'ai bien reçu la lettre par laquelle vous m'offrez d'endosser mes vues. Mes vues n'ont besoin d'être endossées ni par vous ni par personne. Vous vous risquez à taxer de "spéculations" mes déclarations sur le darwinisme ; et je tiens à vous signaler la grave inconvenance d'un pareil mot en pareille matière. Le contexte, cependant, me prouve que vous avez péché plutôt par ignorance et manque de tact que par malice ; je passe donc condamnation là-dessus. Une phrase de mon travail semble vous donner quelque tablature. J'aurais cru que seule une intelligence au-dessous de la moyenne ne dût pas tout de suite saisir ce point ; si vraiment il demande explication, je veux bien vous voir à l'heure dite, malgré l'extrême déplaisir que me causent toujours les visites et les visiteurs. Gardez-vous de croire, comme vous le faites, que je puisse modifier mon opinion ; je n'exprime jamais une opinion que de propos délibéré, après

l'avoir mûrement réfléchie ; et me reprendre n'est pas dans mes habitudes. Veuillez, quand vous vous présenterez, montrer à mon domestique Austin l'enveloppe de cette lettre : car il doit prendre toutes sortes de précautions pour me protéger contre ces coquins importuns qui s'intitulent des journalistes.

« Fidèlement vôtre.

« GEORGE-EDOUARD CHALLENGER. »

Je donnai connaissance de cette lettre à Tarp Henry, venu de bonne heure pour connaître le résultat de ma démarche.

– On vient, me dit-il simplement, de trouver mieux que l'arnica pour le pansement des plaies.

Certaines gens ont un sens bien particulier du comique.

Il était près de dix heures et demie quand je reçus la lettre. À l'heure exacte du rendez-vous, un taxi-cab me déposait devant une maison dont le majestueux portique et les fenêtres aux lourds rideaux attestaient chez le redoutable professeur une belle situation de fortune. La porte me fut ouverte par un bizarre individu, basané, sec, sans âge, et qui portait, avec un veston de gros drap, des guêtres de cuir brun. Je sus plus tard que c'était le chauffeur Austin, qui faisait les intérims toutes les fois qu'un maître d'hôtel prenait la fuite. Il me toisa et :

– Vous êtes attendu ? me demanda-t-il.

– J'ai un rendez-vous.

– Votre lettre ?

Je montrai l'enveloppe.

– Bon !

Le Monde perdu

Il semblait peu loquace[1]. Je le suivais dans le corridor quand, d'une pièce où je reconnus la salle à manger, surgit brusquement devant moi une petite dame aux traits mobiles et vifs, aux yeux noirs, et d'un type plus français que britannique.

– Un instant, monsieur, me dit-elle. Puis-je vous demander si vous avez déjà rencontré mon mari ?

– Je n'ai pas eu cet honneur, madame.

– Alors, je vous fais d'avance mes excuses. C'est un être impossible, tout à fait impossible ; je vous en préviens pour que vous teniez compte de l'avertissement.

– Merci, madame.

– Sitôt que vous le verrez s'emporter, ne restez pas dans la chambre, ne perdez pas de temps en paroles. D'autres que vous ont eu lieu de s'en repentir. Et il en résulte chaque fois un scandale, qui rejaillit sur moi, sur tout le monde. Vous ne venez pas, au moins, pour cette affaire d'Amérique du Sud ?

Impossible de mentir à une dame.

– Hélas ! mais c'est le plus inquiétant des sujets ! Il vous racontera des choses dont vous ne croirez pas une seule, et je le comprends de reste. N'allez pas pourtant y contredire, c'est ce qui l'enrage. Feignez d'y croire, et tout se passera bien. Rappelez-vous qu'il y croit lui-même. Cela, vous pouvez en être sûr. Il n'y eut jamais de plus honnête homme. Je ne vous retiens pas, il se méfierait. S'il devient dangereux, vraiment dangereux, sonnez, et maintenez-le jusqu'à ce que j'arrive.

---

1. Qui parle peu (*loquor*, en latin, signifie « parler »).

Même dans ses plus mauvais moments, je garde sur lui quelque empire.

Ayant dit ces paroles encourageantes, la dame me remit aux mains du taciturne[1] Austin, qui attendait, pareil à une statue de la Discrétion. Austin me conduisit à l'extrémité du couloir, devant une porte où il frappa. Un beuglement de taureau lui répondit. Et je me trouvai en présence du professeur.

Il occupait une chaise tournante, devant une grande table couverte de livres, de cartes, de diagrammes. Au moment où j'entrai, il pivota sur son siège pour me faire face. Son aspect me coupa le souffle. J'étais préparé à quelque chose d'étrange, mais non point à une personnalité aussi formidable. Il vous impressionnait par sa taille, par sa prestance, par l'énormité de sa tête, la plus grande que j'eusse jamais vue sur un corps humain ; son chapeau, si je m'étais avisé de l'essayer, me fût descendu aux épaules ! Il avait une de ces figures qui pour moi s'associent à l'idée d'un taureau assyrien ; toute rouge, avec une barbe d'un noir presque bleu qui lui roulait en ondes sur la poitrine. Ses cheveux, très particuliers, projetaient sur son front massif un long bandeau lisse. Ses yeux gris-bleu, très clairs sous de grosses touffes sombres, avaient une acuité pénétrante et impérieuse. De vastes épaules, un torse renflé comme un tonneau, des mains de colosse plantées d'un poil dru, c'était ce qui m'apparaissait encore de lui par-dessus la table. Une voix mugissante concourait à l'effet que me produisit, de prime abord, le professeur Challenger.

---

1. Du latin *taciturnus*, qui signifie « qui se tait ».

— Eh bien, quoi ? demanda-t-il, m'examinant avec insolence.
J'avais à dissimuler ma surprise, ou l'entretien pouvait en rester là.
— Vous avez bien voulu me donner un rendez-vous, monsieur, dis-je humblement.
Et je lui tendis mon enveloppe. Il la prit, la posa devant lui sur la table.
— Ah ! oui... vous êtes le jeune homme qui n'arrive pas à comprendre le bon anglais ; mais vous daignez, je crois, approuver mes conclusions générales ?
— Entièrement, monsieur, entièrement, déclarai-je.
— Certes ! voilà qui fortifie ma position, n'est-ce pas ? Vous m'offrez la double autorité de votre âge et de votre mine ? N'empêche que vous valez encore mieux que tous ces pourceaux de Vienne dont les grognements grégaires ne m'offensent pas plus que le glapissement isolé du porc anglais !
Il me regarda comme il l'eût fait d'un échantillon de la race.
— Leur conduite, dis-je, me paraît abominable.
— Je vous assure que je suis de taille à lutter tout seul et n'ai pas besoin de votre sympathie. Oui, seul, monsieur, au pied du mur : c'est là que je me sens à ma place. Mais abrégeons. Ce tête-à-tête ne saurait avoir pour vous beaucoup de charme, et il m'ennuie, moi, au-delà de toute expression. Vous aviez, sauf erreur, quelques observations à me présenter sur une des propositions de ma thèse ?
Ses façons brutalement directes ne prêtaient guère à la dérobade. Pourtant, je devais éluder, guetter un biais propice[1]. De

---

1. « Je devais esquiver adroitement et trouver un détour habile au bon moment. »

loin, cela m'avait paru tout simple. Mes facultés d'Irlandais m'abandonnaient-elles quand j'en avais un besoin si urgent ? Challenger, avec ses yeux d'acier, me perçait de part en part.

– Expliquez-vous ! mugit-il.

– Je ne suis qu'un chercheur très modeste, à peine au-dessus d'un amateur passionné. Mais vous me semblez avoir montré pour Weismann une sévérité excessive. L'état des faits ne tendrait-il pas actuellement à… consolider sa doctrine ?

– L'état de quels faits ? dit Challenger, effrayant de calme.

– Oui, bien entendu, il n'en est pas un qui constitue au sens du mot, une preuve. Je faisais simplement allusion à ce que j'appellerai la tendance scientifique générale de la pensée moderne.

Il se pencha, comme très intéressé.

– Vous savez, je pense, fit-il, avec le geste de compter des points sur ses doigts, que l'angle crânien est un facteur constant ?

– Naturellement, dis-je.

– Et que la télégonie est une hypothèse encore controversée ?

– Sans aucun doute.

– Et que l'ovule est différent de l'œuf parthénogénétique ?

– Bien sûr ! m'écriai-je, fier de mon audace.

– Mais qu'est-ce que cela prouve ? demanda-t-il d'une voix douce, qui cherchait à me convaincre.

– En effet, qu'est-ce que cela prouve ? murmurai-je, qu'est-ce que cela prouve ?

Il roucoula :

– Voulez-vous que je vous le dise ?
– Je vous en prie.
– Cela prouve, hurla-t-il dans une explosion de rage, que vous êtes un fourbe éhonté, un de ces misérables dont l'ignorance n'a d'égale que l'impudence !

Il s'était dressé d'un bond, les yeux hors de la tête. Même à cette minute critique, j'eus le temps de remarquer, à ma grande surprise, que, debout, il m'arrivait juste aux épaules, et que, bâti très court, arrêté dans sa croissance d'hercule, il avait développé en largeur, en épaisseur, en volume cérébral, son effroyable vitalité.

– Ce que je vous débitais là, monsieur, cria-t-il, courbé en avant, le cou tendu, les mains à plat sur la table, c'était du charabia, simplement, du pur charabia scientifique. Ainsi, vous qui avez de la cervelle grosse comme une noisette, vous pensiez lutter de finesse avec moi ? Vous prétendez à l'omnipotence, grimaud que vous êtes ? Vous croyez qu'il suffit de votre louange pour faire un homme, et de votre blâme pour le défaire ? Et sans doute nous devons tous, dans l'espoir d'un mot favorable, plier l'échine devant vous ? À celui-ci vous ferez la courte échelle ? À cet autre vous donnerez les étrivières ? Savez-vous qu'il y eut un temps où l'on vous coupait les oreilles ? Parbleu, je vous connais bien, vermine qui osez sortir de votre trou ! Vous avez perdu le sentiment de votre dignité ; mais je me charge de vous le rendre. Je vous dégonflerai, ballon gonflé de vent ! Non, monsieur, on ne se joue pas de George-Edouard Challenger ! Ce n'est pas à lui qu'on en remontre ! Je vous avais averti : du moment que vous teniez à venir, c'était à vos risques et périls. Vous jouiez un jeu dangereux, vous avez perdu : tant pis pour vous, mon cher monsieur Malone ; payez maintenant !

— Pardon, monsieur, dis-je, reculant vers la porte et l'ouvrant, injuriez-moi tant qu'il vous plaira, je vous y autorise. Mais tout a des limites, et vous ne me toucherez pas.

— Croyez-vous ?

Il s'avançait à pas comptés, d'un air de menace ; mais alors il s'arrêta, et fourrant ses grosses pattes dans les poches de son petit veston :

— J'ai déjà eu l'occasion de jeter dehors quelques journalistes. Vous serez le quatorzième ou le quinzième. Trois livres quinze shillings d'amende, c'est le tarif ordinaire. Un peu cher, mais indispensable. Et pourquoi, monsieur, ne suivriez-vous pas vos confrères ? Vous l'avez, il me semble, bien mérité !

Il reprit lentement sa marche hostile, en faisant des pointes comme un maître de danse.

J'aurais pu courir vers la porte du hall, mais c'eût été lâche. D'ailleurs, une colère bien naturelle commençait à m'échauffer. Si je m'étais mis dans mon tort envers cet homme, son attitude me remettait dans mon droit.

— Veuillez tenir vos mains à distance, monsieur, je ne supporterai pas la moindre atteinte.

— Vraiment ?

Sa moustache noire se souleva, un ricanement fit luire la blancheur d'une de ses canines.

— Vous ne supporteriez pas, dites-vous, la moindre atteinte ?

— Professeur, m'écriai-je, soyez raisonnable ! Je pèse cinquante stones, dur comme fer, et je joue trois-quarts centre, chaque dimanche, pour la London Irish. Je ne suis pas homme...

Il se rua sur moi. Heureusement, j'avais ouvert la porte, sans quoi nous aurions passé au travers ! Le choc nous envoya dans le corridor où, décrivant un tour complet sur nous-mêmes, nous accrochâmes en passant une chaise, qui bondit avec nous vers la rue. La barbe de Challenger m'emplissait la bouche ; nous étions comme enchevêtrés l'un dans l'autre ; et l'infernale chaise faisait voltiger ses jambes autour de nous. Austin, qui veillait, avait eu soin d'ouvrir à deux battants la porte du hall. Un soubresaut nous fit dégringoler le perron à la renverse. J'ai vu des acrobates dans des music-halls exécuter un tour analogue, et j'ai idée qu'il faut quelque pratique pour le réussir sans se faire du mal. La chaise alla se briser en morceaux sur le pavé, cependant que Challenger et moi roulions de conserve dans le ruisseau. Il se releva brandissant les poings, soufflant comme un asthmatique.

— Eh bien, fit-il, à bout d'haleine, vous avez votre compte ?

Mais j'avais repris mon aplomb :

— Espèce de bravache ! m'écriai-je.

Nous allions, séance tenante, vider l'affaire, car il bouillait du désir de se battre, sans l'opportune intervention d'un policeman, qui mit fin à cette ridicule scène en se plantant devant nous, armé de son carnet.

— Qu'est-ce que c'est que ça ? Vous n'avez pas honte ?

Première parole sensée que j'eusse entendue dans Enmore Park !

– Eh bien, m'expliquerez-vous ? insista-t-il, se tournant vers moi.

– J'ai été, dis-je, attaqué par cet homme.

– Attaqué ?

Le professeur, haletant, se tenait coi.

– Ce n'est pas la première fois que pareille chose lui arrive !

Sévère, le policeman hocha la tête, et s'adressant à Challenger :

– Vous avez eu déjà le mois dernier une histoire semblable. Et vous venez de pocher l'œil à ce jeune homme.

Puis, revenant à moi :

– Faut-il que je l'arrête ?

Je me radoucis.

– Non, répondis-je, non certes !

– Alors, quoi ? fit le policeman.

– J'ai moi-même des torts à son égard. Je suis entré chez lui par surprise. Il m'avait loyalement prévenu.

Le policeman referma son carnet.

– N'y revenez pas ! dit-il à Challenger.

Et comme, autour de nous, un garçon boucher, une bonne, quelques badauds, commençaient de former le cercle :

– Circulez ! circulez ! ajouta-t-il.

Puis, lourdement, il se mit à descendre la rue, entraînant la petite troupe.

Le professeur me regarda ; au fond de ses yeux, quelque chose, vaguement, semblait rire.

– Entrez, je n'en ai pas fini avec vous, fit-il.
Nonobstant ce que l'invitation avait de sinistre, je le suivis dans la maison. Et, toujours raide comme une statue, Austin, derrière nous, referma la porte.

BIEN LIRE

CHAPITRE 3
• Quels sont les éléments qui justifient la comparaison du professeur Challenger avec un « taureau assyrien » ? Que suggère cette image ?

4

« LA PLUS GRANDE CHOSE QUI SOIT AU MONDE »

Il l'avait à peine refermée que Mrs. Challenger s'élançait avec fureur de la salle à manger, et, campée devant son mari, lui barrait le chemin, tel un jeune coq à un bouledogue. Je compris qu'elle m'avait vu sortir, mais non point rentrer.

– Brute que vous êtes, George ! cria-t-elle ; vous avez blessé ce beau jeune homme !

Il l'écarta d'un simple geste du pouce.

– Le voici en parfaite santé derrière moi.

Alors, justement confuse :

– Excusez-moi, je ne vous voyais pas, dit-elle.

– Je vous assure qu'il n'y a pas de quoi vous troubler, madame.

– Mais il vous a marqué au visage ! Oui, George, vous êtes une brute ! Pas un jour de la semaine qui n'ait, avec vous, son esclandre[1] ! Vous ne cessez pas de provoquer la dérision et la haine ! Vous avez usé ma patience. Je me sens à bout !

– Lavage de linge sale ! grommela-t-il.

– Sur la voie publique ! répliqua-t-elle. Doutez-vous que toute la rue, autant dire tout Londres… Laissez-nous, Austin, nous n'avons nul besoin de vous ici !… Doutez-vous que tout le monde n'en fasse des gorges chaudes ? Et votre dignité, y songez-

---

1. Scandale, tapage.

vous ? Vous qui devriez professer dans une grande université royale, entouré du respect de mille étudiants, songez-vous à votre dignité, George ?

— Et vous à la vôtre, ma chère ?

— L'épreuve excède mes forces. Toujours à brailler ! Toujours à quereller !

— Jessie !

— Toujours à faire le matamore[1] !

— Allons ! cela suffit, trancha-t-il. En pénitence ! Sur la sellette !

Il se pencha, cueillit la petite dame, et s'en fut, à ma profonde stupeur, l'asseoir, dans un coin du hall, sur un socle de marbre blanc, haut de sept pieds pour le moins, et si étroit qu'elle y tenait à peine en équilibre. Rien de plus absurde que le spectacle qu'elle offrait ainsi exposée, le visage convulsé de colère, les pieds pendants, le corps raidi par la crainte d'une chute.

— Descendez-moi ! geignait-elle.

— Dites : « Je vous prie. »

— Brute que vous êtes, George ! Descendez-moi, tout de suite !

— Entrez dans mon cabinet, monsieur Malone.

— Vraiment, monsieur..., implorai-je, regardant la dame.

— Monsieur Malone plaide pour vous ; dites : « Je vous prie », et je vous remets à terre.

---

1. Personne qui vante son courage mais n'agit pas, bravache, fanfaron (d'après Matamore, personnage de comédie).

— Brute!… Je vous prie, je vous prie!

Et il la descendit comme il eût fait d'un oiseau.

— Vous devriez savoir vous contenir, ma chère. Monsieur Malone est journaliste. Il ne manquera pas de raconter cela demain dans son chiffon, et l'on en vendra bien douze numéros de plus dans le quartier. Titre : « Une scène chez les gens du monde. » Sous-titre : « Coup d'œil sur un singulier ménage. » Car il est, ce monsieur Malone, de l'espèce d'hommes qui vivent de détritus et d'immondices. *Porcus ex grege Diaboli :* un porc du troupeau du Diable. Pas vrai, hein, monsieur Malone?

— Vous êtes intolérable! protestai-je.

Il beugla de rire.

— Et pourtant, nous allons, pas plus tard que tout de suite, conclure une alliance!

Il regarda sa femme, me regarda, et changeant de ton :

— Excusez ce badinage de famille, monsieur Malone. Je vous ai rappelé pour un motif plus sérieux que de vous mêler à nos plaisanteries domestiques. Vous, la petite dame, filez vite, et ne vous faites pas de mauvais sang.

Il posa ses deux larges mains sur les épaules de sa femme.

— Vous parlez comme la sagesse. Je vaudrais mieux que je vaux si je vous écoutais. Mais je ne serais pas tout à fait George-Edouard Challenger. Ma chère, il y a des tas de gens qui valent mieux que moi, mais il n'y a au monde qu'un seul G.-E. C. ; à vous d'en tirer tout le parti possible!

Et sans autre avis, il lui donna un baiser sonore, qui me gêna plus que ses violences.

— À présent, monsieur Malone, reprit-il avec une soudaine hauteur, par ici, je vous prie.

Nous rentrâmes dans la chambre que dix minutes plus tôt nous avions si tumultueusement quittée ; il referma la porte avec soin, m'avança un fauteuil et me poussa sous le nez une boîte de cigares.

— De vrais « San Juan de Colorado », dit-il : c'est surtout aux gens excitables que conviennent les narcotiques. Ne mordez pas le bout, sapristi ! Coupez, coupez avec respect ! Et mettez-vous à votre aise, là, dans ce fauteuil ; quoi que j'aie à dire, prêtez-moi les deux oreilles ; quoi que vous pensiez, gardez pour plus tard vos réflexions. Si je vous ai ramené chez moi après vous en avoir à bon droit expulsé…

Il tendit sa barbe d'un air qui, tout ensemble, appelait et défiait la contradiction.

— … après, dis-je, vous en avoir à bon droit expulsé, cherchez-en la cause dans la réponse que vous avez faite au policeman. J'y crus voir luire des sentiments que je n'eusse pas attendus d'un journaliste. En réclamant la responsabilité de l'affaire, vous montriez un détachement, une largeur d'esprit, qui me disposèrent en votre faveur. La sous-espèce humaine à laquelle vous avez le malheur d'appartenir est toujours demeurée au-dessous de mon horizon : votre réponse vous fit passer au-dessus ; vous émergeâtes dans mon estime. C'est pourquoi je vous demandai de retourner avec moi, et pourquoi j'eus envie de faire avec vous plus ample connaissance. Veuillez jeter votre cendre dans le petit plateau japonais, sur la table de bambou, à votre gauche.

Il proféra ce discours du ton d'un professeur qui harangue toute une classe. Il avait manœuvré son siège mobile de façon à m'affronter, et je le regardais, pantelant comme une gigantesque grenouille, la tête renversée, les yeux voilés à demi par les paupières dédaigneuses. Brusquement, il se tourna de côté ; je ne vis plus de lui qu'une chevelure en désordre, l'aile rouge d'une oreille et le va-et-vient d'un bras dans le fouillis des papiers sur la table. Quand de nouveau il me fit face, il tenait un objet qui avait l'air d'un album de croquis en très mauvais état.

– Je vais, dit-il, vous parler de l'Amérique du Sud. Oh ! je vous en prie, pas d'observations. Et convenons avant tout de ceci : que rien de ce que vous allez entendre ne recevra une publicité quelconque sans mon autorisation expresse, laquelle, selon toute apparence, ne vous sera jamais donnée. C'est clair ?

– C'est dur. J'estime qu'une relation judicieuse…

Il remit l'album sur la table.

– Voilà qui clôt l'entretien. Bonjour !

– Mais non ! me récriai-je, mais non ! J'accepte vos conditions, puisque aussi bien je n'ai pas le choix, il me semble.

– Vous ne l'avez pas le moins du monde.

– Alors, je promets.

– Parole d'honneur ?

– Parole !

Il me regarda, et je lus dans son regard un doute qui me faisait injure.

– Mais la valeur de votre parole, qu'est-ce qui me la garantit, après tout ?

— En vérité, monsieur, éclatai-je, vous passez les bornes. Jamais encore on ne m'a ainsi traité.

Mon indignation l'embarrassa moins qu'elle ne l'intéressa.

— Tête ronde, murmura-t-il, brachycéphale[1], yeux gris, cheveux noirs, une pointe de négroïde… Celte, je présume ?

— Je suis irlandais, monsieur.

— Irlandais d'Irlande ?

— Oui, monsieur.

— Tout s'explique. Voyons, vous me promettez de garder pour vous ma confidence ? Elle sera d'ailleurs fort incomplète. Je m'en tiendrai à quelques indications. En premier lieu, vous devez savoir qu'il y a deux ans je fis, dans l'Amérique du Sud, un voyage appelé à rester classique devant la science. Je me proposais de vérifier certaines conclusions de Wallace et de Bates, ce qui ne m'était possible qu'en observant les faits rapportés par eux dans des conditions identiques à celles où ils les avaient observés eux-mêmes. N'eût-elle pas eu d'autres conséquences, mon expédition eût déjà mérité l'attention. Mais il m'arriva là-bas un incident qui ouvrit une direction nouvelle à mes recherches.

« Vous savez ou, chose plus vraisemblable par ce temps de demi-éducation, vous ignorez que certaines régions du bassin de l'Amazone ont encore partiellement échappé à l'explorateur, et que l'immense fleuve reçoit des quantités d'affluents dont certains n'ont jamais figuré sur la carte. Je visitai cet arrière-pays

---

1. Du grec *brakhus* « court » et *kephalê* « tête ». En anthropologie physique, on distingue les crânes larges et ronds des crânes allongés (dolichocéphales).

peu connu, j'en étudiai la faune, et elle me fournit les matériaux de plusieurs chapitres pour le monumental ouvrage de zoologie qui sera la consécration de ma carrière. Je m'en revenais ayant accompli ma tâche, quand j'eus l'occasion de passer la nuit dans un petit village indien, à un endroit où l'un des tributaires de l'Amazone, dont je n'ai à préciser ni le nom ni le cours, se jette dans le fleuve.

« Les naturels appartenaient à cette race des Indiens Cucana, aussi accueillants que dégénérés, dont les facultés mentales dépassent à peine celles du Londonien authentique. Quelques guérisons opérées, chemin faisant, le long du fleuve m'avaient gagné leur considération ; et je ne m'étonnai donc pas d'apprendre, à mon retour, qu'ils m'attendaient avec impatience. Comprenant à leurs signes qu'il s'agissait d'un cas urgent, je suivis leur chef jusqu'à l'une des cases. Lorsque j'y entrai, le malade venait de mourir. Je constatai avec surprise que ce n'était pas un Indien, mais un Blanc, et même un Blanc des plus blancs, car il avait des cheveux filasse et présentait toutes les caractéristiques de l'albinos. Ses vêtements en loques, son effrayante maigreur trahissaient de longues misères. Les indigènes ne le connaissaient pas. Ils l'avaient vu se traîner à travers les bois et arriver au village, seul, dans un état d'épuisement absolu.

« Son havresac[1] gisait près de sa couche. J'eus la curiosité de l'examiner. À l'intérieur, une petite bande de toile portait son nom et son adresse : *Maple White, Lake Avenue, Detroit,*

---

1. Sac à dos.

Michigan. Monsieur, l'on me verra toujours prêt à me découvrir devant ce nom de Maple White. Je n'exagère pas en disant qu'il égalera le mien quand la gloire fera équitablement entre nous le départ des titres.

« Un artiste et un poète, tous les deux en quête de sujets, tel était sûrement l'inconnu, ainsi que je pus m'en convaincre à l'examen de son bagage. Il y avait là des fragments de poèmes, et sans faire profession de critique j'avoue qu'ils me parurent dénués de mérite ; il s'y trouvait aussi des peintures médiocres représentant des paysages de rivière, enfin une boîte de couleurs, une boîte de pastels, quelques pinceaux, cet os recourbé que vous voyez sur mon écritoire, un volume des *Vers et Papillons* de Baxter, un revolver de pacotille et quelques cartouches. Comme effets personnels, ou cet étrange bohémien ne possédait rien, ou il avait tout perdu dans son voyage.

« J'allais m'éloigner quand, d'une poche de son veston en lambeaux, je crus voir sortir quelque chose. C'était l'album que voici, déjà aussi peu présentable. On ne saurait, je vous assure, avoir plus de soins respectueux pour une édition princeps[1] de Shakespeare que je n'en ai, moi, pour cette relique, depuis qu'un hasard l'a mise dans mes mains. Je vous demande, monsieur, de prendre un instant ces pages, de les feuilleter, de les examiner une à une.

Et s'étant offert un cigare, Challenger se pencha, farouchement attentif à l'impression qu'allait produire sur moi le

---

1. Première édition, édition originale.

document. J'ouvris le volume, un peu dans l'attente d'une révélation, sans imaginer d'ailleurs de quelle espèce elle pourrait être. La première page me désappointa : elle ne contenait que le portrait d'un gros homme en vareuse, avec cette légende : « Jimmy Colver sur le paquebot-poste. » Des croquis d'Indiens, des scènes indiennes remplissaient ensuite plusieurs pages. Puis venait le portrait d'un jovial et corpulent ecclésiastique, en chapeau à large bord, assis en face d'un Européen très maigre : « Déjeuner avec Fra Cristofero à Rosario », disait la légende. Après cela, des études de femmes et d'enfants ; une série ininterrompue de dessins d'animaux, avec des légendes telles que : « Mainate[1] sur banc de sable » ; « Tortues et leurs œufs » ; « Ajouti[2] noir sous un palmier miriti » (et le dessin représentait un animal assez semblable au cochon domestique). Enfin, deux pages où l'on voyait d'affreux sauriens à longs museaux.

– Des crocodiles, n'est-ce pas ? demandai-je.

– Des alligators, monsieur ! des alligators ! Il n'y a pas de véritables crocodiles en Amérique du Sud. On distingue les uns des autres…

– Je veux dire que je n'aperçois rien de singulier là-dedans, rien qui justifie votre enthousiasme.

Il sourit d'un air candide.

– Tournez la page.

---

1. Oiseau de Malaisie.
2. Petit rongeur (d'après un mot emprunté aux Indiens Tupi-Guarani).

Mais je n'arrivai pas à comprendre. Je voyais une sorte de pochade, une de ces larges ébauches par quoi les peintres de plein air préparent souvent le paysage définitif. Des masses vert pâle de végétation penniforme partaient de l'avant-plan, pour s'élever jusqu'à une ligne de falaises rouge sombre, bizarrement cannelées, dont l'aspect me rappelait certaines formations basaltiques ; et la muraille ininterrompue de ces falaises, frangée d'une mince ligne de verdure, barrait l'horizon. À un certain endroit se dressait un roc pyramidal, empanaché d'un grand arbre, et qui semblait séparé de la roche principale par une crevasse. Sur tout cela s'étendait le ciel bleu des Tropiques.

– Eh bien ? demanda Challenger.

– Eh bien, je crois que voilà une curieuse formation ; mais je me connais trop peu en géologie pour me permettre de la juger extraordinaire.

– Extraordinaire ? Dites unique ! Dites incroyable ! Qui jamais eût rêvé cela ? Mais tournez.

Je tournai encore, et je m'exclamai. Songe d'opiomane, vision de cerveau en délire, j'avais sous les yeux la bête la plus fantastique : tête d'oiseau de proie, corps de lézard ventru, longue queue hérissée de piquants, échine courbe surmontée d'une haute dentelure, ou plus exactement d'une douzaine de crêtes comme celles des coqs, plantées à la file. Devant l'animal se tenait une sorte de fantôme ou de nain à forme humaine qui le contemplait ébahi.

– Eh bien, qu'en pensez-vous ? s'écria le professeur, en se frottant les mains.

– Que c'est monstrueux, grotesque !

– Comment donc, à votre avis, le peintre a-t-il pu figurer une pareille bête ?

– Sous l'influence du gin, peut-être.

– Vous ne trouvez rien de mieux comme explication ?

– Vous, monsieur, en avez-vous une autre ?

– Moi, j'estime que cette bête existe, et que l'artiste l'a dessinée d'après nature.

J'aurais pouffé, n'eût été la crainte salutaire d'une nouvelle culbute dans le corridor.

– Sans doute, sans doute, fis-je, comme on donne raison à un fou. Je confesse pourtant, ajoutai-je, que ce minuscule personnage m'intrigue. Si c'était un Indien, il attesterait, à la rigueur, l'existence d'une race pygmée en Amérique. Mais on dirait un Européen en chapeau de planteur.

Le professeur renifla comme un buffle en colère.

– Admirable ! dit-il. Vraiment, en fait de paralysie cérébrale, d'inertie mentale, vous touchez à la limite ! Vous élargissez le champ du possible ! Admirable !

À quoi bon se fâcher ? Avec un être aussi absurde, il eût fallu s'épuiser en fâcheries. J'eus un sourire de lassitude.

– Cet homme, dis-je, me semblait bien petit.

– Regardez par ici, cria-t-il, penché sur la peinture, la sabrant d'un gros doigt rond et velu. Voyez-vous, derrière l'animal, cette plante ? Vous la preniez pour un pissenlit, je suppose ? Ou pour un chou de Bruxelles ? Eh bien, c'est un arbre, le phytéléphas ou palmier à ivoire, susceptible de croître à la hauteur de cinquante ou soixante pieds. Ne comprenez-vous pas que ce

personnage, à cette place, a une raison d'être ?
l'artiste, placé devant la bête, n'y fût pas resté
peindre. S'il s'y est représenté lui-même, c'est p
Mettons qu'il mesurât un peu plus de cinq pie[...]
l'arbre a dix fois cette taille, ce qui donne bien la proportion.

— Juste ciel ! m'écriai-je, vous pensez donc que cet animal… ?
Mais alors, la gare de Charing Cross lui suffirait à peine comme niche ?

— Toute exagération à part, il est incontestable que voilà un spécimen bienvenu, dit le professeur avec complaisance.

— Mais, objectai-je, après avoir tourné les dernières feuilles et m'être assuré qu'il ne restait plus rien dans l'album, vous n'allez pas, vous, un savant, faire table rase de toute la connaissance humaine sur la foi d'une esquisse trouvée dans le bagage d'un aventurier américain, et peut-être due au haschisch, à la fièvre, ou, simplement, au caprice d'une imagination déréglée ?

Pour toute réponse, le professeur prit un livre sur un rayon.

— L'excellente monographie[1] que voici, œuvre d'un homme de grand mérite, mon ami Ray Lankester, contient une planche qui doit vous intéresser. Là, tenez, j'y suis. Elle a pour légende : « Aspect probable du stégosaure dinosaurien jurassique[2]. » À elle seule, la patte de derrière mesure deux fois la taille d'un homme adulte. Qu'en dites-vous ?

---

1. Étude détaillée sur un sujet précis et limité.
2. La même racine grecque *sauros* (« reptile ») sert à composer les mots *stégosaure* (de *stegein*, « couvrir », comme un toit) et *dinosaure* (de *deinos*, « terrible »). Le jurassique désigne la deuxième période de l'ère secondaire, entre le trias et le crétacé (*cf.* séquence 3, p. 301, « À savoir »).

Il me tendit le livre. J'écarquillai les yeux en regardant l'image. Cette reconstitution d'un monstre préhistorique offrait une extrême ressemblance avec l'esquisse de l'artiste inconnu.

— C'est évidemment très curieux, dis-je.

— N'admettez-vous pas que c'est concluant ?

— Il peut n'y avoir là qu'une coïncidence. Votre Américain aura vu quelque image de ce genre qui l'aura frappé, et qui, plus tard, lui sera revenue dans le délire.

— Parfait, dit le professeur avec indulgence, n'en parlons plus. Mais veuillez regarder cet os.

Je regardai. L'os qu'il me présentait, long d'environ six pouces, large d'environ deux doigts, et gardant encore à l'une de ses extrémités quelques fragments desséchés de cartilage, était le même qu'il m'avait signalé comme faisant partie des biens du mort.

— À quel animal connu attribuez-vous cet os ? demanda-t-il.

Je tâchai de rappeler à moi quelques notions fort lointaines.

— On dirait une très grosse clavicule humaine, hasardai-je.

Le professeur fit un geste de mépris et d'adjuration.

— La clavicule humaine est courbe. Cet os est droit. Et il est creusé d'une rainure dans laquelle a dû jouer un tendon. Rien de commun avec la clavicule.

— Alors, j'avoue mon ignorance.

— Inutile d'en rougir : toute la presse de South Kensington n'en sait pas plus que vous.

Il tira d'une petite boîte un osselet gros comme une fève.

— Autant que je puis croire, cet osselet, qui est d'un homme, correspond à l'os que vous tenez, et qui est d'une bête : évaluez là-dessus la dimension de la bête. Et prenez garde que l'os n'est pas un os fossile, mais un os récemment dépouillé, à preuve les fragments de cartilage qui y adhèrent encore. Qu'en pensez-vous ?

— Eh bien, mais, qu'un éléphant…

Il eut un sursaut de révolte.

— Parler d'éléphant à propos de l'Amérique du Sud ! Même en ce siècle de primaires…

— Alors, dis-je, quelque grand animal de là-bas… un tapir, par exemple.

— Vous admettrez, jeune homme, que je possède à fond les éléments du problème. Cet os ne saurait provenir, sachez-le, ni d'un tapir, ni d'aucun animal classé en zoologie. Il provient d'un animal très féroce, qui existe quelque part sur la Terre, mais que, pour le moment, la science n'a pas inventorié. Êtes-vous toujours sceptique ?

— Je suis, du moins, profondément intéressé.

— À la bonne heure ! Il y a un peu d'espoir dans votre cas. Au fond de vous, la raison veille. Nous allons, lentement, patiemment, essayer d'arriver jusqu'à elle. Je laisse mon artiste américain et poursuis mon récit. Vous entendez bien que je ne pouvais abandonner l'Amazone sans avoir approfondi ma découverte. On savait à peu près de quelle direction était venu le mort. Des légendes indiennes auraient suffi à me guider, car une tradition commune à toutes les tribus riveraines attestait l'existence d'un pays étrange. Vous avez sans doute entendu parler de Curupiri ?

— Jamais.

– Curupiri, c'est l'esprit des bois, un être malfaisant, terrible, et qu'il faut éviter. Nul ne sait au juste sa forme ni sa nature. Mais rien qu'à l'entendre nommer, on tremble d'un bout à l'autre de l'Amazone. Les tribus s'accordent toutes à placer dans la même direction le séjour de Curupiri ; cette direction étant celle d'où arrivait l'Américain, il y avait par là un redoutable mystère : je me devais de l'éclaircir.

– Que fîtes-vous ?

J'avais rabattu de mon assurance. Cet homme massif imposait l'attention et le respect.

– Je sus vaincre la répugnance des indigènes, répugnance si grande qu'elle va jusqu'à leur fermer la bouche ; et par la persuasion, par des cadeaux judicieux, en y ajoutant parfois, je le concède, la menace du recours à la force, j'obtins que deux d'entre eux me servissent de guides. Après des aventures sur lesquelles je passe, au cours d'un trajet plus ou moins long, dans une direction que je n'ai pas à faire connaître, nous abordâmes enfin une région qui jamais n'a été décrite, ni, d'ailleurs, jamais été visitée, que par mon infortuné prédécesseur. Ayez l'obligeance de jeter un coup d'œil sur ceci.

Challenger me montrait une photographie de format 10 x 16.

– L'aspect défectueux de cette épreuve tient à ce qu'en descendant la rivière notre bateau chavira et la caisse contenant les films non développés se brisa. La plupart des films furent gâtés. Je subis de ce fait une perte irréparable, presque un désastre. Cependant je sauvai partiellement quelques photographies, celle-ci entre autres ; et vous voudrez bien accepter cette explication de l'état dans lequel je vous la présente. On a parlé de maquillage : je ne me sens pas en humeur de discuter une pareille allégation.

La photographie, très décolorée, avait, de plus, un « flou » qu'une critique mal intentionnée pouvait interpréter à sa guise. Elle représentait un morne et terne paysage où je discernai, en l'examinant bien, une plaine étageant ses arbres jusqu'à une ligne de hautes falaises qui donnaient, exactement, l'impression d'une immense cataracte vue à distance.

– L'endroit me paraît le même que dans l'esquisse de Maple White.

– C'est, en effet, le même. J'y découvris des traces du campement de l'artiste. Regardez ceci maintenant.

C'était le même paysage encore, vu de plus près. La photographie, bien que très mauvaise, laissait nettement se détacher sur la masse principale l'aiguille rocheuse couronnée de son arbre.

– Décidément, je ne doute plus, dis-je.

– Autant de gagné ! répondit Challenger. Nous avançons, n'est-ce pas ? Faites-moi le plaisir d'examiner cette aiguille rocheuse. N'y remarquez-vous rien ?

– Un grand arbre.

– Et sur l'arbre ?

– Un grand oiseau.

Il me tendit une loupe.

– Oui, dis-je, l'œil collé au verre, il y a sur l'arbre un grand oiseau à bec très long, dans le genre d'un pélican.

– Compliments pour votre clairvoyance. Mais ce n'est pas un pélican. Ni un oiseau, du reste. C'est un animal dont vous saurez peut-être avec intérêt que je réussis à tuer le pareil : grâce à quoi je rapportai une preuve, une preuve unique, sans doute, mais absolue, de mes découvertes.

– Vous l'avez donc ?

– Je l'aurais si, par malheur, ce magnifique spécimen n'avait subi le sort de mes photographies et péri dans mon naufrage. Je parvins à le saisir comme il allait disparaître dans les tourbillons des rapides, et il m'en resta dans la main un fragment d'aile. Quand le flot me déposa inanimé sur la berge, je tenais encore entre mes doigts le misérable débris que je place devant vous.

Il sortit d'un tiroir un os courbe, long de deux pieds pour le moins, et d'où pendait une membrane. Je pensai que cela pouvait être la partie supérieure de l'aile d'une monstrueuse chauve-souris ; et je le dis au professeur.

– Allons donc ! fit-il, d'un ton de réprimande. Je vis dans une sphère où je n'aurais jamais soupçonné que l'on connût si peu les premiers principes de la zoologie. Comment ignorez-vous cette élémentaire vérité d'anatomie comparée que l'aile de l'oiseau constitue un avant-bras, au lieu que celle de la chauve-souris se compose de trois doigts espacés entre eux et reliés par des membranes ? Dans le cas qui nous occupe, l'os n'a certainement rien d'un avant-bras et ne saurait provenir d'un oiseau ; vous observerez d'autre part qu'il ne saurait provenir d'une chauve-souris, puisqu'il est seul et pourvu d'une seule membrane. Si donc il ne provient ni d'un oiseau, ni d'une chauve-souris, quelle est sa provenance ?

J'avais épuisé mon petit stock de connaissances.

– Je ne sais pas, dis-je.

Il ouvrit le volume auquel il s'était déjà référé, et me montrant une planche :

– Le monstre ailé que voici représente le dimorphodon ou ptérodactyle[1], reptile volant de la période jurassique. Tournez la page, vous y trouverez un dessin du mécanisme de son aile. Et comparez avec le fragment que vous tenez.

Un coup d'œil me suffit. La surprise entraîna la conviction. Je cédai à la concordance des preuves. L'esquisse de Maple White, les photographies, le récit, le fragment d'aile, tout cela formait une démonstration complète. Je le dis à Challenger. Je le lui dis avec chaleur, parce que je sentais qu'on se conduisait mal envers cet homme. Il se renversa sur sa chaise, et, les paupières basses, un sourire indulgent au bord des lèvres, il sembla prendre un bain de soleil.

– Vous venez de me révéler des choses inouïes ! m'écriai-je avec un enthousiasme de journaliste où la science n'entrait que pour une faible part. C'est colossal. Moderne Christophe Colomb, vous avez retrouvé un monde perdu. Si j'ai montré quelque doute, je le regrette ; je sais du moins – et peut-on me demander plus ? – reconnaître, quand elle se produit, l'évidence.

Le professeur eut un ronron satisfait.

– Mais ensuite, monsieur ? continuai-je, que fîtes-vous ensuite ?

---

[1]. Du grec *pteron* (« aile ») et *dactulos* (« doigt »). Reptile volant de l'ère secondaire.

– La saison humide était venue, et mes provisions touchaient à leur fin, monsieur Malone. Je longeai un certain temps le gigantesque mur, cherchant, sans le découvrir, un point d'escalade. Le roc pyramidal au-dessus duquel j'aperçus et tirai le ptérodactyle était plus accessible. D'ailleurs, les rocs me connaissent, et je gravis celui-là. Du sommet, j'embrassais nettement le plateau sur les falaises. Il semblait très étendu ; à l'est comme à l'ouest, il allongeait indéfiniment des perspectives de verdure. En bas, une région de marais et de broussailles, hantée par les serpents, les insectes et la fièvre, fait une barrière de défense naturelle à ce singulier pays.

– Le ptérodactyle fut-il pour vous la seule forme sous laquelle la vie s'y manifesta ?

– La seule, monsieur ; mais durant la semaine où nous restâmes campés sous la falaise, nous entendîmes au sommet des bruits très étranges.

– Et l'animal dessiné par Maple White ?

– Maple White ne put le rencontrer que sur le plateau : donc, il existe un chemin pour y atteindre. Et ce chemin est sans conteste très difficile, pour avoir empêché les animaux de descendre dans la région alentour. C'est clair, j'imagine.

– Mais l'existence même du plateau, comment l'expliquez-vous ?

– D'une seule façon, et très simple. L'Amérique du Sud est, comme vous l'aurez peut-être entendu dire, un continent granitique. À l'endroit qui nous intéresse, un immense et brusque soulèvement volcanique a dû se produire en des temps très reculés. Ces falaises sont de basalte, et par conséquent de formation ignée[1]. Une superficie de terrain aussi vaste que le Sussex, par exemple, aura été soulevée en bloc, avec tout ce qu'elle contenait de vivant, et coupée du reste du continent par des précipices perpendiculaires. La dureté des parois les rendant inattaquables, il en résulte que sur le plateau les lois ordinaires de la vie sont suspendues. Les différentes influences qui régissent ailleurs la lutte pour l'existence sont ici neutralisées ou modifiées. Des créatures y survivent qui, sans cela, disparaîtraient. Vous observerez que le ptérodactyle et le stégosaure appartiennent à la période jurassique, l'une des plus anciennes dans l'ordre de la vie. Ils doivent à ces bizarres conditions accidentelles le fait de s'y être artificiellement conservés.

– Pourquoi, ayant des preuves si décisives, ne pas les soumettre aux juges compétents ?

– J'y ai bien pensé, naïf que j'étais ! fit le professeur avec amertume. Sachez seulement qu'aux premiers mots je ne rencontrai partout que l'incrédulité, la sottise et l'envie. Je n'ai pas le goût des courbettes, monsieur, et je ne cherche pas à prouver quand on a mis en doute ma parole. Une fois me suffit pour m'ôter tout désir de produire des preuves aussi persuasives que celles que je possède. Quand des hommes comme vous, qui représentent la curiosité du public dans ce qu'elle a d'imbécile, venaient troubler ma retraite, je ne savais pas les recevoir avec une réserve digne. Je suis, j'en conviens, très vif de caractère, et,

---

[1]. Du latin *ignis* (« feu »). Produit par le feu ou en ayant les qualités.

pour peu qu'on m'y pousse, enclin à la violence. Vous avez dû le remarquer ?

Je me frottai l'œil en silence.

– Cela m'a valu bien des remontrances de ma femme. Mais tout homme d'honneur sentirait comme moi. Ce soir, pourtant, je veux affirmer par un bel exemple le pouvoir de ma volonté sur les facultés émotives. Acceptez cette invitation.

Et il me remit une carte prise sur la table.

– Comme vous le verrez, Mr. Percival Waldron, le naturaliste populaire, doit faire, ce soir, à huit heures trente, dans la grande salle de l'Institut zoologique, une conférence sur les Époques terrestres. On me demande de figurer sur l'estrade et de présenter une adresse de remerciements en l'honneur du conférencier. J'aurai soin d'émettre à cette occasion quelques remarques, d'ailleurs pleines de tact, mais susceptibles d'intéresser l'assistance et d'éveiller chez certains le désir d'aller un peu plus au cœur de la question. Rien d'offensif, vous m'entendez bien ; de quoi indiquer simplement qu'elle garde des profondeurs inexplorées. Je me tiendrai fortement la bride. Ainsi verrai-je si, en me domptant moi-même, j'obtiens un meilleur résultat.

– Et je puis venir ?

– Mais sans doute.

Il montrait, à présent, une sorte d'enjouement énorme, d'épaisse cordialité, presque aussi impressionnante chez lui que la violence. Et ce fut une chose extraordinaire que le sourire de bienveillance qui arrondit tout d'un coup ses joues, comme deux pommes vermeilles, entre ses yeux mi-clos et sa grande barbe noire.

Le Monde perdu

– De toute façon, venez. La présence d'un allié dans la salle, si désarmé, si parfaitement ignorant que je le sache, me soutiendra. Il y aura, je le présume, beaucoup de monde, car Waldron, tout charlatan qu'il est, a une clientèle considérable. Mais je vous ai donné plus de temps que je ne pensais, monsieur Malone. Nul n'a le droit de monopoliser ce qui appartient à tout le monde. Je vous verrai volontiers à la séance de ce soir. Quant aux renseignements que vous tenez de moi, il est entendu que vous n'en ferez aucun usage.

– Cependant, mon chef de service, Mr. Mc Ardle, ne manquera pas de me questionner.

– Dites-lui ce qui vous passera par la tête, et notamment ceci, dont vous pouvez certifier l'évidence : que, s'il m'envoie un autre de vos confrères, je reconduirai l'importun à coups de cravache. Mais je me fie à vous pour que rien de ce que je vous ai dit ne soit imprimé. Allons, à ce soir, huit heures trente, grande salle de l'Institut zoologique !

Il me congédiait du geste. Et j'emportai la vision d'un ballonnement de joues rouges entre une barbe bleue onduleuse et deux yeux intolérants.

BIEN LIRE

CHAPITRE 4
- Comment le héros passe-t-il du doute à la conviction enthousiaste ?
- Pourquoi Malone associe Christophe Colomb à une formule qui deviendra le titre du roman (*cf.* p. 57, lignes 455-456) ?

5

« LA QUESTION ! »

Par le double effet de la secousse physique qui avait marqué mon premier entretien avec le professeur Challenger et de la secousse mentale qui suivit le second, je me retrouvai assez déprimé dans Enmore Park. Sous mon crâne douloureux s'agitait cette seule pensée que je venais d'entendre des choses vraies, d'une importance capitale, et qui me fourniraient, quand Challenger le voudrait bien, une inappréciable copie pour la *Gazette*. Un taxi-cab stationnait au bout de la chaussée : je m'y précipitai et me fis conduire tout droit au bureau. Mc Ardle était, comme toujours, à son poste.

– Eh bien, fit-il avec curiosité, quoi de neuf ? Vous revenez de la bataille, jeune homme ? Ne me dites pas qu'il s'est livré à des violences.

– Nous avons eu d'abord une petite difficulté.

– Naturellement ! Et ensuite ?

– Ensuite, il est devenu plus raisonnable. Nous avons causé. Mais je n'ai rien tiré de lui... rien à publier.

– Hé ! hé ! Je vois d'ici un œil poché qui porte sa signature. Et cela mérite publication. Nous ne pouvons subir plus longtemps ce régime de terreur, monsieur Malone. Coup pour coup. Je promets pour demain à cet individu un article qui lui chatouillera l'épiderme. Aidez-moi. Il s'agit de le flétrir à tout jamais. « Le professeur Münchhausen » : que vous semble d'une pareille manchette? Ou: « La résurrection de Sir John Mandeville[1] » ? Ou: « Le nouveau Cagliostro[2] »? Nous n'avons que le choix parmi les imposteurs célèbres. Car je montrerai ce qu'il est: un imposteur.

– N'attendez pas que je m'y prête.

– Pourquoi?

– Parce que Challenger n'est nullement un imposteur.

– Quoi! rugit Mc Ardle, vous n'allez pas prétendre que vous croyez à ses histoires de mammouth, de mastodonte et de serpent de mer?

– J'ignore tout cela. Je doute qu'il raconte de ces balivernes. Mais je crois qu'il a trouvé du nouveau.

– En ce cas, au nom du Ciel! prenez une plume.

– J'en meurs d'envie. Mais tout ce que je sais, il me l'a dit sous le sceau du secret. J'ai promis de n'en rien écrire.

Je résumai en quelques phrases le récit du professeur.

– Et voilà! dis-je en manière de conclusion.

Mc Ardle m'observait d'un air incrédule.

– Du moins, répondit-il, la réunion scientifique de ce soir n'a aucun caractère secret. Je ne suppose pas que les journaux en rendent compte, car la presse s'est déjà occupée de Waldron une douzaine de fois, et personne ne sait que Challenger doit

---

1. Médecin et écrivain du XIVe siècle. Ses écrits de voyages mêlent des observations rigoureuses et des récits plus fantaisistes.
2. Giuseppe Balsamo, dit Alexandre, comte de Cagliostro, est un aventurier italien (1743-1795) qui parcourt l'Europe en se présentant comme guérisseur. Après un vif succès à Paris, il doit s'exiler à la suite de son implication dans l'affaire du Collier. En 1789, on l'arrête à Rome et l'Inquisition le condamne à mort comme franc-maçon, puis sa peine est commuée en prison à perpétuité.

prendre la parole. Avec de la chance, nous pouvons faire un coup. Soyez là. Donnez-nous un compte rendu très détaillé de la séance. Je vous réserve une colonne jusqu'à minuit.

Après une journée des plus occupées, je dînai de bonne heure au Savage Club avec Tarp Henry, à qui je fis part de mon aventure. Je le voyais, en m'écoutant, sourire de tout son maigre visage ; il s'esclaffa quand je lui déclarai que le professeur m'avait convaincu.

– Mon cher confrère, ce n'est pas ainsi que les choses se passent dans la vie réelle. Les gens ne font pas d'immenses découvertes dont ils perdent ensuite les preuves. Laissons cela aux romanciers. Challenger en remontrerait comme malice à toute la cage des singes du Zoo ; mais ses fables sont trop absurdes.

– Pourtant, l'artiste américain… ?

– N'a jamais existé.

– J'ai vu son album de croquis.

– L'album de Challenger.

– C'est donc Challenger, d'après vous, qui dessina l'animal ?

– Bien entendu. Qui d'autre ?

– Et les photographies ?

– Il n'y a rien dans les photographies ; de votre aveu même, vous n'avez vu qu'un oiseau.

– Un ptérodactyle.

– À ce qu'il prétend. Il vous a mis en tête le ptérodactyle.

– Eh bien, et les deux os ?

– L'un provient d'un haricot de mouton ; et quant à l'autre, on l'a simplement truqué pour les besoins de la cause. Avec un peu d'adresse et d'expérience, vous truquez un os tout aussi bien qu'une photographie.

Je commençai de me sentir mal à l'aise. Après tout, j'avais acquiescé un peu vite aux affirmations de Challenger. Subitement, il me vint une idée.

– M'accompagnez-vous à la réunion ? demandai-je.

Tarp Henry sembla réfléchir.

– L'aimable Challenger ne jouit pas précisément de la sympathie générale. Autant dire qu'il est un des hommes les plus haïs de Londres. Des tas de gens ont un compte à régler avec lui. Cela peut chauffer si les étudiants en médecine s'en mêlent. Je ne tiens pas à entrer dans la fosse aux ours.

– En bonne justice, vous lui devriez au moins d'aller l'entendre.

– Vous avez raison. Il y a là une question de loyauté. Comptez sur moi pour ce soir.

Nous trouvâmes, en arrivant, une affluence que nous n'avions guère prévue. Tandis que les coupés électriques déversaient sur le trottoir un petit flot régulier de professeurs à barbes blanches, sous la voûte de l'entrée s'engouffrait une humble et noire marée de piétons. Cette réunion scientifique sentait d'avance la réunion publique. À peine installés dans la salle, nous constatâmes que l'amphithéâtre et le fond grouillaient de jeunesse : des rangées entières de figures, derrière moi, multipliaient le type familier de l'étudiant en médecine ; pas un grand hôpital qui n'eût évidemment fourni son contingent. Tout ce public était pour l'instant en humeur de gaieté, mais sans bienveillance. Il entonnait à cœur joie des refrains populaires, singulier prélude à une docte causerie ; et avec un entrain qui nous promettait une joyeuse soirée, il lançait déjà vers l'estrade des apostrophes qui ne laissaient pas de gêner ceux qu'elles visaient.

Ainsi, lorsque apparut le vieux docteur Meldrum, coiffé du légendaire claque d'où sa chevelure déborde en mèches, il y eut une clameur si unanime pour savoir d'où sortait le « galurin » qu'il s'empressa de l'ôter et de le dissimuler sous sa chaise. Quand le professeur Watley, tout perclus de goutte, se traîna jusqu'à son siège, tel fut l'empressement à s'informer de son orteil malade que le digne homme en resta pantois. Cependant, la démonstration la plus éclatante se produisit quand mon nouvel ami, le professeur Challenger, descendit prendre sa place sur le devant de l'estrade. Un hurlement de bienvenue salua, au tournant du coin, sa barbe noire. Et je pensai que Tarp Henry avait eu raison dans ses conjectures, que cette foule ne venait pas seulement à cause de la conférence, mais parce que le bruit avait dû se répandre au-dehors que le fameux professeur y assisterait.

Quelques rires du public élégant aux premiers rangs des sièges parurent indiquer que la démonstration des étudiants ne lui était pas antipathique. Elle avait eu la soudaineté d'une explosion, et rien n'en donnerait l'idée que le rugissement d'une cage de fauves quand se fait entendre le pas du gardien apportant la nourriture. Néanmoins, si provocante fût-elle, j'y crus sentir au fond plus d'amusement, plus d'intérêt, que

Le Monde perdu

d'hostilité réelle et de dérision. Challenger sourit avec une lassitude placide, comme aux abois d'une portée de roquets. Il s'assit posément, souffla, passa ses doigts dans sa barbe, et promena sur la salle bondée le dédain de ses paupières basses. Le vacarme déchaîné par son arrivée n'avait pas encore pris fin quand le professeur Ronald Murray, qui présidait la réunion, et Mr. Waldron, le conférencier, s'avancèrent. La séance commença.

Que le professeur Murray veuille bien m'excuser si je lui reproche, comme d'ailleurs à presque tous ses compatriotes, de ne pas savoir articuler distinctement une syllabe. Pourquoi des gens ayant à dire des choses qui valent la peine d'être dites ne font-ils pas le léger effort d'apprendre à les dire ? Cela me paraît tout aussi déraisonnable que de vouloir transvaser une essence précieuse au moyen d'un tube bouché, quand rien ne serait plus facile que de déboucher le tube. Le professeur Murray exprima quelques pensées profondes à sa cravate blanche et à la carafe posée devant lui, cligna finement de l'œil à l'intention du flambeau d'argent qui brûlait sur sa droite, puis enfin s'assit, et Mr. Waldron se leva au milieu des applaudissements. C'était un homme d'aspect sévère, maigre, avec une voix rauque et des manières batailleuses ; mais il avait le don de l'assimilation, le talent de repasser au public, d'une façon intelligible et même intéressante, les idées des autres ; et il y joignait l'art d'être drôle sur les sujets les plus invraisemblables, si bien que, traitées par lui, la précession des équinoxes ou la formation d'un vertébré devenaient une affaire très spirituelle.

Dans son langage toujours clair, parfois pittoresque, il développa devant nous à grands traits l'hypothèse scientifique de la Création. Il nous dit le globe roulant d'abord à travers l'espace sa masse énorme de gaz enflammés ; puis, la solidification, le refroidissement, le plissement de la croûte terrestre, la formation des montagnes, la condensation de la vapeur en eau, la lente préparation du théâtre où allait se jouer l'inexplicable drame de la vie. Sur l'origine même de la vie, il garda une prudente réserve. On pouvait admettre que les germes n'auraient pas facilement survécu à la combustion primitive ; donc, elle avait dû venir plus tard. Avait-elle pris naissance d'elle-même dans les éléments inorganiques en train de se refroidir ? C'était très vraisemblable. Que les germes en fussent, au contraire, venus de l'extérieur sur un météore, cela se concevrait mal. Tout compte fait, l'homme le plus sage était le moins dogmatique sur ce point. Il n'existait pas encore de laboratoire qui fabriquât de la vie organique avec de la matière inorganique. Sur l'abîme qui sépare la vie de la mort, notre chimie n'avait pas encore jeté le pont. Mais il y avait une chimie de la Nature, plus haute et plus subtile, qui, travaillant avec de grandes forces sur de longues périodes, obtenait peut-être des résultats auxquels nous aspirions en vain. C'était, là-dessus, le plus que l'on pouvait dire.

Et l'orateur aborda la grande échelle de la vie animale. Elle commençait dans le bas aux mollusques et aux infimes organismes de la mer, pour s'élever, d'échelon en échelon, par les reptiles et les poissons, jusqu'au kangourou-rat ou potorou, qui portait ses petits vivants, et qui était l'ancêtre direct de tous les mammifères, y compris, sans doute, par voie de conséquence, de toutes les personnes présentes. *(Voix d'un étudiant sceptique, aux derniers rangs : « Allons donc ! »)* Si le jeune monsieur à cravate rouge qui avait crié : « Allons donc ! » et qui devait croire qu'il était sorti d'un œuf voulait bien attendre à la porte après la séance, l'orateur serait curieux de voir ce phénomène. *(Rires.)* On ne pouvait croire sans étonnement que l'effort de la Nature à travers les siècles eût pour suprême aboutissement le jeune monsieur à cravate rouge. Mais l'effort ne continuait-il pas ? Ce gentleman représentait-il un achèvement, une somme, un terme ? Quelles que fussent les vertus domestiques du jeune monsieur à cravate rouge, l'orateur espérait ne pas le froisser en maintenant que sa création ne suffisait pas à justifier l'immense travail de l'univers. L'évolution était une force non pas épuisée, mais toujours active, et qui promettait encore des résultats plus considérables.

Ayant ainsi joué avec son interrupteur, à la grande joie de son auditoire, le conférencier s'en revint vers le passé. Les mers, en se desséchant, laissent émerger les bancs de sable ; une vie paresseuse et visqueuse se manifeste : les lagunes se multiplient ; les animaux maritimes tendent à se réfugier sur les plateaux de limon, et, comme ils y trouvent une nourriture abondante, ils y foisonnent. « De là, mesdames et messieurs, l'effroyable pullulement de ces sauriens qui nous terrifient encore dans les schistes de Wealden ou de Solenhofen, mais qui, par bonheur, avaient disparu bien avant l'apparition de l'homme sur cette planète. »

Une voix sur l'estrade mugit :

– La question !

Mr. Waldron ne badinait pas avec la discipline ; et la causticité de son esprit, dont il venait de fournir un exemple dans le cas du jeune homme à cravate rouge, faisait qu'il y avait quelque danger à l'interrompre. Mais, cette fois, l'interruption était si baroque qu'elle le prit au dépourvu. Comme le shakespearien quand on lui jette Bacon à la tête, ou l'astronome à qui l'on dit que la Terre est plate, il hésita une seconde ; puis, élevant la voix, il répéta les mots :

– … qui avaient disparu bien avant l'apparition de l'homme.

– La question ! mugit de nouveau la voix.

Waldron promena, d'un professeur à l'autre, sur l'estrade, un regard ahuri, qui alla rencontrer enfin Challenger, renversé dans sa chaise, les yeux clos, le visage épanoui, comme souriant à un rêve.

– Ah ! je vois ! dit-il avec un haussement d'épaules, c'est mon ami le professeur Challenger !

Et comme si cette constatation, soulignée par les rires de l'assemblée, l'eût dispensé de tout commentaire, Waldron reprit sa conférence.

Mais l'incident n'était pas vidé. Quelque chemin que prît l'orateur à travers les déserts sauvages de la préhistoire, tous le ramenaient invariablement à affirmer la disparition de certaines formes vivantes ; et le professeur de mugir aussitôt ! L'auditoire en vint à prévoir, chaque fois, la minute où le mugissement allait se produire, et à s'exclamer de joie quand il se produisait.

Les étudiants donnaient en masse compacte. Sitôt que s'ouvrait la barbe de Challenger, avant même qu'il en sortît un son, cent voix hurlaient : « La question ! » À quoi un plus grand nombre répondaient en criant : « Conspuez ! À l'ordre ! » Waldron avait beau être un conférencier renforcé et un homme énergique ; déconcerté, à la longue, par le tapage, il se troubla, bafouilla, se répéta, s'empêtra dans une longue phrase ; et tournant des yeux enflammés vers l'endroit de l'estrade où siégeait l'auteur du désordre :

– C'est vraiment intolérable ! s'écria-t-il. Professeur Challenger, trêve, je vous en prie, à ces interruptions insensées et discourtoises !

Il se fit un silence dans la salle. Les étudiants se tendaient, ravis de cette querelle des dieux sur l'Olympe. Lentement, lourdement, Challenger se souleva.

– Je vous en prie à mon tour, monsieur Waldron, dit-il, trêve à ces assertions que contredisent les données de la science !

Ces mots déchaînèrent une tempête.

« Conspuez ! Conspuez ! – Qu'il parle ! – À la porte ! – À la tribune ! – La question ! – Laissez faire ! » Les brocards[1] se mêlaient aux imprécations. Le président, debout, très excité, frappait dans ses mains, bêlait. « Le professeur Challenger… Plus tard… Vues personnelles… » : cela seul émergea, comme des pics émergent d'un nuage. L'interrupteur s'inclina, sourit, peigna sa barbe et se renfonça dans sa chaise. Waldron, très rouge, très

---

1. Attaques ou piques verbales, moqueries, railleries.

belliqueux, poursuivit son discours. De temps à autre, il jetait un regard empoisonné à son adversaire. Challenger semblait profondément assoupi. Un sourire béat lui élargissait la figure.

Enfin la conférence s'acheva. Un peu écourtée, je suppose, car la péroraison m'en parut hâtive et sans lien réel avec le reste. Le fil du discours était rompu. On sentait dans l'auditoire une fièvre d'attente. Waldron s'assit. Des lèvres présidentielles sortit un gazouillis informe. Puis Challenger, se levant, gagna le bord de l'estrade. Et je notai pour mon journal le texte même de son discours :

— Mesdames et Messieurs… *(Bruit au fond de la salle.)* Mesdames, Messieurs, Chers Enfants – car je vous demande pardon d'avoir oublié une partie considérable de mon auditoire… *(Tumulte. Le professeur, debout, une main levée, balançant la tête, semble donner au public la bénédiction pontificale.)* Je suis chargé de vous présenter un ordre du jour remerciant Mr. Waldron pour la conférence très pittoresque et très fantaisiste que nous venons d'entendre. Certaines des idées émises par l'orateur ne s'accordant pas avec les miennes, j'ai cru devoir les signaler quand elles venaient à se produire ; mais Mr. Waldron n'a pas moins rempli son programme en vous contant, d'une façon simple et intéressante, l'histoire, telle qu'il la conçoit, de notre planète. Les conférences populaires n'exigent de ceux qui les suivent aucun effort ; mais Mr. Waldron ne m'en voudra pas *(le professeur cligne de l'œil vers le conférencier)* si j'ajoute que, pour se mettre à la portée d'un public ignorant *(applaudissements ironiques)*, elles se condamnent à rester superficielles et à créer des idées fausses. Les conférenciers populaires sont, par nature, des parasites. *(Furieux gestes de protestation de Mr. Waldron.)* Ils exploitent, dans un sentiment de réclame et de lucre, l'œuvre de leurs confrères pauvres et ignorés. Le plus petit fait nouveau obtenu dans un laboratoire, la plus modeste pierre apportée à l'édifice de la science pèsent bien autrement qu'un de ces exposés accessoires qui aident à passer une heure d'oisiveté, mais ne laissent derrière eux aucune trace utile. Et j'avance cela, que je tiens pour l'évidence même, non par désir de dénigrer spécialement Mr. Waldron, mais afin que vous n'alliez pas perdre le sens des proportions et prendre l'acolyte pour le grand prêtre. *(Mr. Waldron glisse quelque chose à l'oreille du président, qui, se levant à demi, glisse sévèrement quelque chose à sa carafe.)* Je n'insiste pas *(hilarité bruyante et prolongée)*.

« J'ai hâte d'en venir, avec votre permission, à un sujet d'un intérêt plus vaste. Sur quel point ai-je, tout à l'heure, au nom de mes recherches personnelles, révoqué en doute les assertions du conférencier ? Sur la permanence de certaines formes de la vie animale. Je ne parle pas en amateur, ni même en conférencier populaire, je parle en homme de science et de conscience, étroitement attaché aux faits, en soutenant que Mr. Waldron se trompe quand, pour n'avoir jamais vu de ces animaux que l'on qualifie de préhistoriques, il affirme que ces animaux n'existent plus. Ces animaux sont bien, comme il l'a dit, nos ancêtres ; mais ils sont, passez-moi l'expression, nos ancêtres contemporains ; et l'on peut, de nos jours même, les revoir, les identifier dans leur formidable hideur, si l'on a seulement l'intrépidité de les chercher où ils se trouvent. Oui, des animaux supposés jurassiques, des monstres qui pourchasseraient et dévoreraient les plus grands, les plus féroces de nos mammifères, existent encore. *(Cris : "Des blagues ! – La preuve ! – La question ! – Comment le savez-vous ?")* Comment je le sais ? Je le sais pour les avoir relancés dans leur retraite. Je le sais pour les avoir vus. *(Applaudissements. Bruits. Une voix : "Menteur !")* On me traite de menteur ? *(Assentiment bruyant.)* Ai-je entendu quelqu'un me traiter de menteur ? Que la personne qui m'a traité de menteur ait la bonté de se lever et de se faire connaître. *(Cri : "Voilà, monsieur !" Et des mains, au-dessus d'un groupe d'étudiants, élèvent un inoffensif petit homme à lunettes, qui se débat de toutes ses forces.)* Vous avez osé me traiter de menteur ? *("Non, monsieur ! non !" proteste l'accusé ; et il disparaît comme un diable dans sa boîte.)* Si quelqu'un dans l'assistance contestait ma véracité, je m'en expliquerais volontiers avec lui après la séance. *("Menteur !")* Qui a dit cela ? *(L'inoffensif petit homme, en dépit d'une résistance héroïque, est de nouveau élevé dans les airs.)* Si je descends parmi vous... *(Chœur général : "Descends, Amour, descends !" qui interrompt un moment la séance ; le président, debout, agitant à la fois les deux bras, semble battre la mesure. Challenger, congestionné, les narines dilatées, la barbe hérissée, est maintenant dans l'état de frénésie de Berserk, le héros scandinave, quand il voit les champs de bataille.)* Toute grande découverte a rencontré la même incrédulité, marque ignominieuse d'une génération de fous. En présence des grands faits, vous n'avez ni l'intuition, ni l'imagination qui vous aideraient à les comprendre. Vous ne pouvez que couvrir de boue les hommes qui risquent leur vie pour ouvrir de nouveaux champs à la science. Vous persécutez les prophètes, Galilée, Darwin et moi[1] !... *(Hilarité prolongée. Complète interruption.)*

Des notes cursives prises sur place ne sauraient rendre que d'une façon bien imparfaite le chaos qui régnait à ce moment dans l'assemblée. Épouvantées par le charivari, plusieurs dames avaient déjà précipitamment battu en retraite. De graves vieillards se haussaient au diapason des étudiants ; j'en vis, et des plus vénérables, qui, debout, le poing tendu, menaçaient l'impénitent professeur. La salle écumait et ronflait comme une bouilloire. Challenger avança d'un pas et leva la main. Il y avait quelque chose de si hautain, de si saisissant, de si viril dans son attitude, que, peu à peu, les bruits tombèrent au commandement de son regard et de son geste. Il réclamait le silence : on l'écouta.

– Je ne vous retiendrai pas, dit-il. Cela n'en vaut pas la peine. La vérité est la vérité. Les manifestations hostiles de quelques jeunes écervelés – et, malheureusement aussi, de quelques écervelés moins jeunes – n'y changeront rien. Je prétends avoir ouvert un nouveau champ à la science. Vous le contestez ? *(Rires.)* Je vous mets donc au pied du mur. Voulez-vous charger un ou plusieurs d'entre vous d'aller, en votre nom, vérifier ce que j'affirme ?

---

1. Challenger se met sur le même plan que les plus grands scientifiques qui ont fait des découvertes décisives. Galilée (1564-1642), mathématicien, physicien et astronome italien, a défendu le système héliocentrique contre le système géocentrique hérité de l'Antiquité et défendu par l'Église. Darwin (1809-1882), naturaliste anglais, a défendu l'évolutionnisme dans *De l'origine des espèces par voie de sélection naturelle* (1859) (*cf.* séquence 2, p. 298, question 17).

Mr. Summerlee, le vieux professeur d'anatomie comparée, se leva dans la salle. Il avait un grand corps efflanqué, un air d'amertume, et les traits émaciés d'un théologien. Il désirait, dit-il, demander au professeur Challenger si les résultats auxquels il avait fait allusion dans ses remarques étaient ceux d'un voyage accompli par lui, deux ans auparavant, sur le haut Amazone.

Le professeur Challenger répondit que oui.

Mr. Summerlee désirait savoir comment le professeur Challenger prétendait avoir fait des découvertes dans des régions visitées avant lui par Wallace, Bates, et d'autres explorateurs d'une réputation scientifique établie.

Le professeur Challenger répondit que Mr. Summerlee semblait confondre l'Amazone avec la Tamise ; en réalité, c'était un fleuve plus considérable ; peut-être Mr. Summerlee apprendrait-il avec intérêt qu'à eux deux l'Amazone et l'Orénoque, fleuves communicants, baignaient une zone d'environ cinquante mille milles[1], et que dans un aussi vaste espace une personne pouvait avoir découvert ce qui avait échappé à une autre.

Mr. Summerlee répliqua, avec un sourire acide, qu'il savait la différence entre la Tamise et l'Amazone, laquelle différence tenait à ce que, si l'on avait les moyens de contrôler toute assertion relative au premier de ces fleuves, il n'en était pas de même quant au second. Le professeur Challenger l'obligerait en vou-

---

1. Unité nautique de longueur égale à celle d'un arc d'une minute comptée sur le méridien, soit 1 852 mètres.

lant bien lui faire connaître la latitude et la longitude du pays où l'on retrouverait des animaux préhistoriques.

Le professeur Challenger riposta que certaines raisons l'inclinaient à garder pour lui ces renseignements, mais que, nonobstant, il les fournirait, sous garanties spéciales, à un comité choisi dans l'auditoire. Mr. Summerlee acceptait-il d'entrer dans ce comité et de vérifier en personne les déclarations soumises à l'enquête ?

Mr. Summerlee : – J'accepte. *(Exclamations.)*

Le professeur Challenger : – Je m'engage donc à remettre en vos mains tous les documents de nature à guider vos recherches. Néanmoins, puisque Mr. Summerlee doit aller vérifier mes déclarations, on trouvera juste que je lui adjoigne quelques personnes pour vérifier les siennes. Je ne vous dissimulerai pas que l'entreprise offre des difficultés et des dangers. Mr. Summerlee aura besoin d'un collègue plus jeune. Y a-t-il des volontaires ?

C'est ainsi que surviennent les grandes crises de l'existence. Certes, je ne pouvais pas prévoir qu'en entrant dans la salle j'allais au-devant d'une aventure que mes rêves n'avaient jamais égalée en extravagance. Mais ce qui se présentait là, n'était-ce pas l'occasion même dont parlait Gladys ? Gladys m'eût conseillé de partir. Je me dressai. Je parlai, sans avoir préparé mes paroles. Tarp Henry, assis à mon côté, me tirait par la manche, et je l'entendais murmurer : « Asseyez-vous donc, Malone ! Ne faites pas l'idiot devant tout le monde ! » En même temps, je me rendais compte qu'un homme grand, mince, aux

cheveux carotte, était debout, lui aussi, à quelques rangs devant moi, et me regardait avec colère. Mais je ne cédais pas. Tous mes discours, obstinément, revenaient à la même conclusion :
– Je partirai, monsieur le président !
– Le nom ? Le nom ? cria l'auditoire.
– Je me nomme Edouard-Dunn Malone. Je suis reporter à la *Daily Gazette*. Voulez-vous d'un témoin sans parti pris ? Me voilà !
– Et vous, monsieur, demanda le président à mon rival, comment vous appelez-vous ?
– Lord John Roxton. J'ai déjà remonté l'Amazone. La connaissance que j'ai de tout le bassin du fleuve me qualifie spécialement pour cette enquête.
– Il est vrai, dit le président, que Lord John Roxton possède, comme chasseur et comme voyageur, une réputation universelle ; mais, d'autre part, il conviendrait d'associer à une pareille expédition un membre de la presse.
– En ce cas, dit le professeur Challenger, je propose que l'assemblée désigne l'un et l'autre de ces messieurs pour accompagner le professeur Summerlee dans son voyage, à l'effet de contrôler la véracité de mes déclarations.

Ainsi se fixa notre destinée, au milieu des cris et des rires ; et quelque peu étourdi par l'immensité de la tâche que je venais d'assumer, je me laissai rouler par le flot humain qui tourbillonnait vers la porte. Au moment où j'y arrivai, les étudiants se ruaient joyeusement sur la chaussée ; un bras, au-dessus de la foule, se mit à brandir un lourd parapluie, à se lever, à s'abattre ;

enfin, le coupé électrique du professeur Challenger démarra, salué par des manifestations diverses ; et sous les lumières argentées de Regent Street je me trouvai en marche, seul, mais rêvant de Gladys, et fort en peine de ce que me réservait l'avenir.

Soudain, on me toucha au coude. Je me retournai, pour voir braqués sur moi les yeux durs et spirituels du grand homme mince qui s'était offert pour participer avec moi à cette étrange enquête.

– Monsieur Malone, je crois ? dit-il. Je vous accompagne. J'habite précisément de ce côté, dans l'Albany. Peut-être aurez-vous l'obligeance de me consacrer une demi-heure. Il y a une ou deux choses que j'aimerais vous dire.

BIEN LIRE

CHAPITRE 5
• Si Challenger se compare à Galilée et à Darwin, c'est parce que ces deux savants ont été persécutés pour leurs théories qui heurtaient la tradition et les conceptions religieuses selon lesquelles la Terre était au centre du monde et l'homme avait été créé par Dieu. En quoi se retrouve-t-il dans la même situation ?

6

« J'ÉTAIS LE FLÉAU DE DIEU »

Nous tournâmes dans Vigo Street. Entre les deux rangées de sombres portails qu'aligne cette voie aristocratique, nous gagnâmes un long passage gris-brun, au bout duquel Lord Roxton poussa une porte, tourna un commutateur, et de nombreuses lampes, s'allumant sous des abat-jour de couleur, baignèrent d'un rayonnement vermeil, devant nous, toute une vaste pièce. Arrêté sur le seuil, j'eus, à première vue, l'impression d'un confort et d'une élégance extraordinaires, dans un cadre d'énergie masculine. Le luxe d'un homme de goût frayait ici avec le désordre insouciant d'un célibataire. De somptueuses fourrures, d'étranges nattes bariolées, venues de quelque bazar d'Orient, s'étalaient partout à terre. Des tableaux, des gravures, dont mes yeux, encore qu'ignorants, ne pouvaient méconnaître ni la rareté ni le prix, se bousculaient aux murs. Des portraits de boxeurs et de danseuses, des vues de courses alternaient avec un voluptueux Fragonard[1], un martial Girardet, un Turner[2] plein de rêve. Sur ce magnifique pêle-mêle trônaient des trophées de toute nature, qui me rappelaient que Lord Roxton était l'un des sportsmen et des athlètes les plus réputés de son époque. Deux rames entrecroisées au-dessus de la cheminée,

---

1. Peintre français (1732-1806).
2. Peintre anglais (1775-1851).

Le Monde perdu

l'une bleu sombre, l'autre couleur cerise, attestaient le vieux champion d'Oxford et du Leander Club, et, voisinant avec elles, des fleurets, des gants de boxe évoquaient la suprématie de l'escrimeur et du pugiliste[1]. La pièce était comme lambrissée de
25 têtes de gibier, les plus belles qu'un chasseur eût pu rapporter de tous les pays du monde, et dominées par l'une des plus rares, la tête du rhinocéros blanc de Lado, lippue et dédaigneuse.

Un moelleux tapis rouge couvrait le parquet. Au centre se dressait une table Louis XV, noir et or ; et sur ce meuble, bijou
30 ancien que déshonoraient des traces de verres et des brûlures de cigares, il y avait un nécessaire de fumeur, en argent, près duquel reluisait une cave à liqueurs. Sans desserrer les lèvres, mon hôte prit un siphon, emplit deux grands verres, me montra un fauteuil, posa devant moi l'une des boissons qu'il venait de prépa-
35 rer, me tendit un long havane doux, et, s'asseyant à son tour, me regarda longtemps, bien en face, de ses yeux hardis, scintillants, limpides, qui avaient le bleu froid d'un lac de glacier.

Derrière le léger rideau que tendait entre nous la fumée de mon cigare, je notai les détails d'un visage avec lequel m'avaient
40 déjà familiarisé les photographies : le nez très busqué, les joues fatiguées et creuses, les cheveux d'un rouge vermeil dégageant le front et les tempes, les moustaches frisées et viriles, la barbiche en pointe sous un menton saillant : quelque chose de Napoléon III, quelque chose de Don Quichotte[2], et, néanmoins, quelque chose

---

1. Boxeur.
2. Héros de Cervantès (1547-1616), symbole du rêveur chevaleresque. Napoléon III et Don Quichotte ont une même barbiche surmontée de moustaches en pointe.

qui était, dans son essence même, le gentilhomme campagnard anglais, vif, alerte, passionné de plein air, de chiens et de chevaux. Le vent et le soleil lui avaient recuit la peau. Ses sourcils touffus et proéminents donnaient à son regard une expression de quasi-férocité, que ne corrigeait certes pas l'énergie d'un front sillonné de rides. Maigre, et du reste bâti en vigueur, il avait souvent prouvé que peu d'hommes en Angleterre étaient capables d'un effort plus soutenu. Il mesurait six pieds[1] de haut, mais une certaine rondeur des épaules lui faisait perdre de sa taille. Et tel il m'apparaissait tandis que, mordillant son cigare, il m'observait lui-même, fixement, dans un long et lourd silence.

– Eh bien ! jeune homme, dit-il enfin, nous avons fait le saut tous les deux ! Je suppose que vous n'en aviez pas la moindre idée en entrant dans la salle ?

– Pas la moindre.

– Moi non plus. Et nous voilà dans le lac jusqu'aux épaules ! Il y a trois semaines, j'arrivais de l'Ouganda ; j'avise un coin qui me plaît en Écosse, je loue, je signe. Jolie affaire, pas ? Mais vous ?

– Oh ! moi, ceci entre tout à fait dans la ligne de mon existence. Je suis journaliste à la *Gazette*.

– C'est ce que vous avez dit en faisant vos offres. À propos, je vous demanderais, si vous le permettiez, un coup de main pour une petite besogne.

– Volontiers.

---

[1]. Un pied est une unité de mesure anglaise valant 30,47 cm ; le pouce vaut 25,4 mm et le yard 0,914 m.

— Vous ne reculez pas devant un risque ?

— Quel risque ?

— Ballinger. J'espère que vous avez entendu parler de Ballinger.

— Non.

— Ah ça ! où avez-vous donc vécu, jeune homme ? Sir Jack Ballinger est le premier *gentleman-rider* du nord de l'Angleterre. Je le tiens en plat, mais il me bat en obstacle. Tout le monde sait que, sorti des périodes d'entraînement, il boit sans mesure. Il appelle cela faire sa moyenne. Le pauvre cher homme est en état de folie furieuse depuis mardi. Il habite l'étage au-dessus. Les docteurs ne répondent pas de lui si l'on n'arrive à lui faire prendre quelque nourriture ; mais comme il ne sort pas de son lit, qu'il a son revolver sous sa couverture et qu'il promet six balles bien placées au premier qui l'approche, les domestiques, naturellement, font grève. Notre Jack a la main dure : quand il frappe, c'est à mort. Et pourtant, dites, est-ce qu'on peut laisser finir de la sorte un vainqueur du Prix national ?

— Que voulez-vous faire ?

— Je voudrais, avec votre concours, l'attaquer à l'improviste. Nous courons la chance de le trouver endormi. Au pis aller, il n'atteindra jamais que l'un de nous deux, et l'autre saura bien s'en rendre maître. Si nous parvenions à le rouler dans son traversin, nous lui administrerions avec une sonde le souper qui doit lui sauver la vie.

C'était une affaire grave qui venait là me surprendre dans l'exercice de ma profession. Je ne me pique pas de bravoure.

Mon imagination irlandaise me fait de l'inconnu un épouvantail. Mais, en même temps, j'ai l'horreur de la couardise et la terreur d'en paraître affligé. Comme ce Hun de l'Histoire, je me jetterais dans un précipice pour peu qu'on m'en défiât ; et ce faisant, j'obéirais à un sentiment de crainte orgueilleuse plutôt que de courage. Aussi, bien que j'eusse tous les nerfs contractés à l'idée du fou alcoolique que je me représentais là-haut dans sa chambre, je répondis, avec tout le détachement possible, que j'étais prêt. Et les inquiétudes que crut devoir encore manifester Lord Roxton ne m'irritèrent que davantage.

– Ce n'est pas d'en parler qui arrangera rien, lui dis-je. Allons !

Nous nous levâmes ; mais alors, avec un petit ricanement satisfait, il me tapa deux ou trois fois dans la poitrine ; et me forçant enfin à me rasseoir :

– Ça va bien, mon garçon, dit-il, vous ferez l'affaire !

Je le regardai avec surprise.

– Je me suis occupé moi-même, ce matin, de Jack Ballinger : par bonheur, il tirait d'une main mal assurée ; sa balle troua simplement la manche de mon kimono. Nous jetâmes un veston sur lui ; il se lèvera dans une semaine. Sans rancune, n'est-ce pas, jeune homme ? De vous à moi, soit dit entre les deux yeux, je tiens pour extrêmement sérieuse cette expédition en Amérique du Sud ; et je ne désire pour compagnon qu'un homme à qui je puisse faire confiance. J'ai pris votre mesure et conviens que vous n'y perdez pas. Songez que nous aurons à nous partager la besogne ; car pour ce qui est du vieux

Summerlee, nous devrons commencer par le nourrir au biberon. À propos, êtes-vous le Malone en qui l'on voit déjà un des meilleurs joueurs de rugby pour l'Irlande ? Il me semblait me rappeler votre visage. Sauf empêchement, il ne m'arrive pas de manquer un match de rugby, car c'est le jeu le plus mâle qui nous reste. Mais je ne vous ai pas fait venir ici pour vous parler de sport. Nous avons des dispositions à prendre. Voici, à la première page du *Times*, la liste des prochains départs de paquebots. Il y a, mercredi en huit, un navire pour Para. Si vous et le professeur n'y voyez pas de difficultés, nous devrions le prendre… Bon… je m'entendrai avec lui. Et votre équipement ?

– Mon journal y pourvoira.

– Maniez-vous le fusil ?

– Comme un vrai territorial d'Angleterre.

– Si mal que cela ? Seigneur ! mais c'est donc la dernière chose que vous autres, jeunes gens, songiez à apprendre ? Ruche d'abeilles sans aiguillon ! vous ferez une jolie tête quand on viendra, un jour ou l'autre, vous chiper votre miel ! Il faudra pourtant bien que vous sachiez épauler un fusil, là-bas, en Amérique du Sud ; car si notre ami le professeur n'est ni un fou ni un menteur, nous ne reviendrons pas sans avoir assisté à d'étranges choses. Voyons un peu.

Il se dirigea vers un placard de chêne, dont il écarta les portes. Des rangées de canons parallèles brillèrent comme des tuyaux d'orgue.

– Que pourrais-je bien prélever pour vous sur mon arsenal ?

L'un après l'autre, il prit une série de magnifiques rifles[1], les ouvrant, les refermant avec un bruit sec, et les caressant, comme une mère ses petits, avant de les remettre en place.

– Voici un Bland Express, calibre 577, poudre axite. C'est avec lui que j'ai eu ce gros camarade.

Il désignait du regard le rhinocéros blanc.

– Dix yards de plus, et c'était lui qui m'ajoutait à sa collection !

Le faible, en ce combat, trouve sa chance unique
Dans le pouvoir ailé d'un petit plomb conique.

« J'espère que vous connaissez votre Gordon : il est le poète du cheval et du fusil, et il les manie comme il les chante. Voici, maintenant, un bon outil : calibre 470, hausse télescopique, double éjecteur ; de but en blanc à 150 yards. Je l'utilisai il y a trois ans au Pérou contre les commandeurs d'esclaves. Je fus, dans ce pays, le fléau de Dieu. Aucun livre bleu n'en fait mention, mais je peux, moi, vous le dire. Il y a des moments dans la vie, jeune homme, où l'on doit s'arrêter à des questions de justice humaine, sans quoi l'on ne se sent plus jamais très propre. J'ai donc un peu fait la guerre pour mon compte. Je la déclarai moi-même, j'en supportai tous les frais, je la terminai tout seul. Chacune de ces coches, et il y en a quelques-unes, marque la fin d'un bourreau d'esclaves. La grande, là, est pour le plus féroce, Pedro Lopez, que je tuai sur une lagune du fleuve Putomayo. Mais tenez ! voici quelque chose qui fera votre affaire.

---

1. Carabines à long canon.

Le Monde perdu

Il prit un très beau rifle à incrustations d'argent.

– Arme de précision, crosse caoutchoutée, cinq cartouches dans le magasin : vous pouvez vous fier à cela.

Il me tendit l'arme et referma le placard de chêne.

– À propos, continua-t-il, en revenant s'asseoir, que savez-vous du professeur Challenger ?

– Je ne l'avais jamais vu jusqu'à ce jour.

– Moi non plus... Drôle de chose, tout de même, que de nous embarquer ainsi, emportant les ordres scellés d'un homme que nous ne connaissons ni l'un ni l'autre ! Il avait l'air d'une espèce de vieil oiseau arrogant ! Ses confrères ne semblent l'aimer que tout juste. D'où vient l'intérêt que vous prenez à son affaire ?

Je lui contai brièvement mes aventures du matin, et il m'écouta avec attention ; puis il prit une carte de l'Amérique du Sud, qu'il déploya sur la table.

– Je crois bien que Challenger ne vous a dit que la vérité, déclara-t-il gravement ; j'ai quelque autorité là-dessus, moi qui vous parle. J'aime l'Amérique du Sud. Considérez-la, de Darien à la Terre de Feu : c'est le plus vaste, le plus riche, le plus admirable morceau de notre planète. On ne la connaît pas encore. On ne se rend pas compte de ce que l'avenir lui réserve. Je l'ai parcourue de bout en bout ; j'y ai passé deux saisons sèches au temps où, comme je vous le disais, je guerroyais contre l'esclavage ; et il m'arriva d'y recueillir des récits du même genre que ceux dont vous a parlé Challenger, des traditions indiennes qui tenaient, sans nul doute, à quelque fond de réalité. Plus vous découvrirez ce pays, jeune homme, plus vous comprendrez que tout, absolument tout, y est possible. On voyage au long des cours d'eau, sur d'étroites pistes hors desquelles tout est mystère. Tenez, par ici, sur le Mato Grosso, – il promena son cigare sur une partie de la carte, – et là-haut, dans ce coin où se rencontrent trois pays, rien ne saurait me surprendre. Comme disait tantôt notre personnage, il y a là une route d'eau de cinquante mille milles circulant à travers une forêt qui a presque la superficie de l'Europe. Vous et moi pourrions nous trouver dans la grande forêt brésilienne et avoir entre nous toute la distance qui sépare l'Écosse de la Turquie. C'est à peine si, dans ce labyrinthe, l'homme a tracé, par-ci, par-là, un sentier ou une échancrure. Or, le fleuve monte, parfois, tout près de quarante pieds, et la moitié du pays devient un marais infranchissable. Pourquoi une telle région ne cacherait-elle pas quelque chose d'extraordinaire ? Pourquoi ne serions-nous pas hommes à le découvrir ? En outre, – et la bizarre face maigre de mon hôte rayonna de plaisir, – il y a là des risques de chasse à tous les milles. Je suis une vieille balle de golf, je n'ai plus depuis longtemps sur le corps une place où n'aient porté les coups. La vie peut cogner sur moi, elle ne m'ajoutera pas une marque. Mais un risque de chasse, jeune homme, c'est le sel de l'existence ! Cela donne du goût à vivre ! Nous devenons tous trop mous, trop douillets, trop mornes. À moi les vastes étendues de terre, les espaces qu'on parcourt le fusil au poing, en cherchant quelque chose qui mérite qu'on le trouve ! J'ai tâté de la guerre, du steeple-chase, des aéroplanes ; mais la chasse aux grands fauves représente pour moi ce que représentent pour d'autres les soupers fins : une volupté toujours neuve !

Et Lord Roxton claqua de la langue.

Peut-être m'attardé-je un peu sur cette première entrevue. Mais Lord Roxton va devenir pour bien des jours mon compagnon, c'est pourquoi j'ai essayé de le peindre tel qu'il m'apparut ce soir-là, dans l'originalité de ses façons, de ses pensées et de son langage. Il me fallut, pour m'arracher à sa compagnie, l'obligation d'aller rendre compte de la séance. Quand je le quittai, assis sous la clarté rose des lampes, il graissait son fusil et riait encore tout bas à la pensée de nos aventures prochaines. Évidemment, pour partager avec moi les dangers probables qui m'attendaient, je n'aurais pu trouver dans toute l'Angleterre un cerveau plus froid et un cœur plus brave.

Bien que très fatigué par les événements exceptionnels de cette journée, je restai une partie de la nuit à causer avec Mc Ardle. Je lui exposai les faits de telle sorte qu'il crut devoir en référer le lendemain à notre directeur, Sir George Beaumont. Nous convînmes que j'enverrais au journal des récits détaillés de mon voyage, que ces récits prendraient la forme de lettres adressées à Mc Ardle, et qu'ou bien la *Gazette* les publierait au fur et à mesure de leur réception, ou bien elle les réserverait pour une publication ultérieure, au gré du professeur Challenger, puisque nous ignorions encore les conditions qu'il devait mettre à nous fournir les moyens de nous diriger en pays inconnu. Nous l'interrogeâmes par téléphone : il commença par fulminer contre la presse et finit par nous promettre que, si nous lui faisions connaître le bateau que nous prendrions, il nous donnerait au départ les indications qu'il jugerait convenables. Un second appel nous valut des gémissements de sa femme se plaignant qu'il fût déjà dans une très violente colère et nous suppliant de ne pas l'exaspérer. Une troisième tentative, plus tard, dans la journée, n'eut d'autre résultat qu'un fracas terrible, suivi d'un avis du bureau central nous prévenant que le récepteur du professeur Challenger était brisé. Sur quoi, nous renonçâmes.

Je cesse désormais de m'adresser directement au lecteur. Si je dois continuer à lui parler de moi, ce ne peut plus être que par l'entremise de mon journal. Je laisse aux mains de mon directeur ces quelques pages, simple préface à l'histoire de la plus surprenante expédition qu'on ait jamais entreprise.

Si je ne reviens pas en Angleterre, on saura, du moins, comment l'affaire s'engagea. C'est dans le salon du paquebot *Francisca*, de la compagnie Booth, d'où elles s'en iront, par la voie du pilote, dormir dans le coffre de Mc Ardle, que je trace encore ces notes. Je voudrais les clore par un tableau qui est le dernier souvenir que j'emporte du pays. Une brumeuse et froide matinée à la fin du printemps ; une pluie pénétrante et glaciale. Trois silhouettes, luisantes sous des imperméables, se dirigent, au ras du quai, vers la passerelle du grand paquebot où flotte le pavillon de partance. Devant elles, un porteur pousse un chariot surchargé de malles, de couvertures, d'étuis à fusils. Le professeur Summerlee, long, mélancolique, traîne la jambe et baisse la tête, comme accablé de tristesse ; au contraire, Lord

Le Monde perdu

Roxton s'avance d'un pas vif, et son ardent visage osseux resplendit entre son cache-nez et sa casquette de chasse. Quant à moi, toute ma personne respire sans aucun doute la joie d'en avoir fini avec les tracas des préparatifs et l'ennui des séparations. Soudain, comme nous arrivons au navire, un cri retentit derrière nous. Le professeur avait promis d'être là : et nous le voyons qui s'empresse à nous rejoindre, soufflant, rouge, furieux.

– Non, merci, dit-il, j'aime beaucoup mieux ne pas monter à bord. Je n'ai à vous dire que quelques mots, et je vous les dirai parfaitement où nous sommes. Veuillez ne pas croire que je me sente la moindre obligation envers vous parce que vous faites ce voyage. Car c'est pour moi une chose indifférente et dont je me refuse à vous savoir aucun gré. La vérité est la vérité. Nul rapport de vous ne saurait l'affecter, quelque émotion qu'il suscite, quelque curiosité qu'il satisfasse chez un tas de gens sans importance. Vous trouverez sous ce pli scellé mes instructions pour votre édification et votre conduite. Vous l'ouvrirez quand vous aurez atteint une ville sur l'Amazone qui s'appelle Manáos[1]. Mais seulement à la date et à l'heure marquées sur l'enveloppe. M'exprimé-je clairement ? Je remets à votre honneur le respect de mes conditions. Non, monsieur Malone, je ne fais pas de restrictions pour votre correspondance, puisque aussi bien votre voyage n'a qu'un but de publicité ; mais je vous demande

---

1. Aujourd'hui Manaus. Ville du Brésil comprenant un port situé sur le río Negro, près du confluent avec l'Amazone.

de ne rien préciser en ce qui concerne votre destination, et de ne laisser rien paraître qu'à votre retour. Au revoir, monsieur : vous avez quelque peu atténué la rigueur de mes sentiments pour la triste profession que vous exercez. Au revoir, Lord Roxton ; la science, autant que je sache, est pour vous lettre morte, mais félicitez-vous des chasses qui vous attendent ; vous aurez sans doute l'occasion de raconter dans le *Field* comment vous avez rapporté le dimorphodon volant. Au revoir, vous aussi, professeur Summerlee : si vous êtes encore susceptible de progrès, ce dont je doute, vous reviendrez à Londres plus savant.

Il pirouetta sur ses talons, et l'instant d'après je pus voir, du navire, sa forme trapue se balancer à distance, tandis qu'il regagnait son train. Mais voici que nous descendons la Manche. La cloche sonne une dernière fois pour les lettres. Le pilote nous quitte. Nous prenons la route du large. Puisse Dieu bénir ceux que nous laissons et nous ramener sains et saufs !

BIEN LIRE

CHAPITRE 6
• Lord John Roxton et Edouard Malone représentent deux types d'aventuriers. Comparez leurs motivations, leurs expériences et leur caractère.

Le Monde perdu

7

« DEMAIN, NOUS DISPARAÎTRONS DANS L'INCONNU »

Je passe sur les conditions fastueuses de notre traversée. Nous fîmes un séjour d'une semaine à Para, où la compagnie Pereira da Pinta nous fut d'une aide précieuse pour compléter nos bagages. Nous remontâmes ensuite un large fleuve argileux et lent, sur un steamer[1] presque aussi puissant que celui qui nous avait transportés d'un bord à l'autre de l'Atlantique ; enfin, ayant franchi le chenal d'Obidos, nous atteignîmes Manáos. Nous y languissions à l'hôtel quand l'agent de la Compagnie commerciale anglo-brésilienne, Mr. Shortman, vint heureusement nous prendre, pour nous emmener tous loger dans son hospitalière *fazenda*, jusqu'au jour où nous pourrions ouvrir l'enveloppe contenant les instructions de Challenger. Avant d'arriver à cette date mémorable, je voudrais présenter une fois pour toutes mes compagnons et les auxiliaires que nous avions déjà recrutés en Amérique. Si j'y mets quelque franchise, je laisse à votre discrétion l'usage de ces documents, monsieur Mc Ardle, puisqu'ils n'arriveront au public qu'après avoir attendu entre vos mains.

On connaît trop pour que je m'y attarde les mérites scientifiques du professeur Summerlee. Mais on l'aurait cru moins préparé à une expédition de ce genre. Sa grande personne

---

1. Mot anglais dérivé de *steam* (« vapeur »). Navire à vapeur.

étique, toute en nerfs, ne ressent pas la fatigue. Ses façons sèches, à demi sarcastiques, souvent très antipathiques, ne cèdent jamais ni au milieu ni aux circonstances. Je le vois, à soixante-six ans sonnés, partager nos difficultés sans en exprimer un déplaisir quelconque. Je considérais d'abord sa présence comme un embarras ; je sais aujourd'hui que son endurance vaut la mienne. Il est de caractère pointu et sceptique. À son avis, qu'il nous a signifié dès les premiers jours, Challenger est de mauvaise foi et nous a tous embarqués dans une absurde entreprise, où nous ne récolterons que dangers, mécomptes et ridicule. Il nous l'a répété sans trêve de Southampton à Manáos, et la colère tordait ses traits, secouait sa barbiche de chèvre. Depuis le débarquement, il se laisse un peu consoler par la beauté, la variété des insectes et des oiseaux : car il professe une vraie dévotion pour la science. Il passe ses journées à courir les bois avec son fusil et son filet à papillons, et, le soir, il monte les nombreux spécimens dont il a fait la conquête. Je note, comme particularités secondaires, qu'il est négligé dans sa mise, médiocrement soigneux de sa personne, distrait, et qu'une pipe de bruyère ne quitte pour ainsi dire pas sa bouche. Il a fait partie, dans sa jeunesse, de plusieurs expéditions scientifiques, notamment celle de Robertson chez les Papous ; la vie de camp et de canot n'a donc rien à lui apprendre.

Lord John Roxton, s'il ressemble en certains points au professeur Summerlee, réalise, en d'autres, son vivant contraste. Plus jeune de vingt ans, il a quelque chose du même physique dépouillé. On se souviendra que je l'ai déjà décrit dans cette

Le Monde perdu

partie de mon récit que j'ai laissée à Londres. Très ordonné, tiré à quatre épingles, il s'habille toujours d'un complet de coutil blanc, se chausse de brodequins à hautes tiges brunes qui le préservent contre les moustiques, et se rase au moins une fois par jour. Il montre dans ses discours le laconisme[1] des hommes d'action ; mais prompt à s'enfoncer dans sa pensée, il ne l'est pas moins à répondre quand on l'interroge, et il intervient volontiers dans la conversation. Il parle d'une façon étrange, saccadée, à demi badine. Sa connaissance de l'univers, et spécialement de l'Amérique du Sud, vous déconcerte. Il a, dans les conséquences possibles de notre voyage, une foi profonde, que n'ébranlent pas les railleries de Summerlee. Sa voix est douce, son geste tranquille ; mais on devine, derrière le scintillement bleu de ses yeux, des capacités de colère furieuse et de froide résolution, d'autant plus redoutables qu'il les tient plus fort en laisse. Il ne nous entretient guère de ses exploits au Brésil et au Pérou, et ç'a été pour moi une révélation de constater l'effet produit par sa présence sur les populations riveraines, qui le considèrent comme leur champion et leur protecteur. Les prouesses du Chef-Rouge, comme elles l'appellent, avaient pris chez elles un caractère de légende. La réalité, cependant, ainsi que je pus l'apprendre, suffisait.

Et la réalité, c'était ceci : Lord Roxton se trouvait, quelques années auparavant, dans ce vaste territoire sans attribution qu'inscrivent les frontières mal définies du Pérou, du Brésil et

---

1. Langage concis, comme celui des Laconiens ou Spartiates.

de la Colombie. L'arbre à caoutchouc sauvage y pousse en abondance, et, comme au Congo, il était devenu pour les indigènes un fléau comparable seulement aux anciennes mines de Darien quand les Espagnols les y employaient de force. Une poignée d'infâmes métis, installés dans le pays, se le partageaient en maîtres. Ils armaient le nombre d'Indiens qu'ils jugeaient nécessaire à leur défense, réduisaient les autres en esclavage, et les terrorisaient, leur infligeaient les tortures les plus atroces, pour en obtenir le caoutchouc, qu'ils envoyaient alors à Para par le fleuve. Lord John Roxton commença par plaider la cause des malheureuses victimes ; mais on ne lui répondit que par des menaces et des injures. Alors, il déclara la guerre à Pedro Lopez, chef des commandeurs d'esclaves, leva une petite troupe d'esclaves marrons[1], les arma, prit la campagne à leur tête et ne s'arrêta qu'après avoir tué de sa main le célèbre métis, dont la fin entraîna celle d'un régime.

Il n'y avait donc rien d'étonnant à ce que cet homme roux, à la voix moelleuse, aux manières dégagées et libres, fût l'objet d'une extrême considération sur les bords du grand fleuve américain, bien que les sentiments qu'il inspirait fussent naturellement mêlés, car la reconnaissance des indigènes n'avait d'égale que la rancune de ceux qui auraient voulu les exploiter. Un résultat heureux de son premier passage, c'était qu'il parlait couramment le lingoa geral, dialecte particulier du Brésil où le portugais entre pour un tiers et l'indien pour deux.

---

[1]. Esclaves en fuite. De l'espagnol *cimarrón*, qui signifie « réfugié dans un fourré ».

J'ai dit que Lord Roxton aimait passionnément l'Amérique du Sud. Il n'en pouvait parler sans un enthousiasme qui, dans mon état d'ignorance, me gagnait, en fixant mon attention et stimulant ma curiosité. Combien je voudrais pouvoir rendre le charme de ses propos, ce mélange original d'exactitude et d'imagination pittoresque dont la séduction s'exerçait jusque sur Summerlee, au point que, peu à peu, tandis que le professeur écoutait, son sourire sceptique s'évanouissait sur sa maigre figure ! Il nous faisait l'historique du puissant fleuve, exploré de si bonne heure (car quelques-uns des premiers conquérants du Pérou traversèrent tout le continent sur ses eaux), et cependant si inconnu par-delà ses bords toujours changeants !

– Qu'y a-t-il par là ? s'écriait-il en désignant le nord ; la forêt, le marais, la jungle impénétrable : qu'est-ce qu'ils peuvent bien abriter ? Et vers le sud ? La forêt marécageuse et sauvage, où jamais un Blanc ne s'aventura. Quoi d'impossible dans un pays où l'on ne connaît que l'étroite bordure des fleuves ? Pourquoi le vieux Challenger n'aurait-il pas raison ?

À ce défi direct, l'ironie opiniâtre reprenait ses droits sur la physionomie de Summerlee ; et il secouait la tête dans un silence buté, derrière le nuage qui montait de sa pipe.

Inutile d'insister sur mes deux compagnons blancs : tout comme moi, ils ne manqueront sûrement pas de manifester mieux, à la lumière des événements, leur caractère et leurs ressources. Mais j'en viens aux gens que nous avons pris dès maintenant à notre service, et qui peuvent avoir, eux aussi, un rôle à jouer. Il y a d'abord un nègre gigantesque et docile, du nom de

Zambo. Nous l'avons engagé à Para, sur les recommandations de la Compagnie de navigation à vapeur. La Compagnie l'utilisait à bord de ses navires, et il doit à cette circonstance de baragouiner[1] un peu d'anglais.

C'est de Para également que nous avons emmené Gomez et Manuel, deux métis du haut fleuve, descendus récemment avec un chargement de bois rouge. Basanés et barbus, ce qui leur donne un air farouche, souples et nerveux comme des panthères, ils ont passé leur vie dans ce bassin du haut Amazone que nous allons explorer, et le choix qu'en a fait Lord Roxton ne tient pas à une autre cause. Cependant Gomez a pour lui l'avantage de connaître parfaitement l'anglais. Tous les deux doivent nous servir de domestiques, faire notre cuisine, ramer, que sais-je encore ? pour un salaire mensuel de cinquante dollars. Par surcroît, nous nous sommes adjoint trois Indiens de la tribu Mojo qui, de toutes les tribus du fleuve, est la plus habile pour ce qui concerne la navigation et la pêche. Nous appelons leur chef Mojo, du nom de sa tribu, et nous désignons les autres sous les noms de José et de Fernando.

Trois hommes blancs, deux métis, un nègre, trois Indiens, voilà donc le personnel de la petite troupe qui n'attendait à Manáos que ses instructions pour le départ. Après une fastidieuse semaine, le jour vint enfin où nous allions les connaître. Décor : le salon clair-obscur de la *fazenda* de Santo-Ignacio, à

---

1. S'exprimer dans un langage incompréhensible. Du breton *bara* (« pain ») et *guin* (« vin »). Lors des grands pèlerinages, les pèlerins bretons demandaient l'hospitalité avec ces deux mots que l'on ne comprenait pas.

deux milles dans la campagne. Au-dehors, un soleil jaune et cuivré, sous lequel les ombres des palmiers se découpent aussi noires, aussi nettes que les arbres eux-mêmes. Un air calme, plein du bourdonnement perpétuel des insectes qui, de l'abeille au moustique et du grave à l'aigu, forment un chœur à plusieurs octaves. De l'autre côté de la véranda, un petit jardin bien tenu, bordé de haies de cactus, orné d'arbustes en fleurs, autour desquels les grands papillons bleus et les petits oiseaux-mouches voltigent, s'élancent, décrivent d'éblouissantes courbes. Assis autour d'une table d'osier, nous contemplons une enveloppe scellée où, de son écriture barbelée, le professeur Challenger a tracé les lignes suivantes :

Instructions pour Lord John Roxton et sa troupe. À n'ouvrir qu'à Manáos, le 15 juillet, à midi précis.

Lord Roxton avait placé sa montre près de lui sur la table.

— Encore sept minutes, dit-il. La volonté du vieux est formelle.

Summerlee eut un aigre sourire ; et prenant l'enveloppe dans sa main décharnée :

— Qu'importe que nous l'ouvrions à présent ou dans sept minutes ? Tout cela fait partie d'un système de charlatanisme, qui, j'ai regret de le dire, a déjà classé son auteur.

— N'empêche, répliqua Lord Roxton, que nous devons jouer selon les règles. Nous sommes ici par le bon vouloir de Challenger, et pour une démonstration qui l'intéresse ; il convient que nous suivions ses instructions à la lettre.

— Jolie affaire ! s'écria le professeur, amèrement. Je la trouvais déjà suffisamment niaise, là-bas, à Kensington ; ici, de plus près, c'est encore pire. Je ne sais ce qu'il y a dans cette enveloppe ; mais il faudra que ce soit quelque chose de bien net pour que je ne cède pas à la tentation de prendre le premier bateau qui descendra la rivière et d'aller me rembarquer à Para sur le *Bolivia*. Après tout, j'ai mieux à faire que de courir le monde pour mettre à néant des turlutaines. Voyons, Roxton, ce doit être l'heure.

– C'est l'heure, fit Lord Roxton. Vous pouvez donner le coup de sifflet.

Il prit l'enveloppe, l'ouvrit avec son canif, en retira une feuille de papier, qu'il déplia et qu'il étala sur la table : cette feuille était blanche. Il la retourna ; mais pas plus au verso qu'au recto elle ne portait trace d'écriture. Nous nous regardâmes interloqués, dans un silence que rompit le rire discordant du professeur Summerlee.

– C'est un aveu ! cria-t-il. Que vous faut-il davantage ? Le mystificateur se dénonce lui-même. Il ne nous reste plus qu'à nous en retourner chez nous pour l'exécuter.

– Encre invisible ?… suggérai-je.

– Peu probable, fit Lord Roxton, exposant le papier à la lumière. Non, mon garçon, il ne servirait à rien de vouloir se faire illusion. J'affirme qu'il n'y a jamais eu un mot d'écrit sur cette feuille.

– Puis-je entrer ? mugit une voix, de la véranda.

L'ombre d'une pesante silhouette avait coupé la bande de soleil. Cette voix ! Cette monstrueuse largeur d'épaules ! Nous bondîmes, suffoqués de surprise, cependant que Challenger, coiffé d'un canotier de petit garçon, rond et garni d'un ruban

Le Monde perdu

multicolore, les mains dans les poches de son veston, les pieds chaussés d'élégants souliers de toile, s'encadrait dans le chambranle de la porte. Rejetant la tête en arrière, il s'arrêta, et, sous un halo de soleil, du fond de sa barbe assyrienne, il nous considérait avec l'habituelle insolence de ses paupières basses.

– Je crains, dit-il en consultant sa montre, d'être en retard de quelques minutes. À parler franc, je ne croyais pas, quand je vous donnai cette enveloppe, que vous auriez jamais à l'ouvrir ; car je me proposais de vous rejoindre avant l'heure. Un pilote maladroit, aux prises avec un banc de sable intempestif, m'a occasionné ce retard que je déplore et qui, je gage, aura induit au blasphème mon collègue le professeur Summerlee !

– Certes, monsieur, répondit Lord Roxton avec une certaine sévérité, votre arrivée me soulage d'un grand poids : car notre mission me semblait prématurément terminée. Mais, sur ma vie, je n'arrive pas encore à comprendre pourquoi vous agissez envers nous d'une façon si singulière.

Sans répondre, Challenger entra, serra la main de Lord Roxton et la mienne, s'inclina devant Summerlee avec une impertinente gravité, et se laissa choir dans un fauteuil d'osier, qui frémit et craqua sous sa masse.

– Est-ce que tout est prêt pour le voyage ? demanda-t-il.

– Nous pouvons partir demain.

– Alors, nous partirons. Je vous sers de guide, avantage inestimable ! De tout temps, je m'étais promis que je présiderais moi-même à vos recherches. Donc, pas besoin d'instructions. Vous admettrez que les plus détaillées seraient de peu de valeur en comparaison de mon intelligence et de mon expérience. Pour ce qui est du pli scellé, si j'ai cru devoir user de ce stratagème, c'est qu'en dissimulant mes intentions j'échappais à la pression désagréable que vous n'auriez pas manqué de faire pour m'obliger à partir avec vous.

– En ce qui me concerne, monsieur, intervint cordialement Summerlee, vous n'aviez rien à craindre tant qu'il restait un autre bateau pour traverser l'Atlantique !

Challenger l'écarta d'un geste de sa grande main velue.

– Votre bon sens, j'en suis sûr, m'approuvera. Vous vous rendrez compte qu'il valait mieux me laisser libre de mes mouvements, pour n'apparaître qu'à l'instant précis où ma présence devenait nécessaire. Vous êtes en mains sûres. Vous arriverez sûrement au bout. Je prends dès aujourd'hui le commandement de l'expédition et vous prie de compléter ce soir même vos préparatifs, pour que nous puissions partir demain à la première heure. Mon temps est précieux, et peut-être aussi, à un moindre degré, le vôtre. C'est pourquoi je désire mener les choses aussi rondement que possible, jusqu'à ce que vous ayez vu ce que vous voulez voir.

Lord Roxton avait frété une lanche à vapeur sur laquelle nous devions remonter le fleuve. Au point de vue de la température, peu importait l'époque que nous choisissions pour notre expédition, car été comme hiver, le thermomètre oscille de soixante-dix à quatre-vingt-dix degrés Fahrenheit[1], sans diffé-

---

1. De 39 à 50 degrés Celsius.

rence appréciable. Mais en décembre commence la saison humide, qui ne se termine qu'en mai. La pluie tombe ; le flot grossit, s'élève lentement à près de quarante pieds au-dessus des basses eaux, et, débordant ses rives, va convertir en lagune tout un immense territoire désigné dans le pays sous le nom de Gapo, et qui est, dans sa plus grande partie, trop marécageux pour qu'on l'aborde à pied, trop peu profond pour qu'on y navigue. Vers juin, les eaux commencent à descendre, pour se retrouver à l'étiage en octobre ou novembre. Ainsi notre expédition se plaçait à la saison sèche, au moment où le fleuve et ses affluents étaient plus ou moins dans leur condition normale.

L'Amazone n'a qu'un faible courant, sa pente ne dépassant pas huit pouces par mille. Nul cours d'eau ne se prête mieux à la navigation, car c'est généralement le vent de sud-est qui règne, en sorte que les bateaux à voile n'ont guère qu'à se laisser porter jusqu'à la frontière péruvienne. Dans notre cas, les excellentes machines de l'*Esméralda* pouvaient dédaigner la résistance paresseuse du courant, et nous avancions comme sur un lac immobile. Pendant trois jours, nous remontâmes vers le nord-ouest. Telle était encore la largeur du fleuve, à plus de neuf cents milles de son embouchure, que les deux berges, vues du milieu, se réduisaient à deux lignes sombres sur l'horizon lointain. Le quatrième jour après notre départ de Manáos, nous nous engageâmes sur un cours d'eau secondaire, à peine moins large au confluent que le fleuve lui-même, mais qui, d'ailleurs, se rétrécissait très vite. Enfin, après deux autres jours de navigation, nous atteignîmes un village indien, où le professeur insista pour nous faire descendre et pour renvoyer l'*Esméralda*, car, expliqua-t-il, nous approchions des rapides et notre petit vapeur devenait inutilisable. Il ajouta, confidentiellement, que nous touchions presque au seuil du pays inconnu, et que moins nous mettrions de gens dans notre secret, mieux cela vaudrait. Nous dûmes tous lui donner notre parole de ne commettre aucune indiscrétion sur notre voyage. Il exigea de notre personnel, et sous la foi du serment, un engagement analogue. Qu'on ne s'étonne donc pas si je garde parfois dans ces lettres un certain vague. Quelques cartes ou graphiques dont je les accompagne, je tiens a prévenir que le rapport des lieux entre eux peut être exact, mais non leur position, que j'ai soigneusement brouillée afin de décourager les recherches. J'ignore les raisons de Challenger pour s'envelopper ainsi de mystère ; justifiées ou non, il ne nous laissa pas le loisir de les discuter ; il nous eût abandonnés séance tenante plutôt que de modifier les conditions auxquelles il subordonnait son assistance.

C'est le 2 août qu'en nous séparant de l'*Esméralda* nous rompîmes le dernier lien qui nous attachait au monde. Il y a de cela quatre jours. Depuis, nous avons loué aux Indiens deux canots si légèrement construits de bambous et de peaux que nous pourrons les porter pour contourner les obstacles. Nous les avons chargés de tous nos effets. Deux Indiens supplémentaires dont nous avons loué les services, et qui s'appellent Attaca et Ipétu, se trouvent, paraît-il, avoir accompagné le professeur Challenger dans son précédent voyage. Ils semblaient terrifiés à l'idée de recommencer ; mais le chef de tribu exerce dans ce pays une autorité patriarcale ; et quand il juge un marché avantageux, l'homme engagé n'a pas voix au chapitre.

Ainsi, demain, nous disparaîtrons dans l'inconnu. J'envoie ces feuillets par canot. Peut-être porteront-ils notre dernière pensée à ceux que notre sort intéresse. Je vous les adresse, puisque nous en sommes convenus, mon cher Mc Ardle. Faites-y des ratures, des coupures, des modifications, usez-en avec eux comme il vous plaira, je vous les livre. L'assurance du professeur Challenger, malgré le scepticisme tenace du professeur Summerlee, me garantit qu'il saura établir le bien-fondé de ses déclarations. Nous sommes sans nul doute à la veille des événements les plus remarquables.

BIEN LIRE

CHAPITRE 7
• Le racisme sous-jacent est un trait culturel des pays colonialistes du XVIIIe au XXe siècle. Le comportement des colonisateurs était parfois ambigu. Certains ne songeaient qu'au profit et à la domination politique ; d'autres pensaient aider les peuples qu'ils soumettaient à accéder à la civilisation. Observez cette ambivalence dans les propos de Malone et de Roxton : le paternalisme raciste cohabite avec un souci de justice et la volonté de supprimer les esclavagistes (*cf.* séquence 4, p. 303, « À savoir »).

8

« Sur la lisière du monde perdu »

Que nos amis d'Angleterre se réjouissent : nous touchons au but ; du moins, nous avons déjà démontré dans une certaine mesure la vérité de ce qu'affirme Challenger. Si nous n'avons pas encore gravi le plateau, nous le voyons devant nous. Le professeur Summerlee vient déjà un peu à résipiscence[1]. Sans admettre un instant que son rival puisse avoir raison, il s'obstine moins dans son système d'objections incessantes ; il observe et il se tait. Mais je reprends les faits où je les avais laissés. Un de nos Indiens, s'étant blessé, nous quitte : je lui confie cette lettre non sans me demander ce qui en adviendra.

Nous étions, quand je terminai la dernière, dans le village indien où nous avait déposés l'*Esméralda*, et sur le point de nous mettre en route. Liquidons d'abord les mauvaises nouvelles. Je passe momentanément sur les perpétuelles chamailleries des deux professeurs, et j'arrive au premier ennui grave que nous aient donné nos gens. La scène a eu lieu ce soir : peu s'en faut qu'elle n'ait tourné au tragique. J'ai parlé de Gomez, celui de nos deux métis qui connaît si bien l'anglais : il est travailleur, plein de bonne volonté, mais affligé, je crois, d'une curiosité assez commune chez les gens de son espèce. Zambo, notre terrible nègre, qui joint à une fidélité de caniche la haine de sa race

---

1. Il reconnaît sa faute.

pour les demi-sang, crut le surprendre, hier soir, caché derrière la hutte dans laquelle nous discutions nos plans. Il l'empoigna, le traîna en notre présence ; mais Gomez sortit vivement son couteau, et, n'eût été la vigueur du nègre, qui le désarma d'une main, il l'eût assurément poignardé. Tout a fini par une mercuriale[1] et par la réconciliation forcée des deux adversaires : espérons qu'ils en resteront là.

Quant aux disputes des deux savants, elles sont continuelles et âpres. Je reconnais que Challenger a la provocation facile et Summerlee la riposte acérée, ce qui aggrave les choses. La nuit dernière, Challenger déclara qu'il n'aimait pas, quand il se promenait sur les quais de la Tamise, regarder en amont, car il ne peut jamais voir sans mélancolie son terme éventuel : il tient en effet pour acquis que Westminster Abbey lui réserve une sépulture. Summerlee, avec un sourire acerbe, répliqua qu'il croyait la prison de Millbank démolie. Challenger a une vanité trop colossale pour qu'un tel propos puisse l'atteindre. Il se contenta de sourire dans sa barbe et de dire : « Vraiment ? Vraiment ? » du ton de pitié dont il eût parlé à un enfant. Dans le fait, ils sont des enfants tous les deux, l'un taquin et desséché, l'autre arrogant et formidable, mais doués chacun d'un cerveau qui les a mis au premier rang de la science moderne. Cerveau, caractère, âme... il faut avancer dans la vie pour s'apercevoir que cela fait trois choses distinctes.

---

1. Remontrance, réprimande sévère. Mot formé d'après les séances judiciaires du mercredi (jour de Mercure) où l'on examinait comment la justice avait été rendue.

Le jour du lendemain marqua dans notre expédition une date décisive. Tout notre bagage tenait sans peine dans les deux canots, les professeurs étant, bien entendu, séparés. Personnellement, je me trouvais avec Challenger : il semblait en état de béatitude ; il se mouvait comme dans une extase silencieuse ; ses traits respiraient la bienveillance. Je le connaissais sous d'autres aspects et m'étonnerais d'autant moins quand viendraient à éclater, dans un ciel serein, de brusques orages. Avec lui, on ne peut ni se sentir tranquille ni s'ennuyer ; on vit dans l'attente des sautes d'humeur.

Nous remontâmes pendant deux jours une importante rivière, large de quelque cent yards, et dont l'eau brune a néanmoins assez de transparence pour qu'on en découvre le fond. Une moitié des affluents de l'Amazone présentent cette même particularité, les autres sont blanchâtres et opaques ; la différence tient uniquement à la nature du pays qu'ils arrosent, et au fait qu'ils charrient soit des détritus végétaux, soit de l'argile. Nous rencontrâmes deux fois des rapides, et nous dûmes, chaque fois, pour les éviter, porter nos canots pendant un demi-mille, opération qui s'effectua d'ailleurs sans grosse difficulté. La forêt ne se détend pas trop le long des rives ; et pourtant quel mystère, quelle solennité inoubliable ! Les arbres, par la longueur et l'épaisseur de leurs troncs, dépassent tout ce qu'aurait pu concevoir mon imagination citadine. À la hauteur où ils dressent leurs magnifiques colonnades, nous distinguions à peine la jonction des branches et le sommet de l'ogive obscure que trouait de loin en loin l'éblouissante flèche d'un rayon.

Le Monde perdu

Comme nous avancions sans bruit sur un sol épaissement feutré de végétation pourrissante, nous nous sentions oppressés du même silence qui alourdit l'âme dans le jour crépusculaire de Westminster, et la puissante respiration de Challenger faiblissait presque jusqu'au murmure. Seul, j'aurais ignoré le nom de ces espèces géantes ; mais nos savants désignaient les cèdres, les fromagers, les érythroxyles[1], toute l'infinie variété d'arbres et de plantes diverses qui ont fait de ce continent le plus gros fournisseur du monde pour les produits d'origine végétale, tandis qu'il en est le moindre pour les produits animaux. Des orchidées éclatantes, des lichens merveilleusement colorés s'allumaient par endroits sur une souche noire ; en d'autres places, un hasard de féerie semblait diriger sur l'allamande[2] dorée, sur le tacsonia[3] aux étoiles écarlates, sur le bleu si riche et si profond de l'ipomée[4], un trait de lumière vagabonde. Dans ces vastes étendues de forêts, la vie, qui a horreur du noir, s'efforce toujours vers la hauteur et la clarté ; il n'y a pas jusqu'aux plus petites des plantes qui, pour y parvenir, ne demandent l'appui fraternel des plus grandes, auxquelles elles s'agrafent et s'entortillent. Celles qui grimpent sont monstrueuses. Celles qui, ailleurs, n'ont jamais quitté le sol apprennent, ici, l'art de monter pour échapper à l'ombre ; c'est ainsi que l'on peut voir l'ortie commune, le jasmin et même le palmier jacitara enlacer les tiges des cèdres et se pousser vers leurs cimes. Aucun mouve-

---

1. Du grec *éruthros* (« bois ») et *xulon* (« rouge »). Arbres de bois rouge.
2., 3. et 4. Fleurs tropicales.

ment animal ne troublait autour de nous la paix religieuse des bas-côtés de verdure ; mais cependant que nous cheminions, une continuelle agitation au-dessus de nos têtes trahissait le peuple innombrable de serpents, de singes, d'oiseaux, de bradypes qui vivaient dans le soleil et qui, de là-haut, regardaient avec étonnement, dans un abîme de ténèbres, nos petites et trébuchantes silhouettes ! À l'aube et au couchant, les singes hurleurs nous assourdissaient de leurs cris, les perruches de leur caquetage ; mais durant les chaudes heures du jour, le ronflement des insectes occupait seul les oreilles ; comme un bruit de ressac sur une plage lointaine ; et rien ne bougeait entre les fûts prodigieux dont les enfilades plongeaient partout dans la nuit. Il nous arriva une fois d'entendre fuir lourdement devant nous, sans l'apercevoir, quelque animal bancroche, ours ou fourmilier : ce fut l'unique signe de vie terrestre que nous donna la grande forêt amazonienne.

D'autres signes nous prévinrent que, jusque dans ces retraites mystérieuses, l'homme était proche. Le troisième jour, l'air retentit d'un singulier battement, rythmique et grave, qui allait et venait capricieusement dans le matin. Les deux bateaux pagayaient à quelques yards l'un de l'autre quand pour la première fois nous l'entendîmes. Nos Indiens s'arrêtèrent ; ils semblaient changés en statues de bronze ; et tandis qu'ils écoutaient, leurs visages exprimaient l'épouvante.

– Qu'est-ce que cela ? demandai-je.

– Des tam-tams, répondit négligemment Lord Roxton, des tam-tams de guerre. J'ai eu jadis l'occasion de les entendre.

– Oui, monsieur, des tam-tams de guerre, dit Gomez, le métis. Nous sommes guettés à chaque mille du chemin par des Indiens sauvages, des Bravos, non des Mansos. Ils nous tueront s'ils le peuvent.

– Comment font-ils pour nous surveiller ? questionnai-je, fouillant des yeux l'espace immobile et noir.

Le métis haussa ses larges épaules.

– Les Indiens savent. Ils ont leur système. Ils nous épient. Ils se parlent entre eux avec le tam-tam. Ils nous tueront s'ils le peuvent.

L'après-midi de ce jour-là, qui était, à ce que je vois par mon journal de poche, le 18 août, six ou sept tam-tams pour le moins battaient de différents points. Ils battaient tantôt vite, tantôt lentement, échangeant, à n'en pas douter, des demandes et des réponses. Claquement saccadé à l'est, roulement profond au nord, le dialogue se poursuivait, à courts intervalles, et il avait quelque chose d'indiciblement angoissant et sinistre, qui trouvait sa formule dans le refrain du métis : « Ils nous tueront s'ils le peuvent ! Ils nous tueront s'ils le peuvent ! » Rien ne bougeait dans la forêt muette. La Nature tendait autour de nous un rideau de sérénité et de quiétude. Mais par-delà grondait l'avertissement de l'homme. « Nous vous tuerons si nous le pouvons ! » disait l'homme de l'Est. « Nous vous tuerons si nous le pouvons ! » disait l'homme du Nord.

Les tam-tams résonnèrent ainsi tout le jour ; et les visages de nos compagnons de couleur nous en traduisaient la menace. Le métis lui-même, si assuré, si fanfaron qu'il voulût être, cachait mal son émotion. J'appris, ce jour-là, une fois pour toutes, que Summerlee et Challenger possédaient la plus haute qualité de courage, le courage de l'esprit scientifique, qui soutint Darwin parmi les gauchos de l'Argentine, Wallace parmi les chasseurs de têtes de Malacca. Une nature miséricordieuse a décrété que le cerveau humain ne saurait penser en même temps à deux choses, en sorte que la curiosité pour la science exclut les préoccupations personnelles. Sourds à l'inquiétant concert des tam-tams, ils observaient le moindre oiseau, le moindre arbrisseau de la rive, avec une attention aiguë et loquace ; le ricanement de Summerlee ripostait au grondement de Challenger ; mais ils ne paraissaient soupçonner le danger non plus que s'ils se fussent trouvés l'un et l'autre paisiblement assis dans le fumoir du Club de la Société royale de Saint-James Street ; et ils ne firent attention un instant aux Indiens tambourineurs que pour une discussion bien spéciale.

– Cannibales[1] Miranha ou Amajuaca, dit Challenger, agitant son pouce dans la direction de la forêt où se répercutaient les sons.

– Pas de doute, monsieur, répondit Summerlee. Type mongol, je présume, et langue polysynthétique, comme celles de toutes les tribus indigènes.

– En ce qui concerne la langue, vous avez sûrement raison, accorda Challenger avec indulgence : je ne connais sur ce conti-

---

1. Ce mot, équivalent d'*anthropophage*, vient de l'arawak, langue des Caraïbes. Il signifiait « sage, brave, fort » et désignait les Indiens Caraïbes.

Le Monde perdu

nent que des langues polysynthétiques. Pour ce qui est du type mongol, je me méfie.

– Il semble pourtant, dit Summerlee d'un ton âpre, que même une connaissance superficielle de l'anatomie comparée permette de s'en rendre compte.

Challenger avança son menton jusqu'à ne laisser plus voir qu'une barbe sous un bord de chapeau.

– C'est, en effet, monsieur, ce que donne à croire une connaissance superficielle, mais non pas une connaissance approfondie.

Ils se lancèrent un regard de défi, tandis que résonnait le lointain murmure : « Nous vous tuerons si nous le pouvons ! »

Le soir, nous mouillâmes nos canots, avec de lourdes pierres en guise d'ancres, au centre du cours d'eau, et nous prîmes nos mesures contre toute éventualité d'attaque ; mais rien ne vint. Nous nous remîmes en route à l'aube et le battement des tam-tams mourut peu à peu derrière nous. Vers trois heures de l'après-midi, nous atteignîmes un grand rapide, long de plus d'un mille ; c'était le même au passage duquel le professeur Challenger avait éprouvé un désastre lors de son premier voyage. Je confesse que la vue m'en fut agréable, car, avant toute autre preuve, il corroborait sur un point de fait le récit du professeur. Les Indiens transportèrent nos canots vides, puis leur chargement, à travers la brousse, qui est très épaisse à cet endroit ; mes compagnons blancs et moi-même, armés de nos rifles, nous protégions leur marche contre tout danger venant des bois.

Nous dépassâmes avant le soir plusieurs lignes de rapides, et quand, de nouveau, nous mouillâmes sur l'affluent, je calculai que nous laissions le fleuve à cent milles pour le moins en arrière.

Le lendemain de bonne heure eut enfin lieu ce que j'appellerai le grand départ. Dès le point du jour, Challenger, nerveux à l'excès, inspectait minutieusement les deux berges. Soudain, il poussa un cri de joie, et me montrant un arbre isolé qui se projetait d'une façon particulière au-dessus des eaux :

– Que pensez-vous de ceci ? demanda-t-il.

– Que c'est un palmier assaï, dit Summerlee.

– Précisément. Un palmier assaï. Vous voyez en lui la borne-frontière de mon domaine. Ne cherchez pas l'entrée. Car le mystère, en ceci, tient du prodige : aucune éclaircie dans les arbres ne la signale. Là-bas, à quelques milles de l'autre côté de la rivière, entre les grands bois de cotonniers, à l'endroit où le vert tendre des joncs succède au vert foncé de la broussaille, c'est là que j'ai ma porte secrète sur l'inconnu. Venez et vous comprendrez.

Nous gagnâmes la place marquée par les joncs ; puis ayant, pendant quelques centaines de yards, poussé nos canots à la perche, nous arrivâmes à un cours d'eau peu profond qui roulait sur un lit de gravier un flot pur et paisible. Large de vingt yards environ, il était partout bordé de la végétation la plus luxuriante. À moins d'observer que les roseaux avaient pris depuis peu la place des arbrisseaux, on n'en pouvait soupçonner l'existence, ni celle du pays féerique qu'il traversait.

Car c'était un pays féerique, et tel que saurait à peine l'entrevoir l'imagination humaine. Des branchages croisés et entrelacés formaient au-dessus de nos têtes une pergola naturelle, un tunnel de verdure où, dans un demi-jour d'or, coulait la limpide rivière, belle par elle-même, et rendue plus merveilleuse par les jeux colorés de la lumière qui, tombant du haut, se filtrait et se dégradait dans sa chute. Claire comme du cristal, lisse comme une glace, verte comme le bord d'un iceberg, elle allongeait devant nous son arceau de feuilles, et chaque coup de nos pagaies ridait de mille plis sa surface brillante. C'était bien l'avenue qui doit conduire à une terre de merveilles. L'homme ne s'y rappelait plus par aucun signe ; mais l'animal s'y manifestait fréquemment, avec une familiarité qui montrait qu'il ignorait le chasseur. De tout petits singes qui semblaient en velours noir, avec des dents blanches éblouissantes et des yeux moqueurs, babillaient à notre passage. Un jaillissement d'eau annonçait, de temps à autre, le plongeon d'un caïman dérangé par notre approche. Un tapir, médusé, nous regarda un instant par une brèche entre deux buissons, puis se sauva, pesant et gauche, à travers la forêt. Une fois aussi, la forme sinueuse d'un grand puma traversa rapidement la broussaille, et deux yeux verts brillèrent d'un éclat sinistre par-dessus une épaule fauve. Les oiseaux abondaient, spécialement des oiseaux aquatiques, cigognes, hérons, ibis, assemblés en petits groupes, bleus, rouges, blancs, sur chaque tronc d'arbre qui se projetait de la rive. Mille poissons, de formes et de couleurs infiniment diverses, animaient l'eau.

Nous avançâmes pendant trois jours sous ce tunnel tout transpercé de brume lumineuse. Aux étendues un peu longues, on n'aurait pas su dire, en regardant devant soi, où finissait l'eau verte, où commençait le toit vert. La paix profonde qui régnait continuait à n'être troublée par aucun bruit de l'homme.

– Pas d'Indiens ici, disait Gomez. Trop de peur. Curupiri.

– Curupiri, c'est l'esprit des bois, expliquait Lord Roxton. Le nom sert d'ailleurs à désigner toutes sortes de diables. Les pauvres gens croient qu'il y a par là quelque chose de terrible, et ils évitent cette direction.

Il devint évident le troisième jour que nous ne pouvions remonter plus loin en canot, car la rivière se faisait de moins en moins profonde. Nous touchâmes deux fois en deux heures. Finalement, nous poussâmes nos canots dans des broussailles et nous passâmes la nuit sur la berge. Le matin, je fis, avec Lord Roxton, une pointe de deux milles dans la forêt, parallèlement au cours d'eau ; et comme sa profondeur diminuait sans cesse, nous revînmes certifier ce qu'avait pressenti Challenger, à savoir que nous avions atteint le plus haut point navigable. Nous tirâmes donc les canots à terre, nous les cachâmes dans un fourré, et, pour reconnaître la place, nous fîmes une marque à un arbre avec nos haches. Ensuite nous nous distribuâmes les divers paquets, fusils, munitions, vivres, tente, couvertures et le reste ; nous les chargeâmes sur nos épaules ; et la période difficile de notre voyage commença.

Nos deux mauvais coucheurs l'inaugurèrent par une lamentable querelle. Challenger, dès le jour où il nous avait rejoints, avait donné des instructions à toute la troupe, et provoqué par là le mécontentement de Summerlee ; quand, cette fois, il prétendit astreindre son collègue à la simple obligation de porter un baromètre anéroïde, Summerlee se fâcha.

– Puis-je vous demander, monsieur, dit-il, se contenant mal, à quel titre vous prenez sur vous de donner ces ordres ?

Challenger, se hérissant, le toisa :

– Professeur Summerlee, répondit-il, je les donne en tant que chef de l'expédition.

– Je suis forcé de vous dire, monsieur, que voilà un titre contestable.

– Vraiment ?

Et Challenger salua avec une lourde ironie.

– Peut-être vous plairait-il de définir ma situation ?

– Votre situation, monsieur, est celle d'un homme dont nous vérifions la parole. Nous constituons à votre égard un comité de contrôle. Vous marchez avec vos juges, monsieur.

– Alors, fit Challenger, s'asseyant sur le rebord d'un canot, vous voudrez, j'espère, trouver naturel que je vous laisse continuer votre route, et que je vous suive à mon loisir. Si je ne suis pas votre chef, n'attendez pas que je vous mène.

Grâce au Ciel, il y avait encore deux hommes de sens, Lord John Roxton et moi, pour empêcher que la sottise de deux savants ne nous obligeât de retourner à Londres les mains vides. Mais que de raisonnements, d'explications et de plaidoiries avant de les amener à composition ! Ils daignèrent enfin se mettre en marche, Summerlee ricanant et mordillant sa pipe,

Challenger roulant et grommelant. Presque au même instant, nous nous avisâmes qu'ils nourrissaient une égale aversion contre le docteur Illingworth, d'Édimbourg. Cette découverte nous sauva. Chaque fois que la situation se tendait, nous n'avions, pour la détendre, qu'à prononcer le nom du zoologiste écossais : il amenait momentanément la réconciliation dans une haine commune.

En longeant la berge à la file indienne, nous constatâmes bientôt que la rivière se rétrécissait jusqu'à n'être plus qu'un ruisseau, et que ce ruisseau finissait par se perdre dans un grand marais de mousse spongieuse, où nous enfoncions jusqu'aux genoux. Des moustiques et autres insectes volants de la pire espèce y entretenaient un grand nuage sonore. Nous eûmes donc plaisir à retrouver le sol ferme pour contourner sous bois le marais pestilentiel qui, à distance, ronflait comme un orgue.

Le surlendemain du jour où nous avions quitté nos canots, le pays changea de caractère. Nous ne cessions pas de monter, et les bois, au fur et à mesure que nous montions, perdaient de la surabondance tropicale. Les énormes arbres des plaines alluvionnaires de l'Amazone cédaient la place aux phœnix[1] et aux cocotiers, qui croissaient par bouquets entre de maigres broussailles ; dans les creux humides, les palmiers maurities inclinaient leur gracieuse frondaison. Nous nous dirigions uniquement à la boussole. L'avis de Challenger se trouvant un jour contredit par celui de nos Indiens, nous nous accordâmes, selon

---

1. Palmiers de taille réduite.

Le Monde perdu

le mot indigné du professeur, pour « faire prévaloir l'instinct fallacieux de ces sauvages sur l'opinion la plus autorisée de la culture européenne moderne ». Bien nous en prit, car dès le lendemain Challenger reconnaissait plusieurs jalons de son premier voyage, et nous arrivâmes à un endroit où quatre pierres noircies par le feu marquaient encore la place d'un ancien campement.

La route montait plus que jamais. Nous mîmes deux jours à franchir une pente rocheuse. La végétation avait de nouveau changé. Il ne restait plus que l'arbre à ivoire, et une profusion d'orchidées merveilleuses, parmi lesquelles j'appris à reconnaître la rare *nuttonia vexillaria* et les glorieuses fleurs roses et écarlates du cattleya et de l'odontoglosse. Des ruisseaux qui glougloutaient sur des cailloux, entre des rives drapées de fougères, le long de gorges peu profondes, nous ménageaient chaque soir, à l'heure du campement, un site à souhait au bord de quelque étang semé de roches où des quantités énormes de petits poissons bleus, ayant à peu près la forme et la taille de la truite anglaise, nous fournissaient un souper savoureux.

Le neuvième jour de notre débarquement, nous avions fait, à mon estime, cent vingt milles environ, quand nous commençâmes à sortir d'entre les arbres, qui s'étaient peu à peu réduits à la taille de modestes arbrisseaux, pour entrer dans une immense forêt de bambous, si dense que nous devions nous y frayer un chemin avec les serpes et les machettes de nos indigènes. Il nous fallut marcher tout un jour, de sept heures du matin à huit heures du soir, pour venir à bout de cet obstacle. On n'imagine pas l'accablante monotonie d'un pareil trajet.

Aux endroits les plus découverts, je pouvais voir tout juste à dix ou douze yards devant moi, et le plus souvent mon horizon avait pour limites, d'une part, le veston de coutil blanc de Lord Roxton, d'autre part, à la distance d'un pied, sur ma gauche comme sur ma droite, un mur jaune. Une mince lame de soleil glissait de haut entre les tiges, dont les cimes bleues se balançaient sur le bleu profond du ciel, à cinquante pieds au-dessus de nos têtes. Je ne sais pas quels animaux nous dérangions, mais à plusieurs reprises nous entendîmes près de nous des galopades, que Lord Roxton jugea, au bruit, devoir être celles de quelque bétail sauvage. À la tombée de la nuit, nous retrouvâmes enfin l'air libre, et, recrus de fatigue, nous dressâmes tout de suite le camp.

Le jour du lendemain nous vit sur pied de fort bonne heure. Le décor avait de nouveau changé. Derrière nous se dressait le mur de bambous, aussi net que s'il eût suivi le cours d'une rivière ; devant s'étendait une plaine légèrement inclinée, que ponctuaient des bouquets de fougères arborescentes, et qui finissait en dos de baleine. Nous en atteignîmes l'extrémité vers le milieu du jour, pour rencontrer ensuite une vallée peu encaissée qui se relevait en pente douce jusqu'à une ligne de mamelons. Comme nous gravissions le premier, un incident se produisit, dont je me garderai d'apprécier l'importance.

Le professeur Challenger marchait en avant-garde avec deux de nos indigènes. Soudain, il s'arrêta, et d'un air très excité nous montra un point sur sa droite. Nous vîmes alors, à la distance d'environ un mille, une espèce d'énorme oiseau sombre battre lentement des ailes au ras du sol, s'envoler très bas et très droit, comme en glissant, et se perdre dans les fougères.

– L'avez-vous vu ? cria Challenger, exultant ; Summerlee, l'avez-vous vu ?

Summerlee, les yeux dilatés, regardait l'endroit où l'animal venait de disparaître.

– Que prétendez-vous que c'était ? demanda-t-il.

– Autant que je puisse croire, un ptérodactyle !

Summerlee éclata de rire.

– Un ptéro… un ptéro… sornette ! C'était une cigogne, si jamais j'en vis une !

Challenger ne répondit pas. La fureur l'étouffait. Il se contenta de secouer son paquet sur son dos et poursuivit sa route. Cependant, Lord Roxton se rapprocha de moi. Je fus frappé de sa gravité insolite. Il avait son Kodak à la main.

– J'ai pu le photographier avant qu'il ne disparût entre les arbres. Je ne me risque pas à vous dire quelle espèce d'animal c'était, mais je gagerais sur ma réputation de chasseur que je n'ai jamais vu un oiseau de cette sorte.

Touchons-nous vraiment à l'inconnu ? Sommes-nous sur la lisière du monde perdu dont parle notre chef ? Je vous livre l'incident pour ce qu'il vaut. Il ne s'est pas reproduit, et je n'ai plus rien à vous signaler de notable, sinon que nous voici au lieu de notre destination.

Une fois franchi, en effet, le deuxième échelon de collines basses, nous eûmes sous les yeux une plaine irrégulière plantée de palmiers, et, tout au bout, une longue ligne de falaises : celle que m'avait montrée le tableau de Maple White. Elle se déroule devant moi à l'instant où j'écris, et je ne peux pas croire qu'elle ne soit la même. Au point le plus proche, elle se trouve à sept milles environ de notre campement ; mais elle s'infléchit en fuyant vers l'horizon. Challenger se prélasse comme un paon qui a eu le prix au concours et Summerlee se renferme dans un silence encore sceptique. Un jour de plus lèvera tous nos doutes. Je profite de ce que José, qui a eu le bras percé par un bambou, veut absolument s'en aller, pour lui confier à tout hasard cette lettre, qu'une prochaine suivra dès que le permettront les circonstances. J'y joins une carte sommaire de la région que nous avons parcourue : elle aidera peut-être à la compréhension du récit.

BIEN LIRE

CHAPITRE 8
• Malone établit une comparaison entre la forêt amazonienne et une cathédrale. Quelles sont toutes les analogies, dans le décor et le comportement des voyageurs ?

Le Monde perdu

9

« QUI AURAIT PRÉVU CELA ? »

Il nous arrive une chose terrible. Qui aurait prévu cela ? Ce que je ne prévois pas, en tout cas, c'est la fin de nos ennuis. Nous voilà menacés d'une perpétuelle relégation dans ce lieu étrange et inaccessible ! Mes esprits confondus ont peine à considérer le présent et l'avenir. L'un me paraît effroyable et je vois l'autre tout noir.

Jamais homme ne s'est trouvé dans une extrémité pareille. Inutile d'ailleurs que je vous dise notre situation géographique et que je demande du secours à nos amis ; supposé qu'on pût nous en envoyer, notre destin serait, je présume, depuis longtemps accompli quand le secours arriverait en Amérique.

Nous sommes, à vrai dire, aussi loin de toute assistance humaine que si nous étions dans la Lune. Ou nous succomberons, ou nous triompherons par nous-mêmes. J'ai pour compagnons trois hommes remarquables, trois hommes d'une grande puissance intellectuelle et d'un courage à toute épreuve. Je ne fonde d'espoir que sur eux. J'ai besoin de regarder leurs visages impassibles pour entrevoir une lueur dans nos ténèbres. J'aime à croire qu'au-dehors je montre le même détachement qu'eux ; au-dedans, je suis rempli d'appréhension.

Je viens au détail des événements d'où sortit la catastrophe.

Ma dernière lettre nous laissait à quelque sept milles des falaises rougeâtres qui, sans nul doute, circonscrivent le plateau dont parlait le professeur Challenger. À mesure que nous en approchions, elles me semblèrent par endroits plus hautes qu'il ne l'avait dit, car elles s'élevaient pour le moins à mille pieds. Et elles présentaient ces successions de stries qui, sauf erreur, caractérisent si curieusement les formations basaltiques, par exemple les rochers de Salisbury à Édimbourg. On reconnaissait à leur sommet les signes d'une végétation luxuriante. Derrière les buissons du bord se pressaient des masses de grands arbres. Mais nous ne distinguions aucune apparence de vie.

Ce soir-là, nous établîmes notre tente dans un lieu désolé, au pied même de la falaise, dont la muraille défiait l'ascension : car, verticale au départ, elle s'évasait en surplomb à sa partie supérieure. Non loin de nous se détachait la mince aiguille rocheuse que je crois avoir déjà mentionnée. C'est comme une flèche d'église dressant, au niveau même du plateau dont la sépare un ravin, sa pointe surmontée d'un arbre. La falaise, à l'endroit où elle avoisine l'aiguille, est relativement basse comme elle et ne doit guère atteindre qu'une hauteur de cinq ou six cents pieds.

– C'est là, dit le professeur Challenger en désignant l'arbre, qu'était perché le ptérodactyle. Je gravis l'aiguille à moitié avant de le tirer. Je crois d'ailleurs qu'un montagnard de ma trempe arriverait à se hisser jusqu'à la pointe, ce qui, bien entendu, ne le rapprocherait pas du plateau.

Au moment où Challenger nommait le ptérodactyle, je regardai Summerlee. Pour la première fois, son scepticisme me parut tout près de faire amende honorable. Nul ricanement ne tirait le fil de ses lèvres ; mais il avait un air contraint, intéressé, surpris. Challenger s'en aperçut comme moi, et savourant l'avant-goût de la victoire :

— Naturellement, fit-il avec sa légèreté habituelle, le professeur Summerlee comprendra que, quand je parle de ptérodactyle, je veux dire une cigogne, une cigogne de l'espèce sans plumes, avec une peau de cuir, des ailes membraneuses et des mâchoires armées de dents.

Et grimaçant, clignant de l'œil, saluant, il n'eut de cesse que son collègue ne tournât les talons.

Le matin, après avoir frugalement déjeuné de café et de manioc[1], car il nous fallait ménager nos provisions, nous tînmes un conseil de guerre pour discuter le meilleur moyen de gagner le plateau.

Challenger présidait avec la pompe d'un Lord chef de justice. Qu'on l'imagine assis sur un roc, son absurde canotier de petit garçon juché derrière sa tête, son regard impérieux nous dominant encore par-dessous ses paupières basses, sa grande barbe noire se trémoussant, tandis que, lentement, il nous exposait la situation et ses conséquences.

Nous l'écoutions, rangés tous trois en contrebas : Summerlee, digne et réservé, au bout de son éternelle pipe ; Lord Roxton, effilé comme une lame de rasoir, souple, nerveux, appuyé sur son rifle, et ne détachant pas de l'orateur le regard passionné de ses prunelles d'aigle ; moi, jeune, recuit par le soleil, fortifié par la vie

---

1. Mot d'origine tupi (Indiens d'Amazonie) qui désigne une plante dont la racine fournit une fécule nourrissante, servant à faire le tapioca.

libre et la marche. Derrière nous faisaient cercle les deux métis au teint basané et la petite troupe d'Indiens. Cependant, par-dessus les gigantesques pilastres de basalte rouge, le but de nos efforts se proposait à nos yeux.

– Je n'ai pas besoin de vous dire, expliquait Challenger, que j'ai naguère tenté par tous les moyens de gravir la falaise. Où je n'ai pas réussi malgré la pratique que j'ai de la montagne, je doute que personne eût été plus heureux que moi. Je n'avais alors aucun instrument d'escalade ; j'ai eu soin cette fois de m'en munir, et cela me donne toujours la certitude d'arriver au sommet de l'aiguille. Quant à la falaise, aussi loin qu'elle présente cette bordure en saillie, elle est infranchissable. Pressé, lors de ma première visite, par l'approche de la saison humide et la crainte de voir finir mes provisions, je ne pus la reconnaître que sur une longueur de six milles et n'arrivai pas à y découvrir une voie d'accès vers le plateau. Que faire ?

– Je ne vois qu'un parti rationnel, dit Summerlee : si vous avez exploré l'est, allons vers l'ouest, et cherchons un point praticable.

– Fort bien pensé, approuva Lord Roxton. Il y a gros à parier que le plateau n'a pas une grande étendue ; nous en ferons le tour jusqu'à ce que nous trouvions un chemin pour y monter, ou nous reviendrons à notre point de départ.

– Comme je l'ai dit à notre jeune ami, répliqua Challenger, me désignant du même ton que si j'eusse été un gamin de dix ans, il est tout à fait impossible que nous trouvions nulle part un chemin, du moins un chemin facile, par la simple raison que, si ce chemin existait, le plateau, n'étant pas coupé de l'univers, n'échapperait pas aux lois générales de la survivance. J'admets cependant qu'il y ait des endroits où pourrait monter un homme exercé, alors qu'un animal lourd et maladroit ne pourrait pas descendre. Incontestablement, un point d'ascension existe.

– Comment le savez-vous, monsieur ? demanda Summerlee, d'une voix coupante.

– Par l'album de Maple White. Il a bien fallu que mon prédécesseur américain fît l'ascension pour voir et dessiner le monstre.

– Voilà conclure avant preuves, dit Summerlee, têtu. J'admets votre plateau, puisque je l'ai vu ; mais rien encore ne m'y démontre la vie sous une forme quelconque.

– Ce que vous admettez ou n'admettez pas, monsieur, est de minime importance ; mais enfin, je ne suis pas fâché que le plateau s'impose à vous.

Il leva ses yeux, et, soudain, à notre profonde surprise, s'élançant de son rocher, il prit Summerlee par le cou, lui releva la tête.

– Et maintenant, monsieur, cria-t-il, la voix rauque d'émotion, conviendrez-vous qu'il existe sur le plateau une vie animale ?

J'ai dit qu'une frange de verdure bordait la falaise. Il en sortait quelque chose de reluisant et de noir, qui, peu à peu, s'étira au-dessus de l'abîme. C'était un grand serpent, à tête particulière, en forme de bêche. Un instant, dans le soleil du matin, il se balança, oscilla, miroitant de tous ses anneaux lisses ; puis, lentement, il rentra et disparut.

Summerlee, désarmé par la curiosité, n'avait fait aucune résistance pendant que Challenger lui soutenait la tête ; mais repoussant son collègue et reprenant sa dignité :

– Je vous saurais gré, professeur Challenger, dit-il, de faire vos remarques sans me tenir le menton. Il ne me semble pas que même l'apparition d'un vulgaire python autorise une liberté pareille.

– Mais enfin, la vie existe sur le plateau ! s'écria Challenger triomphant. Et maintenant que voilà le fait démontré, sans chicane possible de quiconque, si prévenu ou si obtus soit-il, j'estime que nous ne saurions mieux faire que de lever le camp et de marcher à l'ouest, en quête d'un point d'accès.

L'inégalité rocailleuse du sol rendait la marche difficile. Nous eûmes inopinément une joie des plus vives en découvrant la place d'un ancien campement. Des boîtes de conserve vides provenant de Chicago, une clef brisée qui avait servi à ouvrir ces boîtes, une bouteille portant l'étiquette « Brandy », et quantité d'autres objets de même nature traînaient encore par terre, ainsi qu'un numéro en lambeaux du *Chicago Democrat*, dont la date était devenue illisible.

– Ce n'est pas moi qui ai campé là, dit Challenger ; ce doit être, par conséquent, Maple White.

Lord Roxton considérait avec attention une grande fougère arborescente qui étendait son ombre sur la place.

– Regardez donc, fit-il : voici, ce me semble, quelque chose qui veut se donner l'air d'un poteau indicateur.

Un morceau de bois dur cloué contre l'arbre marquait la direction de l'ouest.

– Vous avez certainement raison, prononça Challenger, ou qu'est-ce que cela voudrait dire ? Concevant les dangers de son entreprise, notre pionnier a laissé ce signe derrière lui pour guider au besoin les recherches. Peut-être trouverons-nous plus loin d'autres marques de son passage.

En effet, nous en trouvâmes une, mais imprévue et affreuse. Au ras de la falaise croissait un énorme bouquet de bambous comme ceux à travers lesquels nous avions dû nous frayer une route ; la plupart, hauts de vingt pieds, très forts, très aigus, formaient de terribles épieux. Comme nous passions, je crus saisir une lueur blanche entre les tiges. J'avançai la tête et vis un crâne dépouillé. Le squelette gisait à quelques pieds en arrière.

Une trouée rapidement faite par nos Indiens à coups de *machetes*[1] nous permit d'examiner de près ces débris. Les vêtements se réduisaient à quelques lambeaux ; mais des morceaux de bottines adhéraient aux pieds. Le mort ne pouvait être qu'un Blanc. Nous recueillîmes parmi les ossements une montre d'or signée «Hudson, New-York», une chaîne retenant un stylographe, et un porte-cigarettes d'argent, marqué «J. C., de A.E.S.», qui montrait, par l'état du métal, que le drame ne remontait pas à une époque très ancienne.

– Qui cela peut-il être ? demanda Lord Roxton. Le pauvre diable ! Je crois bien qu'il a dû se rompre tous les os !

– Et le bambou pousse au travers de ses côtes ! fit observer Summerlee. C'est une plante qui croît vite ; mais, tout de même, on n'arrive pas à comprendre qu'elle ait pu monter jusqu'à vingt pieds depuis que le cadavre est là.

---

1. Mot espagnol. En français : machette, qui désigne un couteau à grande lame, à usage multiple (arme ou outil), répandu dans les régions tropicales.

— En ce qui concerne l'identité du mort, dit Challenger, il ne saurait y avoir, je crois, aucun doute. Pendant que je remontais l'Amazone pour vous joindre, je fis une enquête très serrée sur Maple White. On ignorait tout de lui à Para. Heureusement, j'avais une donnée précise, un dessin de son album qui le montrait déjeunant, à Rosario, en compagnie d'un ecclésiastique. Je retrouvai ce prêtre ; et bien qu'il fût un impitoyable raisonneur, qui avait le mauvais goût de se fâcher quand je lui montrais l'effet corrosif de la science moderne sur ses croyances, il me fournit le renseignement que voici : Maple White était passé à Rosario quatre ans auparavant, ou, si vous aimez mieux, deux ans avant la circonstance fortuite qui me rendit le témoin de sa mort. Il avait pour compagnon, lors de ce passage, un ami, un Américain nommé James Colver, qui, n'ayant pas quitté le bateau, ne rencontra pas l'ecclésiastique. Donc, pas de doute que nous n'ayons en ce moment sous les yeux les restes de James Colver.

— Et pas de doute non plus, intervint Lord Roxton, qu'il ne se soit empalé sur les bambous, soit pour être tombé, soit pour avoir été précipité du haut de la falaise. Dans toute autre hypothèse, comment eût-il traîné jusque-là son corps brisé, et comment le verrions-nous traversé par des bambous dont les tiges dépassent tellement nos têtes ?

Un silence suivit ces paroles, car leur vérité ne pouvait nous échapper. La corniche de la falaise avançait sur le bouquet de bambous : indubitablement, l'homme était tombé de là-haut. Mais tombé par accident, ou bien… ? Cette terre inconnue s'enveloppait déjà pour nous de tragiques présages.

Nous repartîmes sans dire un mot et continuâmes de longer la ligne circulaire des falaises, égales et ininterrompues comme ces monstrueux icefields des mers antarctiques qui, paraît-il, barrent l'horizon d'un bout à l'autre et dominent de très haut les mâts du navire explorateur. Au bout de cinq milles, nous n'avions encore entrevu ni une fissure ni une brèche, quand tout à coup nous nous sentîmes renaître à l'espoir : dans une anfractuosité de la roche où la pluie ne pouvait l'atteindre, une flèche grossièrement tracée à la craie nous montrait l'ouest.

– Encore Maple White ! dit le professeur Challenger. Il pressentait qu'on ne tarderait pas à marcher sur ses traces.

– Il avait donc de la craie ?

– Je trouvai dans son sac une boîte de pastels ; et je me rappelle que le blanc touchait presque à sa fin.

– C'est une preuve, dit Summerlee. Nous n'avons qu'à poursuivre vers l'ouest, comme il nous l'indique.

Une deuxième flèche blanche, à quelques milles de là, nous arrêta devant un point de la falaise où apparaissait une étroite crevasse ; dans la crevasse, une troisième flèche, la pointe en l'air, semblait nous inviter à l'ascension.

Les parois étaient si hautes, elles découpaient une si mince bande de ciel, et si réduite encore par une double frange de verdure, qu'à peine une clarté vague arrivait jusqu'en bas. Nous n'avions pas pris de nourriture depuis plusieurs heures ; cette marche cahotée sur des pierres nous avait littéralement harassés ; mais nos nerfs trop tendus ne nous permettaient pas de faire halte ; et, tandis que sur notre ordre les Indiens dressaient le camp, emmenant avec nous les deux métis, nous partîmes à l'escalade.

La crevasse ne mesurait pas plus de quarante pieds à l'ouverture ; les murs, raides et lisses, s'en rapprochaient rapidement, pour se rencontrer à angle aigu : il n'y avait là aucune ascension possible, et ce n'était pas ce qu'avait voulu nous indiquer Maple White. Nous redescendîmes la crevasse, profonde tout au plus d'un quart de mille, et soudain le prompt regard de Lord Roxton découvrit ce que nous étions en train de chercher : très haut, parmi les ombres environnantes, il y avait un cercle d'ombre plus noire ; ce ne pouvait être que l'entrée d'une caverne.

Il nous suffit, pour nous en assurer, de grimper par-dessus les blocs de pierres qui s'amoncelaient contre le mur. Non seulement il y avait une ouverture dans la roche, mais sur l'un des côtés de cette ouverture il y avait encore une flèche. C'était là le point, c'était le chemin d'ascension choisi par Maple White et son infortuné camarade.

Dans notre impatience, nous décidâmes de le reconnaître tout de suite. Lord Roxton avait sur lui une lampe électrique : il s'en servit pour éclairer notre marche. Il s'avançait précédé d'un petit rond de lumière, et nous suivions sur ses talons, à la file indienne.

La caverne était l'œuvre des eaux, qui en avaient poli les parois et jonché le sol de galets ronds. Il fallait se baisser pour s'y introduire. Pendant cinquante yards, elle courait presque droit dans la roche ; puis elle s'élevait de quarante-cinq degrés ; puis la pente devenait encore plus rapide, si bien qu'à la fin nous nous trouvâmes grimper sur les genoux et sur les mains, en faisant rouler derrière nous de la rocaille. Brusquement, Lord Roxton poussa un cri :

– Fermé !

La lumière jaune de la lampe nous montrait un amoncellement de blocs murant le passage.

– La voûte s'est effondrée !

Nous écartâmes quelques-uns des blocs, sans autre résultat que de nous exposer à l'écrasement, car les plus gros, n'étant plus soutenus, menaçaient de dégringoler la pente. Évidemment, l'obstacle braverait tous les efforts. Le chemin par où avait passé Maple White n'était plus libre.

Muets et découragés, nous redescendîmes à tâtons dans le noir. Mais avant que nous eussions regagné le bas de la falaise, il se produisit un fait auquel les événements survenus depuis donnent une importance.

Nous formions un petit groupe à quelques pieds sous l'orifice de la caverne, quand un bloc énorme s'abattit près de nous avec une force terrible. Nous l'avions échappé belle ! Et comme nous nous demandions d'où le bloc avait pu partir, nos métis, qui en ce moment débouchaient tout juste de l'orifice, nous dirent qu'ils l'avaient vu rouler devant eux. Il fallait donc qu'il fût parti du sommet de la crevasse. Nous levâmes les yeux, mais sans distinguer aucun mouvement dans l'amas de broussailles vertes. Cependant, nous ne pouvions pas douter que la pierre ne nous visât : preuve qu'il y avait sur le plateau une humanité hostile !

Nous battîmes en retraite, vivement émus de l'incident et préoccupés de ses suites éventuelles. Notre situation n'avait déjà rien de gai auparavant ; elle pouvait devenir tragique si l'opposition volontaire de l'homme aidait à l'aveugle obstruction de la nature ! Et pourtant, quand nous regardions, à quelques centaines de pieds au-dessus de nous, cette riche bordure de végétation et d'arbres, lequel de nous eût conçu l'idée de repartir pour Londres sans l'avoir fouillée dans ses profondeurs ?

De retour au camp, nous convînmes, en discutant la situation, que le meilleur parti à prendre était de continuer notre exploration circulaire afin de trouver un moyen d'atteindre au plateau. La ligne de la falaise, sensiblement plus basse, commençait d'obliquer vers le nord ; supposé qu'elle représentât l'axe d'un cercle, la circonférence ne pouvait être très grande. Au pis aller, nous nous retrouverions dans quelques jours à notre point de départ.

Nous fîmes, ce jour-là, une marche de vingt-deux milles, sans voir s'ouvrir aucune perspective nouvelle. Un détail que je note : nous savons par le baromètre que, depuis l'endroit où nous avons laissé nos canots, le niveau du sol s'élève d'une façon assez constante pour que nous soyons aujourd'hui à une altitude de trois mille pieds. Il en résulte des différences très grandes de température et de végétation. Nous voilà débarrassés de ces myriades d'insectes qui rendent odieuse au voyageur la région des Tropiques. Quelques palmiers se montrent encore, et aussi beaucoup de fougères arborescentes ; mais nous avons laissé loin les grands arbres de l'Amazone. J'ai eu plaisir à revoir le convolvulus, la fleur de la passion, le bégonia, qui tous, au milieu de ces roches inhospitalières, me rappellent le pays. Un bégonia rouge, entre autres, avait exactement la nuance de celui qui pousse dans un pot à l'une des fenêtres de certaine villa de Streatham… Mais je glisse à des souvenirs intimes.

La nuit qui suivit cette première journée de reconnaissance, nous eûmes une aventure qui leva tous nos doutes sur les merveilles dont nous étions si près.

En lisant ceci, mon cher monsieur Mc Ardle, vous vous rendrez compte, peut-être pour la première fois, que je n'ai pas embarqué le journal dans une folle entreprise, et que nous pouvons nous promettre quelques numéros sensationnels pour le jour où le professeur voudra bien autoriser la publication de ces articles. Je ne me risquerais d'ailleurs pas à les publier, crainte qu'on ne me prît pour le plus éhonté bluffeur qui ait jamais sévi dans le journalisme, si d'abord je ne rapportais mes preuves en Angleterre. Je suis sûr qu'à cet égard vous partagez mon sentiment et que vous n'engageriez pas le crédit de la *Gazette* sans avoir de quoi résister à l'inévitable assaut de la critique et de la blague. En sorte que l'extraordinaire incident auquel j'arrive, et qui vous fournirait une si belle manchette, ira tranquillement attendre dans vos cartons l'heure de la publicité.

Au surplus, tout se passa dans le temps d'un éclair, Lord John Roxton ayant tué un de ces petits animaux qu'on appelle ajoutis, et qui ressemblent assez à des cochons domestiques, en avait fait deux parts, dont il avait donné l'une à nos Indiens ; nous avions mis l'autre sur le feu. La température fraîchissant avec le soir, nous nous serrions autour de la flamme. Il faisait une nuit sans lune, mais quelques étoiles brillaient au ciel, et nous pouvions voir à une petite distance dans la plaine. Du plus obscur des ténèbres fondit brusquement sur nous quelque chose qui agitait une queue, comme un aéroplane : un instant, deux ailes de cuir se tendirent comme un dais par-dessus notre groupe ; nous discernâmes un long cou de serpent, des yeux féroces, rouges, avides, un grand bec cassé net, et garni, à ma profonde stupeur, de petites dents luisantes ; la minute d'après, la vision avait fui, avec notre dîner. Une ombre énorme, large de vingt pieds, flotta dans le ciel ; les ailes monstrueuses nous voilèrent une seconde le ciel étoilé ; puis elles s'évanouirent par-dessus le plateau. Nous demeurions cois de surprise autour de notre feu, tels ces héros de Virgile recevant la visite des Harpies[1], quand Summerlee rompit le silence :

– Professeur Challenger, dit-il, d'une voix grave et qui tremblait d'émotion, je vous dois des excuses. J'ai eu bien des torts envers vous : je vous demande d'oublier le passé.

Il dit cela le plus galamment du monde, et pour la première fois les deux hommes se serrèrent la main : ce fut au moins ce que nous gagnâmes, contre le prix d'un dîner, à l'apparition de notre premier ptérodactyle !

Si la vie préhistorique existait sur le plateau, elle n'y devait pas être surabondante ; car trois jours se passèrent ensuite sans que nous en eussions le plus faible aperçu. Nous traversâmes,

---

1. Virgile est un poète latin du Ier siècle avant notre ère. Dans *La Divine Comédie*, Dante, poète italien (1265-1321), imagine qu'il parcourt l'Enfer, composé de sept cercles, en compagnie de Virgile et rencontre les Harpies. Selon la mythologie antique, ces êtres surnaturels, au visage de femme, au corps de vautour et aux griffes acérées, persécutaient les hommes et pillaient souvent, comme ici, leurs repas.

durant ces trois jours, dans la direction du nord, puis de l'est, une contrée stérile et rebutante, où alternaient le désert pierreux et le marais hanté par les oiseaux sauvages. Du côté de l'est, la région est véritablement inaccessible, et, sans une sorte de piste relativement praticable à la base même de la falaise, nous n'aurions eu qu'à revenir sur nos pas : il nous arriva plus d'une fois d'enfoncer jusqu'à la ceinture dans le limon gras d'un ancien marais à demi tropical. Joignez que le pays est infesté de serpents jararacas, les plus venimeux et les plus agressifs de toute l'Amérique du Sud. À chaque instant, nous voyions de ces horribles bêtes se tordre ou se dresser sur la vase putride, et nous ne nous en préservions qu'en tenant nos fusils toujours prêts. Je me rappellerai, ma vie entière, comme un cauchemar, la place où ils semblaient spécialement avoir fait leur nid : c'était une dépression en forme d'entonnoir, et le lichen en décomposition donnait au marais une couleur livide. Ils y grouillaient, ils s'en élançaient dans toutes les directions, car les jararacas offrent cette particularité qu'à première vue ils attaquent l'homme ; et comme ils étaient plus que nous n'en pouvions tuer, nous prîmes nos jambes à notre cou et ne nous arrêtâmes qu'à bout de forces. Quand nous nous retournions, et c'est encore un souvenir qui ne me quittera jamais, nous pouvions voir se lever et s'abaisser entre les roseaux leurs infâmes têtes. Sur la carte que nous préparons, nous avons nommé ce lieu : « le marais des jararacas ».

La falaise, de ce côté-ci, changeait de couleur et passait du rouge au brun chocolat. La végétation y paraissait moins fournie à la crête. Enfin, elle n'avait guère qu'une hauteur de trois ou quatre cents pieds. Mais loin de se montrer plus propice à l'ascension, peut-être s'y refusait-elle encore davantage.

– Il est pourtant certain, dis-je, comme nous discutions la situation, que les eaux de pluie doivent se frayer quelque part un chemin de descente. Il faut qu'elles aient creusé des chenaux dans ces rochers.

– Notre jeune ami a des lueurs de bon sens ! fit le professeur en m'assenant une tape sur l'épaule.

– Oui, répétai-je, il faut que les eaux de pluie trouvent quelque part une voie d'écoulement.

– Il y tient ! Malheureusement, nous le savons par le témoignage de nos yeux, ce n'est pas dans ces rochers qu'elles la trouvent.

– Alors, où s'en vont-elles ? insistai-je.

– On pourrait assez présumer, ce me semble, que, si elles ne s'en vont pas au-dehors, elles s'écoulent au-dedans.

– Il y aurait donc un lac au centre du plateau ?

– Sans doute.

– Et un lac qui doit être un ancien cratère, dit Summerlee. Car ces falaises sont, naturellement, de formation volcanique. Quoi qu'il en soit, j'imagine que la surface du plateau s'incline tout entière de l'extérieur vers l'intérieur, et que, par suite, il existe à son centre une nappe d'eau considérable, communiquant peut-être par quelque conduit avec le marais des jararacas.

– À moins, objecta Challenger, que l'évaporation ne maintienne l'équilibre.

Et les deux savants de partir dans un de ces débats scientifiques où le profane n'entend que du chinois !

Le sixième jour, ayant achevé le tour de la falaise, nous nous retrouvâmes à l'endroit de notre premier campement, près de l'aiguille solitaire. Nous nous sentions fort découragés, car un examen minutieux de la falaise nous avait convaincus qu'il n'y avait pas un seul point où l'homme le plus déterminé pût tenter raisonnablement de la forcer. Et nous n'avions plus à compter sur le chemin tracé par Maple White.

Que faire ? Nos provisions ne baissaient pas trop, grâce au surcroît de ressources que nous procurait la chasse ; mais elles ne viendraient pas moins à épuisement un jour ou l'autre. Dans deux mois, la saison des pluies nous balaierait du camp. Tenter de pratiquer un chemin dans une falaise de cette hauteur, et plus dure que le marbre, nous n'en avions ni les moyens ni le temps. On ne s'étonnera pas si nous nous regardions d'un air sombre ce soir-là, et si nous échangeâmes à peine quelques mots en cherchant nos couvertures. Je revois encore Challenger, accroupi, telle une monstrueuse grenouille, près du feu, sa grosse tête entre ses mains, perdu dans ses pensées, et ne prenant pas même garde au bonsoir que je lui adressai avant de m'endormir.

Mais quel autre Challenger m'apparut au réveil ! Un Challenger dont toute la personne respirait l'aise et le contentement de soi-même. Quand nous nous rassemblâmes pour le déjeuner, il y avait dans son regard une fausse modestie qui semblait dire : « Oui, je sais que je mérite tous vos éloges ; mais, de grâce, épargnez-les à ma pudeur ! » Sa barbe se hérissait d'exultation, sa poitrine se bombait, sa main barrait son gilet.

Ainsi pouvons-nous l'imaginer décorant un piédestal de Trafalgar Square[1] et ajoutant une horreur à toutes les horreurs de Londres !

– *Eurêka !* s'écria-t-il, et toutes ses dents brillèrent sous sa barbe. Vous pouvez me féliciter, messieurs, et nous pouvons nous féliciter les uns les autres. J'ai résolu le problème !

– Vous avez trouvé un chemin pour monter au plateau ?

– Il me semble.

– De quel côté ?

Pour toute réponse, il désigna l'aiguille rocheuse sur notre droite. Nos visages – le mien tout au moins – s'allongèrent. Challenger affirmait la possibilité de gravir l'aiguille ? Mais un effroyable abîme la séparait du plateau !

– Nous ne franchirons jamais l'intervalle, bégayai-je.

– Nous pouvons toujours arriver là-haut, répondit-il ; et je vous prouverai alors que je ne suis pas au bout de mes facultés inventives !

Après le déjeuner, nous défîmes le paquet dans lequel Challenger avait apporté ses instruments d'escalade. Nous en sortîmes deux rouleaux de cordes, l'une très forte et l'autre plus légère, des bâtons ferrés, des crampons, divers accessoires. Lord John avait une grande habitude de la montagne ; Summerlee

---

1. Cette fameuse place de Londres célèbre la victoire de Nelson sur Napoléon dans la bataille navale qui les opposa près du cap espagnol de Trafalgar, en 1805.

avait fait à diverses reprises des ascensions difficiles ; j'étais donc le seul novice de la bande ; il fallait que la vigueur et l'agilité suppléassent chez moi l'expérience.

En réalité, l'ascension ne nous donna pas trop de mal ; sauf à quelques moments où mes cheveux se dressèrent sur ma tête. La première moitié de l'aiguille se laissa aisément gravir ; mais elle devenait ensuite de plus en plus raide, si bien qu'à la fin nous dûmes littéralement nous accrocher des pieds et des mains aux moindres saillies, aux moindres crevasses. Ni Summerlee ni moi ne nous fussions jamais tirés d'affaire si Challenger, avec une souplesse qui tenait du prodige chez un être aussi lourd, n'eût le premier gagné la pointe et fixé au gros arbre qui la couronnait une corde qu'il nous lança. Ainsi nous nous hissâmes le long de la muraille déchiquetée, et nous abordâmes une petite plate-forme herbeuse qui pouvait mesurer vingt-cinq pieds de diamètre.

Le temps de reprendre haleine, et je regardai se dérouler, comme un extraordinaire panorama, le pays que nous venions de traverser. Toute la plaine brésilienne, allongée à nos pieds, ne rejoignait l'horizon que pour s'y perdre dans un brouillard bleuâtre. Au premier plan se dessinait la longue pente jonchée de rocs et tachetée de fougères arborescentes ; plus loin, à demi-distance, par-dessus le mamelon en dos d'âne, je distinguais la masse jaune et verte des bambous ; puis la végétation, s'épaississant peu à peu, finissait par devenir l'immense forêt qui s'étendait à perte de vue jusqu'à des milliers de milles.

Je m'enivrais de ce grandiose spectacle, quand la lourde main du professeur s'abattit sur mon épaule.

– Par ici, mon jeune ami, dit-il, *vestigia nulla retrorsum*. Ne regardez pas en arrière, mais de ce côté, vers le but glorieux.

Je me retournai. Nous nous trouvions au niveau même du plateau, et les buissons, les arbres en étaient si proches, que nous pouvions à peine concevoir combien il demeurait inaccessible. Le gouffre qui nous en séparait ne devait guère mesurer que quarante pieds de large ; il aurait pu, sans autre inconvénient, mesurer quarante milles. Je passai un bras autour de l'arbre et me penchai sur le vide. La muraille se dressait perpendiculaire. Tout en bas, les sombres petites silhouettes de nos domestiques nous observaient.

– Voilà qui est curieux, fit Summerlee de sa voix de crécelle.

Et je le vis qui examinait avec beaucoup d'intérêt l'arbre auquel je me retenais. Cette écorce unie, ces petites feuilles côtelées me parurent familières.

– Un hêtre ! m'écriai-je.

– En effet, dit Summerlee. Un compatriote sur la terre étrangère !

– Et non seulement un compatriote, mon bon monsieur, dit Challenger, mais encore, si vous me permettez de poursuivre la comparaison, un allié de la plus haute valeur. Ce hêtre va nous sauver.

– *By George !*[1] s'écria Lord John, un pont ?

– Oui, mes amis, un pont ! Ce n'est pas pour rien que j'ai passé une heure en méditation la nuit dernière. Je me souviens

---

1. « Par saint Georges ! » est l'exclamation favorite de Roxton, qui se réfère au saint patron de l'Angleterre.

de l'avoir dit à notre jeune ami, c'est au pied du mur que George-Edouard Challenger se fait connaître ! Et vous admettrez que la nuit dernière nous étions au pied du mur. Où vont de pair la volonté et l'intelligence, il y a toujours une issue. Il s'agissait de trouver un pont-levis à lancer sur l'abîme : le voilà !

C'était, à coup sûr, une fameuse idée. L'arbre avait pour le moins soixante pieds de haut ; abattu, il relierait aisément les deux bords du précipice. Challenger, en grimpant, avait apporté une hache : il me la tendit.

– Notre jeune ami a du muscle et s'acquittera mieux que nous de cette besogne. Je le prierai seulement de s'abstenir de penser par lui-même et de faire très exactement ce que je lui dirai.

Sur ses indications, j'entaillai l'arbre de façon à en diriger la chute, ce qui offrait d'autant moins de difficulté qu'il penchait déjà vers le plateau. Puis j'attaquai vigoureusement le tronc. De temps en temps, Lord Roxton me prenait la hache. Nous travaillâmes ainsi à tour de rôle. Au bout d'une heure, un grand craquement se fit entendre, l'arbre vacilla, s'inclina, se cassa, et ses branches allèrent, de l'autre côté, s'enfouir au milieu des broussailles. Le tronc roula vers l'extrémité de la plate-forme ; pendant une terrible seconde, nous pûmes croire la partie perdue ; mais enfin, à quelques pouces du bord, il s'équilibra de lui-même. Nous avions un pont sur l'inconnu !

Tous, sans un mot, nous serrâmes la main à Challenger, qui, levant son chapeau de paille, nous salua successivement d'une profonde courbette.

— Je réclame l'honneur, dit-il, de passer le premier. Beau sujet de tableau pour un futur peintre d'histoire !

Mais comme il s'approchait du pont, Lord Roxton le retint par son vêtement.

— Mon cher camarade, dit-il, vous demandez une chose que je ne puis pas vous permettre.

— Me permettre, monsieur ?

La tête de Challenger bascula, projetant sa barbe.

— Sur le terrain de la science, je vous suis, parce que vous êtes un homme de science. Sur mon terrain, c'est à vous de me suivre.

— Votre terrain ?

— Nous avons tous nos professions : moi, je fais la guerre. Nous voici, à ce qu'il me semble, en train d'envahir un pays où peuvent nous guetter des ennemis de toutes sortes. Il n'entre pas dans mes idées que, par défaut de patience et de sens commun, nous nous y engagions à l'aveuglette.

Impossible de traiter par le mépris un avis aussi raisonnable. Challenger secoua la tête, haussa les épaules.

— Que pensez-vous faire, monsieur ?

— Peut-être, derrière ces buissons-là, — et Lord Roxton regardait à l'autre bout du pont, — une tribu de cannibales compte sur nous pour son déjeuner. Mieux vaut apprendre la sagesse que connaître la marmite. Espérons que nous n'avons rien à craindre, mais agissons comme s'il en était différemment. Nous allons, Malone et moi, descendre chercher nos quatre rifles ; nous ramènerons en même temps Gomez et son compagnon ; puis l'un de nous, sous la protection des autres, pourra traverser seul et éclairer le passage.

Le Monde perdu

Assis sur le tronc du hêtre, Challenger grognait d'impatience. Mais je tombai d'accord avec Summerlee pour admettre l'autorité de Lord Roxton dans ces questions pratiques. Regrimper à l'aiguille ne nous coûta que très peu d'efforts, grâce à la cordé qui nous épargnait le plus difficile. Une heure plus tard, nous nous retrouvions à la pointe, avec les rifles et un fusil de chasse. Les métis nous avaient accompagnés, et Lord Roxton avait eu soin de faire monter par eux tout un ballot de provisions, pour le cas où la première exploration serait de quelque durée. Nous avions chacun une bandoulière de cartouches.

Quand il vit tous les préparatifs terminés :

– Maintenant, Challenger, dit Lord Roxton, si vous insistez vraiment pour passer le premier…

– Grand merci de l'aimable autorisation! fit avec colère le professeur, qui ne supportait l'autorité sous aucune forme ; puisque vous avez la bonté de me le permettre, je veux bien, en cette circonstance, faire acte de pionnier !

Alors, s'asseyant à califourchon, les jambes pendantes sur l'abîme, sa hachette sur l'épaule, il eut vite fait de glisser d'un bout à l'autre du tronc ; et se dressant sur le plateau, agitant ses deux bras :

– Enfin! s'écria-t-il, enfin!

Je le regardai avec angoisse, craignant vaguement que quelque chose de terrible ne déchirât soudain derrière lui le rideau de verdure. Mais tout demeura tranquille. Seul, un étrange oiseau bigarré se leva sous ses pieds et s'évanouit dans les arbres.

Summerlee passa le second. C'est merveille qu'une semblable énergie dans un corps si frêle. Il voulut absolument emporter deux fusils, dont un pour son collègue. Je le suivis de près, et dus me faire violence pour m'empêcher de regarder sous moi l'horrible gouffre béant. Summerlee me tendit le canon de son rifle ; l'instant d'après je lui saisissais la main. Quant à Lord Roxton, il traversa debout – oui, debout et sans aide ! Il faut que cet homme soit de fer.

Donc, nous l'avions abordé tous quatre, le pays de rêve, le monde perdu de Maple White ! Nous vivions la minute du triomphe ! Qui nous eût dit qu'elle précédât de si près celle du désastre ? Laissez-moi vous conter, aussi brièvement que possible, comment s'abattit sur nous le coup qui nous écrasait.

Nous avions quitté le bord du plateau et pénétré à cinquante yards environ dans la broussaille quand, derrière nous, retentit un effroyable bruit de chute. D'un commun élan, nous nous précipitâmes vers l'endroit d'où nous arrivions. Le pont avait disparu.

Je regardai au bas de la falaise : il y avait là des branches emmêlées, un tronc fracassé, toute une masse confuse, – notre hêtre ! Le bord de la plate-forme avait-il cédé sous l'arbre ? À peine l'idée m'en venait-elle qu'à l'extrémité opposée de l'aiguille une face basanée surgit lentement, la face de Gomez le métis : non pas telle que nous la connaissions encore, figée, comme un masque dans un sourire d'humilité, mais les yeux étincelants, les traits tordus, et tout entière convulsée par la haine, par la joie folle de la vengeance !

– Lord Roxton ! cria Gomez, Lord John Roxton !

Le Monde perdu

– Eh bien? dit notre compagnon, je suis là!

Un éclat de rire franchit l'abîme.

– Oui, chien d'Anglais, vous êtes là, et vous y resterez! J'ai attendu, attendu… J'ai enfin mon heure! vous avez eu quelque peine à monter, vous en aurez davantage à descendre! Fous que vous êtes, vous voilà pris au piège! Et tous ensemble, tous!

Muets de stupeur, nous restions cloués sur place. Une branche cassée, dans l'herbe, nous disait de quel levier Gomez s'était servi pour faire glisser le pont. Sa face s'éclipsa un instant, puis reparut, plus frénétique.

– Peu s'en est fallu que nous vous écrasions sous une pierre, là-bas, dans la caverne. Mais ceci vaut mieux. C'est la mort plus lente et plus terrible. Vos os blanchiront là-haut sans que personne sache jamais où, sans qu'on leur donne jamais la sépulture! Pendant votre agonie, songez à Lopez, tué par vous, il y a cinq ans[1], sur les rives du Putomayo. Je suis son frère! Et maintenant, advienne que pourra, je mourrai content, ayant vengé sa mémoire!

Un poing furieux s'agita dans notre direction; puis tout redevint calme. Gomez, sa vengeance accomplie, n'aurait eu qu'à prendre la fuite pour qu'il ne lui arrivât rien de fâcheux; il se perdit par ce besoin de dramatiser auquel ne résiste jamais un Latin. Celui qui dans ces pays avait mérité qu'on l'appelât « le fléau de Dieu » n'était pas homme à se laisser braver impunément. Le métis, pour redescendre, avait contourné l'aiguille.

---

1. Cet épisode est relaté au chapitre 6, p. 86, et au chapitre 7, p. 95.

Lord Roxton n'attendit pas qu'il touchât au sol ; courant au bord du plateau, il gagna un point d'où il pût viser son homme. Nous entendîmes une petite détonation, un grand cri, le bruit d'un corps qui tombe ; et Lord Roxton revint vers nous.

— Je me suis conduit comme un nigaud, fit-il, le visage durci, la voix amère. C'est ma stupidité qui vous vaut l'ennui où vous êtes. Les dettes du sang ne se prescrivent pas dans la mémoire de ces hommes. J'aurais dû me le rappeler et me tenir un peu sur mes gardes.

— Et l'autre ? Il leur a fallu se mettre à deux pour déplacer l'arbre.

— Je pouvais le tuer. C'eût été sans doute justice. Il aura, comme vous le dites, prêté la main à tout ceci. Mais ce n'est qu'une présomption et je lui ai fait grâce.

À présent que l'acte du métis nous éclairait sur ses façons d'être, tous nous nous remémorions de lui quelque trait suspect : son constant désir de connaître nos plans ; son arrestation, un soir, par Zambo, qui l'avait surpris aux écoutes derrière notre tente ; les furtifs regards de haine qui lui échappaient parfois. Et nous discutions, essayant d'élever nos esprits à la hauteur des difficultés nouvelles, quand une scène étrange, au-dessous de nous, dans la plaine, attira notre attention.

Un homme vêtu de toile blanche, qui ne pouvait être que le métis survivant, fuyait comme on ne fuit que devant la mort. À quelques pas de lui bondissait une silhouette d'ébène, notre fidèle Zambo. Nous vîmes le nègre sauter sur le métis et lui nouer ses bras autour de la gorge ; tous les deux roulèrent à terre ; puis Zambo se releva, regarda l'homme couché à ses pieds, et se mit à courir dans notre direction, en agitant joyeusement la main. La forme blanche, dans la plaine, resta immobile.

Nos deux traîtres avaient payé leur crime. Mais notre situation n'en valait pas mieux. Nul moyen de rentrer en communication avec l'aiguille. Jusque-là, nous appartenions au monde ; nous n'appartenions plus désormais qu'au plateau. Il n'y avait plus de contact entre l'un et l'autre. Sous nos yeux s'allongeaient la plaine au bout de laquelle nous attendaient nos canots, et, plus loin, par-delà l'horizon de brume violette, la rivière au bout de laquelle nous attendait la civilisation. Mais entre tout cela et nous, le lien était rompu. Le génie humain ne pouvait plus nous fournir un moyen de rétablir par-dessus le gouffre un chemin entre nos vies passées et nous-mêmes. Une seconde avait suffi à bouleverser les conditions de notre existence.

C'est dans un moment pareil que je jugeai vraiment de quelle étoffe étaient faits mes trois camarades. Graves, sans doute, et pensifs, ils gardaient une sérénité invincible. Nous ne pouvions faire mieux qu'attendre patiemment, assis dans la broussaille, l'arrivée de Zambo à la pointe de l'aiguille. Enfin, son honnête figure d'hercule noir émergea d'entre les rocs.

— À présent, dit-il, vous n'avoir qu'à donner vos ordres.

Mais répondre à cette invitation n'était pas commode. Zambo représentait notre suprême attache avec le monde extérieur ; nous ne devions à aucun prix le laisser s'en aller.

— Non, non ! cria-t-il, moi pas vous quitter. Moi toujours, toujours rester ici. Mais impossible retenir les Indiens. Eux dire déjà trop de choses. Curupiri habiter là-haut. Eux vouloir partir. Vous permettre à moi les laisser libres.

C'est un fait que, dans les derniers temps, les Indiens avaient donné des signes de lassitude et d'impatience. Zambo avait raison, il ne parviendrait pas à les retenir.

– Qu'ils attendent jusqu'à demain, Zambo, répondis-je. J'aurai à leur confier une lettre.

– Très bien, massa ! Vous pouvoir être tranquille, eux attendre demain. Mais moi, maintenant, quoi faire ?

Il avait, maintenant, fort à faire, et il s'acquitta de tout à merveille. D'abord, il dénoua la corde fixée au tronçon du hêtre, et il nous en lança une extrémité ; elle était de peu de grosseur, mais très forte, et, si nous ne pouvions songer à l'utiliser comme va-et-vient, nous en apprécierions la valeur dans une ascension. Il assujettit ensuite à l'autre extrémité le ballot de provisions que Lord Roxton avait fait monter au sommet de l'aiguille, et nous le tirâmes à nous : si nous ne trouvions pas de nourriture sur le plateau, ceci nous assurait tout au moins une semaine de vivres. Enfin, il descendit chercher deux autres paquets qui contenaient toutes sortes d'articles, notamment des munitions, qu'il remonta et que nous halâmes avec la corde. Le soir tombait quand il redescendit pour la dernière fois, en nous renouvelant la promesse de retenir les Indiens jusqu'au matin.

Cette première nuit sur le plateau, je l'ai donc passée à écrire ceci, maigrement éclairé par la bougie d'une lanterne.

Nous dressâmes le camp et nous soupâmes au bord même de

Le Monde perdu

la falaise. Deux bouteilles d'Apollinaris retirées de nos caisses nous offrirent de quoi étancher notre soif.

Nous aurions eu grand besoin de trouver de l'eau ; mais sans doute Lord Roxton lui-même pensait que nous avions eu, pour un seul jour, assez d'aventures, car aucun de nous ne se sentait en humeur de pousser plus avant. Nous crûmes devoir, par prudence, nous abstenir d'allumer du feu et de faire du bruit.

Demain, ou plus justement aujourd'hui, car l'aube me voit encore penché sur mes feuillets, nous commencerons à reconnaître cet étrange pays. J'ignore si je pourrai de nouveau vous écrire, et quand. Nos Indiens n'ont pas quitté leur place. Le fidèle Zambo ne manquera pas, dans un instant, de venir prendre cette lettre. Vous arrivera-t-elle jamais ?

P.-S. – Plus j'y songe, plus notre situation me paraît sans issue. Je ne vois aucune chance de retour. S'il y avait au bord du plateau un arbre assez élevé, nous pourrions le lancer sur le précipice ; mais il n'y en a pas un à cinquante yards. En rassemblant nos forces nous n'arriverions pas à traîner un tronc qui servît notre dessein. Bien entendu, la corde est trop courte pour nous permettre de descendre. Oui, notre situation est désespérée, désespérée !

BIEN LIRE

CHAPITRE 9
• Quelles sont les deux formes de monstruosité et d'inhumanité que représentent Gomez et le ptérodactyle ?

10

« DE L'EXTRAORDINAIRE »

Encore et toujours de l'extraordinaire ! Je ne possède en fait de papier que cinq vieux calepins, et en fait de porte-plume que mon stylographe ; mais tant que je pourrai bouger la main, je continuerai de noter nos impressions et nos aventures. Puisque en effet nous sommes seuls entre tous les hommes à voir ce que nous voyons, il importe grandement que je ne laisse pas aux choses le temps de se déformer dans mon souvenir ; sans compter que la malchance qui nous harcèle aura peut-être, un jour ou l'autre, raison de nous. Zambo portera-t-il ces lettres jusqu'au fleuve ? Un miracle fera-t-il que je m'en revienne moi-même avec elles ? Ou, finalement, quelque audacieux explorateur, empruntant, pour voler sur nos traces, les ailes d'un aéroplane, découvrira-t-il les pages de ce mémorial ? De toute façon, elles me paraissent destinées à survivre et à devenir classiques.

Une période nouvelle s'est ouverte pour nous le lendemain du jour où la félonie[1] de Gomez nous eut faits prisonniers du plateau. L'incident qui l'inaugura n'était pas pour nous donner une idée bien favorable du pays où nous nous trouvions. En m'éveillant, le matin, d'un court sommeil, je m'avisai que mon pantalon, retroussé un peu au-dessus de la chaussette, laissait voir sur ma jambe une espèce de grain de raisin épais et rou-

---

1. Traîtrise, trahison.

geâtre. Surpris, je me penchai, je saisis le grain de raisin entre l'index et le pouce, et il s'écrasa, lançant de tous les côtés des jets de sang. Au cri que je poussai, les deux professeurs accoururent.

— Très intéressant, fit Summerlee, plié en deux sur mon tibia : une énorme tique suceuse, qui ne doit pas encore, que je sache, être classée.

— Première récompense de nos peines, dit Challenger, dans un mugissement pédantesque. Nous ne pouvons moins faire que de nommer cet insecte *ixodes Maloni*. Le petit inconvénient d'une morsure ne saurait contrebalancer le privilège glorieux d'avoir votre nom inscrit à tout jamais dans les annales de la zoologie ! Quel malheur que vous ayez tué ce beau spécimen en plein état de satiété !

— Sale vermine ! m'écriai-je.

Challenger fronça les sourcils ; mais posant sur mon épaule une main apaisante :

— Apprenez donc à tout considérer avec détachement, du point de vue scientifique ! Pour un homme tel que moi, enclin à la philosophie, la tique suceuse, avec sa trompe en forme de lancette et son estomac extensible, constitue un chef-d'œuvre de la Nature, non moins que le paon, par exemple, ou que l'aurore boréale. Cela m'afflige de vous l'entendre qualifier en termes si peu critiques. J'espère qu'avec un peu de diligence nous réussirons à nous en procurer un autre échantillon.

— N'en doutez pas, dit Summerlee, gouailleur : je viens d'en voir un disparaître dans le col de votre chemise !

Challenger bondit, meuglant comme un taureau, arrachant son veston, déchirant sa chemise pour s'en dépouiller plus vite.

Summerlee et moi riions si fort que nous n'arrivions pas à l'aider. Nous finîmes cependant par mettre à nu son torse monstrueux (cinquante-quatre pouces, mesure du tailleur) ; et de la jungle noire qui le hérissait nous extirpâmes, avant qu'elle l'eût mordu, la tique vagabonde. Mais la broussaille, autour de nous, était infestée de ces horribles bêtes, et nous n'avions contre elles d'autre ressource que de lever le camp.

Il nous fallait auparavant donner des instructions à notre fidèle nègre, qui, du sommet de l'aiguille où il venait d'apparaître, nous lançait à travers le gouffre des boîtes de cacao et de biscuits. Sur les provisions que nous avions laissées au bas de la falaise, nous lui ordonnâmes de garder ce dont il pourrait avoir besoin pendant deux mois pour sa subsistance ; les Indiens recevraient le reste en récompense de leurs services et en paiement du transport de nos lettres jusqu'à l'Amazone. Nous les vîmes, quelques heures plus tard, détaler à la queue leu leu dans la plaine : tous portant un paquet sur la tête, ils s'en retournaient par le sentier que nous avions frayé à l'arrivée. Quant à Zambo, il avait pris possession de notre petite tente au pied de l'aiguille.

Pressés de décider nos mouvements, nous commençâmes par chercher un refuge contre les tiques dans une clairière que fermaient étroitement de toutes parts des bouquets d'arbres. Il y avait, au milieu, des quartiers de roc plats comme des dalles, et, tout près, une source limpide. Commodément et proprement installés, nous commençâmes nos préparatifs d'invasion. Des oiseaux s'appelaient dans le feuillage, un, entre autres, dont

Le Monde perdu

nous entendions pour la première fois le hululement bizarre ; c'était le seul bruit qui dénonçât la vie.

Et d'abord, afin de bien connaître l'état de nos ressources, nous en fîmes l'inventaire : avec ce que nous avions emporté et ce que Zambo nous avait transmis au moyen de la corde, nous ne manquions de rien. Le principal, c'était que dans le cas de danger nous pouvions aligner quatre carabines avec mille trois cents cartouches, et je ne parle pas d'un fusil de chasse pour lequel nous n'avions, à la vérité, que cent cinquante cartouches à balles de petit calibre. Sous le rapport des vivres, nous étions approvisionnés pour plusieurs semaines. Enfin, nous possédions une quantité suffisante de tabac, et quelques instruments scientifiques, parmi lesquels un grand télescope et une bonne jumelle de campagne. Nous rassemblâmes le tout dans la clairière, et, par première mesure de sauvegarde, ayant coupé, avec notre hachette et nos couteaux, des buissons épineux, nous les disposâmes de façon à constituer, sur un diamètre d'environ quinze yards, un cercle de défense. C'était là que, pendant un certain temps, nous devions avoir notre quartier général, notre réduit, notre magasin. Nous baptisâmes l'endroit « Fort Challenger ».

Il était midi avant que nous eussions pourvu à notre sécurité. Mais la chaleur ne se faisait pas trop sentir ; la végétation, du reste, évoquait un peu celle des climats tempérés. Au milieu des arbres qui nous enveloppaient de leur fouillis, nous reconnaissions le chêne, le hêtre, et jusqu'au bouleau. Un immense ginkgo[1]

---

1. Mot chinois qui désigne un arbre à feuilles en éventail, considéré comme sacré en Orient.

les dominait tous, étendant au-dessus de notre « fort » ses grands membres et son feuillage de capillaire. Nous nous assîmes à son ombre pour écouter Lord John, qui avait si rapidement pris le commandement à l'heure de l'action, nous exposer ses vues.

– Nous avons tout à craindre, dit-il, à partir de la minute précise où nous aurons été découverts soit par un homme, soit par un animal. Rien n'indique que ce soit encore chose faite. Donc, terrons-nous ici quelque temps, surveillons le pays, tâchons d'avoir un aperçu de nos voisins avant d'entrer avec eux en relation de visite.

– Il faut bien que nous avancions, risquai-je.

– Évidemment, mon garçon, mais avec sagesse. Nous ne devons jamais opérer à une distance où nous ne pourrions plus nous replier sur notre base. Surtout, nous ne devons jamais, s'il n'y va pas de notre vie, faire feu de nos armes.

– Pourtant, vous-même, hier..., objecta Summerlee.

– Ç'a été plus fort que moi. D'ailleurs, le vent soufflait avec violence, et dans la direction contraire. Je ne crois pas que le son ait pu aller bien loin sur le plateau. Mais à propos de plateau, comment appellerons-nous celui-ci ? Car c'est à nous de lui donner un nom, je suppose ?

Plusieurs propositions furent faites, plus ou moins heureuses ; celle de Challenger l'emporta.

– En fait de nom, dit-il, je n'en vois qu'un qui convienne à cette terre, celui de l'homme qui la découvrit et, le premier, la visita. Elle ne peut être que la Terre de Maple White.

Le Monde perdu

Et c'est ainsi que nous la baptisâmes, ainsi que je l'ai désignée dans ma carte, ainsi que la dénommeront, je crois, les atlas de l'avenir.

Cette terre de Maple White, il s'agissait d'en réaliser au plus tôt la pénétration pacifique. Nous savions, pour l'avoir appris de nos yeux, que des animaux inconnus l'habitaient, et l'album de l'artiste américain nous préparait à y rencontrer des monstres plus redoutables. Qu'elle renfermât aussi des hommes, et peu disposés à nous faire bon accueil, le squelette empalé sur les bambous nous autorisait à le croire : car il ne se fût pas trouvé là si l'homme n'eût été précipité du haut de la falaise. Échoués, sans l'espoir d'en jamais sortir, dans un semblable pays, exposés à tous les dangers, nous avions mille raisons de souscrire aux mesures de prudence que son expérience conseillait à Lord John ; mais comment nous attarder au bord du mystère quand nous brûlions d'y plonger, d'y tremper nos âmes ?

Ayant barricadé avec des buissons l'entrée de notre zériba, nous laissâmes le camp et nos provisions sous la protection de cette enceinte. Puis, avec une lenteur circonspecte, nous nous avançâmes le long du ruisseau dont nous occupions la source, et qui nous servirait de guide pour le retour.

Nous ne fûmes pas longtemps sans prévoir des surprises. Après avoir franchi un bois épais, long de quelque cent yards, où croissaient des arbres tout nouveaux pour moi, mais que Summerlee, notre botaniste, reconnut être des conifères et des cycadées disparus depuis longtemps du monde d'où nous venions, nous entrâmes dans une région où notre ruisseau, brusquement élargi, formait un vaste marais. De grands roseaux d'un type très particulier, qui appartenaient, paraît-il, à la famille des équisétacées ou queues-de-cheval, s'y mêlaient, par touffes serrées, aux fougères arborescentes, et ondulaient avec elles sous la brise. Tout d'un coup, Lord John, qui marchait le premier, s'arrêta, levant la main.

– Regardez, dit-il. *By George!* voici, j'imagine, les traces de l'ancêtre des oiseaux.

Et nous vîmes, devant nous, dans la boue molle, les empreintes d'une patte énorme à trois doigts. Un animal avait traversé l'étang et passé dans le bois. Nous fîmes halte pour examiner la monstrueuse piste. Si vraiment elle était celle d'un oiseau – et quel autre animal eût laissé une pareille marque ? – les dimensions du pied de cet oiseau dépassaient tellement celles du pied de l'autruche que, à cette échelle, l'oiseau lui-même devait être gigantesque. Lord John promena les yeux autour de lui et glissa deux cartouches dans son rifle.

– J'affirme, sur ma réputation de chasseur, dit-il, que ces empreintes sont toutes fraîches : il n'y a pas dix minutes que l'animal a passé là. Tenez, dans celle-ci, qui est plus profonde, l'eau suinte encore. Mais, *by Jove!* voici les traces d'un petit !

En effet, des marques plus petites, de la même forme, couraient parallèlement aux grandes.

– Et ceci, qu'en faites-vous ? s'écria Summerlee, avec un accent de triomphe, en nous montrant, parmi les empreintes à trois doigts, l'empreinte à cinq doigts d'une formidable main humaine.

– Wealden ! répliqua Challenger, extatique, j'ai vu cela dans l'argile de Wealden ! C'est l'empreinte d'un animal qui marche debout sur ses pattes de derrière, lesquelles n'ont que trois doigts, et pose sur le sol, de temps à autre, une de ses pattes de devant, qui en ont cinq. Mais cet animal-là n'est pas un oiseau, mon cher Roxton, pas un oiseau !

– Quoi donc alors ?

– Un reptile, un dinosaurien ! Seul, un dinosaurien peut laisser de pareilles traces ! Elles ont assez intrigué un brave docteur du Sussex il y a quatre-vingt-dix ans !

Mais soudain, d'une voix entrecoupée, qui s'éteignit dans un murmure :

– Ce spectacle… là… sous nos yeux ! Qui eût jamais rêvé de ce spectacle ?

Tous, nous nous arrêtâmes, stupides. En suivant les empreintes, nous avions quitté le marais, traversé un rideau de broussailles et d'arbres. Au-delà s'ouvrait une éclaircie, et dans l'espace ouvert se tenaient cinq animaux fantastiques ! Tapis derrière les buissons, nous les observâmes à loisir.

Ils étaient cinq, ai-je dit, deux adultes et trois plus jeunes, tous de taille colossale, ceux-ci présentant déjà la grosseur d'un éléphant, ceux-là dépassant de beaucoup comme dimensions tous les animaux de ma connaissance. Ils avaient une peau couleur d'ardoise, écailleuse, et qui luisait au soleil. Assis tous les cinq, ils se balançaient sur leur puissante queue et sur leurs grandes pattes postérieures à trois doigts, tandis qu'avec leurs petites pattes de devant à cinq doigts ils attiraient à eux et broutaient les branches. Représentez-vous, en somme, pour vous en bien faire une idée, de monstrueux kangourous ayant vingt pieds de haut et des peaux de crocodiles.

Je ne sais pas combien de temps nous restâmes en contemplation devant cette scène. Le vent soufflait dans notre direction, les buissons nous masquaient entièrement, nous ne risquions pas d'être découverts. Parfois les petits s'ébattaient autour de leurs parents, qu'ils entraînaient dans leurs gambades, et le sol résonnait sourdement. La force des parents semblait sans limite : l'un d'eux, ayant quelque peine à atteindre un bouquet de feuilles, saisit l'arbre de ses pattes antérieures, et, tout immense qu'il fût, l'arracha de terre comme un simple arbrisseau, en quoi il me parut démontrer le développement de ses muscles, mais non pas de son cerveau, car la masse s'abattit sur sa tête, et il poussa une série de cris aigus, d'où j'inférai qu'il y avait au moins une limite à son endurance. Sans doute pensa-t-il que le lieu était dangereux : car il partit en roulant à travers bois, suivi de sa femelle et de ses petits. Un instant, leurs peaux firent passer des reflets d'ardoise entre les arbres, leurs têtes ondulèrent très haut par-dessus la brousse, puis nous les perdîmes de vue.

Je regardai mes camarades. Lord John, debout, avait les doigts sur la détente de son rifle, et son âme de chasseur enflammait ses prunelles. Que n'eût-il donné pour que la tête d'un de ces animaux allât prendre place entre les deux rames qui s'entrecroisaient au-dessus de sa cheminée dans sa douillette garçonnière de l'Albany ! Mais il se souvint de l'intérêt que

Le Monde perdu

nous avions à cacher notre présence et le coup ne partit pas. Les deux professeurs, ravis, muets, n'avaient su, dans leur excitation, que se prendre inconsciemment la main, et ils restaient là comme deux enfants émerveillés ; un sourire séraphique épanouissait les joues de Challenger ; sur la face narquoise de Summerlee la surprise se mêlait de respect.

– *Nunc dimittis !*[1] s'écria-t-il enfin. Que dira-t-on en Angleterre ?

– Ce qu'on dira, mon cher Summerlee ? Je vais, moi, très exactement, et sans crainte de me tromper, vous le dire : on dira que vous êtes un fieffé menteur, un charlatan scientifique, comme vous l'avez dit de moi, vous et les autres !

– Mais si nous montrons des photographies ?

– Truquées, Summerlee ! grossièrement truquées !

– Si nous produisons des spécimens d'animaux ?

– Oui, ça, du moins, nous le pouvons ! Malone et toute sa malpropre bande de Fleet Street peuvent encore avoir à entonner nos louanges ! *28 août, jour ou nous avons vu cinq iguanodons[2] vivants dans une clairière de la Terre de Maple White* : notez cela dans vos papiers, mon jeune ami, et mandez-le à votre torchon !

– Puis, ajouta Lord Roxton, tenez-vous prêt à recevoir dans le dos la botte directoriale ! Les choses, voyez-vous, mon garçon,

---

1. Début de la formule prononcée par le vieux Siméon après avoir vu le Messie (Luc, II, 25) : *Nunc dimittis servum tuum, Domine* (« Maintenant tu renvoies ton serviteur, Seigneur »). Cette phrase signifie que l'on peut mourir après avoir vu s'accomplir ses plus chères espérances.
2. De *iguane* et du grec *odous*, (« dent »). Dinosaure de l'époque crétacée, long d'une dizaine de mètres.

prennent un aspect très différent quand on les considère de loin, sous la latitude de Londres. Bien des gens ne content pas leurs aventures, parce qu'ils savent qu'on ne les croirait pas. Qui les en blâmerait ? Nous-mêmes, dans un mois ou deux, tout ceci nous fera l'effet d'un songe. Que disiez-vous que c'était, ces bêtes-là ?

– Des iguanodons, répondit Summerlee. Vous trouverez partout les empreintes de leurs pattes dans les sables de Hastings, dans le Kent, dans le Sussex. Ils peuplaient le sud de l'Angleterre à une époque où la végétation humide y était assez abondante pour leur subsistance. Les conditions ayant changé, les animaux sont morts. Ici, les conditions ne doivent pas avoir changé, les animaux vivent.

– Si jamais nous parvenons à sortir de ce pays, proclama Lord Roxton, ce ne sera pas sans que j'en rapporte une tête. Seigneur, rien qu'à voir ça, les gens du Somaliland et de l'Ouganda deviendraient vert pomme ! Je ne sais pas ce que vous pensez, vous autres ; moi, j'ai le sentiment de marcher tout le temps sur de la glace qui va craquer !

Je partageais ce sentiment d'inquiétude. Le demi-jour sous les arbres avait quelque chose de menaçant ; la noire obscurité du feuillage, quand je levais les yeux, m'emplissait de terreur. Certes, les monstrueuses bêtes que nous venions de voir étaient de pauvres créatures lourdes et inoffensives, qui sans doute ne voulaient de mal à personne. Mais quels autres survivants d'époques immémoriales, quels êtres féroces, hideux et agiles, s'apprêtaient, derrière ces rocs ou ces halliers, à fondre sur nous ? Je ne savais pas grand-chose de la vie préhistorique ;

j'avais seulement lu un livre où l'on parlait d'animaux qui auraient fait de nos lions et de nos tigres ce que le chat fait de la souris. Qu'adviendrait-il si nous nous heurtions à eux dans les bois de la Terre de Maple White ?

Nous eûmes, ce matin même qui était le premier de notre séjour dans le pays, une autre aventure à laquelle je ne pense jamais sans dégoût. Si la clairière des iguanodons doit, selon le mot de Lord Roxton, rester dans notre souvenir comme un rêve, l'étang des ptérodactyles y restera comme un cauchemar.

Nous traversions lentement le bois, d'abord parce que Lord Roxton ne nous laissait avancer qu'autant qu'il avait éclairé notre route, ensuite parce qu'à tous les pas, ou presque, l'un ou l'autre de nos professeurs tombait en admiration devant quelque type inconnu de fleur ou d'insecte. Nous n'avions guère parcouru plus de trois milles, longeant toujours la rive droite du ruisseau, quand il se fit une grande ouverture au milieu des arbres. Par-delà les buissons qui nous entouraient, nous distinguions un point où les quartiers de rocs, jusque-là disséminés sur le plateau, formaient une masse confuse. Or, tandis que nous cheminions dans la broussaille, qui nous montait à la ceinture, un étrange bruit, une rumeur basse et continue, piaillerie et sifflement tout ensemble, nous vint aux oreilles, et de l'endroit même, semblait-il, vers lequel nous nous dirigions. Lord John nous arrêta d'un geste, se baissa, et partit en courant ; quand il fut à la ligne des rocs, nous le vîmes regarder par-dessus avec circonspection et faire un geste d'étonnement ; puis il demeura là, les yeux écarquillés, tellement saisi qu'il parut nous oublier ; enfin, cependant, il agita de nouveau la main, d'une façon qui, en même temps, nous appelait et nous recommandait la prudence. Toute son attitude, si elle nous annonçait une surprise, nous prévenait d'un danger.

Nous le rejoignîmes en rampant et nous regardâmes à notre tour par-dessus les rocs. Le lieu qui se découvrait à nous était une fosse, peut-être l'un des anciens cratères du plateau. Il affectait la forme d'une coupe. Dans le fond, à quelque cent yards, sommeillaient des étangs ourlés d'écume verte et bordés de roseaux. Cette place, déjà sinistre par elle-même, prenait, du fait de ses occupants, l'aspect d'un des sept cercles de Dante : elle servait aux assemblées des ptérodactyles. Il y en avait là des centaines. Au bord de l'eau, les petits s'ébattaient, cependant que leurs hideuses mères couvaient des œufs qu'on eût dits en cuir jaune ; et de ce grouillement de reptiles s'échappait non pas seulement une affreuse clameur qui emplissait l'air, mais une méphitique, une infâme odeur de moisissure à nous rendre malades. Cependant, les mâles, les effroyables mâles, grands, gris, décharnés, plus semblables à des spécimens desséchés qu'à des animaux vivants, présidaient, chacun d'eux perché sur une pierre, et tous ne faisant pas d'autre mouvement que de rouler des yeux rouges ou d'entrebâiller, parfois, au passage d'une libellule, un bec en forme de ratière. Leurs avant-bras déployés laissaient pendre autour d'eux leurs immenses ailes membraneuses ; on eût cru voir de gigantesques vieilles femmes, assises, et drapées dans d'horribles châles couleur gris d'araignée qui n'auraient laissé passer que leurs têtes féroces. Petits et grands, ils étaient bien un millier qui garnissaient la fosse devant nous.

Nos professeurs, dans l'ivresse où les plongeait cette étude de la vie préhistorique, eussent consenti à ne plus bouger de la journée. Ils montraient du doigt les restes de poissons et d'oiseaux qui jonchaient les rocs et qui attestaient le genre de nourriture des ptérodactyles; et je les entendais se congratuler l'un l'autre d'avoir constaté que ces dragons volants vivaient, comme les pingouins, en colonies, ce qui expliquait que leurs ossements se retrouvassent en si grand nombre dans certains terrains très définis, par exemple le grès vert de Cambridge.

Mais il advint que Challenger, en voulant faire la preuve d'un fait contesté par Summerlee, passa la tête au-dessus des rocs, et faillit par là causer notre perte. Le mâle le plus proche fit entendre un sifflement aigu; ses ailes, qui avaient bien vingt-deux pieds d'envergure, claquèrent; et il s'envola. Aussitôt les femelles et les petits se rassemblèrent près de l'eau, pendant que les autres mâles qui montaient la garde alentour prenaient un à un leur essor. Et quand ces animaux se mirent à plonger du ciel tous à la fois, comme des hirondelles, avec des embardées rapides, ce fut un étourdissant spectacle, mais un spectacle auquel nous comprîmes que nous ne pouvions pas nous attarder. D'abord, ils décrivirent un grand cercle, comme pour vérifier l'étendue de la zone dangereuse; puis le vol s'abaissa, le cercle se resserra; ils se mirent à tourner, à tourner autour de nous, et le ronflement de l'air, sous les coups de leurs vastes ailes grises, me fit, malgré moi, penser à l'aérodrome de Hendon un jour de courses.

— Gagnons le bois, vite, et ne nous séparons pas ! cria Lord John, empoignant son rifle par la crosse pour s'en servir comme d'une massue. Ces satanées bêtes ont de mauvaises intentions !

Mais à l'instant même où nous battions en retraite, le cercle se ferma sur nous, des ailes nous frôlèrent au visage. Nous fîmes tournoyer nos crosses, sans rien trouver de solide ou de vulnérable à frapper. Tout à coup, du cercle bourdonnant et gris, un long bec jaillit, qui nous allongea un coup. Puis un autre suivit, puis un autre encore. Summerlee, poussant un cri, porta la main à son visage, d'où le sang coulait. Je me sentis frappé derrière le cou et je vacillai sous le choc. Challenger tomba ; je me penchai pour le relever, mais, frappé de nouveau par-derrière, je tombai sur lui. Au même instant, j'entendis claquer le fusil de Lord John, et, levant les yeux, je vis une des bêtes se débattre à terre, l'aile cassée, le bec grand ouvert, soufflant, crachant de l'écume, roulant des yeux injectés de sang, tel un démon dans une peinture du Moyen Âge. Au bruit de la détonation, les autres étaient remontées, et leur ronde continuait par-dessus nos têtes.

— Dépêchons-nous ! s'écria Lord John, il y va de notre vie !

Chancelants, nous nous engageâmes à travers la brousse. Mais nous n'avions pas atteint les arbres que, derechef, les harpies fondaient sur nous. Summerlee fut renversé. Nous le relevâmes. Un bond nous jeta dans le bois. Nous étions sauvés ! Car les ailes des ptérodactyles ne trouvaient pas, pour se déployer, assez d'espace sous les branches. Et tandis que nous nous éloignions, clopin-clopant, meurtris, morfondus, nous pûmes les voir, très longtemps, très haut dans le ciel bleu, guère plus gros que des pigeons ramiers, continuer de voler en cercle, et, sans doute, surveiller notre retraite. Quand enfin nous eûmes gagné le plus épais du bois, ils abandonnèrent la poursuite, et nous cessâmes de les voir.

— Aventure très intéressante et tout à fait convaincante ! dit Challenger, qui, arrêté avec nous au bord du ruisseau, lavait son genou tuméfié. Nous voilà exceptionnellement renseignés, Summerlee, sur les mœurs de ces enragés ptérodactyles !

Summerlee étanchait le sang d'une entaille à son front ; moi-même, grièvement blessé au cou, je bandais ma blessure. Lord John en était quitte pour une déchirure de son veston au-dessus de l'épaule ; les dents de son terrible adversaire lui avaient seulement éraflé la chair.

— Il sied de noter, continua Challenger, que notre jeune ami a reçu un coup droit, au lieu que le veston de Lord John a été déchiré par une morsure. Pour ma part, ils m'ont frappé à la tête avec leurs ailes, en sorte que nous venons d'avoir une exhibition variée de leurs moyens d'attaque.

— Il s'en est fallu de peu qu'elle nous coûtât cher ! répondit gravement Lord John ; et succomber sous cette vermine me paraît bien la plus malpropre des morts ! J'ai regretté de me servir de mon rifle, mais je n'avais guère le choix.

— Si vous ne l'aviez fait, nous ne serions pas ici.

— D'ailleurs, ajouta-t-il, cela ne peut tirer à conséquence. Il doit y avoir dans ces bois des éclatements et des chutes d'arbres qui font un bruit analogue à celui d'un coup de feu. À présent, si vous voulez m'en croire, c'est assez d'émotion pour aujourd'hui. Rentrons au camp, où nous demanderons à notre pharmacie un peu d'acide phénique[1]. Sait-on quel venin ces ignobles bêtes peuvent porter dans leurs mâchoires ?

425 Mais, à coup sûr, jamais homme n'avait eu pareille journée depuis le commencement du monde. Une nouvelle surprise nous attendait. Lorsqu'en suivant le cours du ruisseau nous arrivâmes à la clairière, la vue de notre enclos épineux nous fit croire que nous touchions pour cette fois au terme de nos aven-
430 tures ; hélas ! nous devions penser le contraire avant de pouvoir goûter un peu de repos. La « porte » du « Fort Challenger » était intacte, les « murs » n'avaient pas une brèche ; mais un mystérieux et puissant visiteur n'y avait pas moins pénétré en notre absence. À défaut de traces sur le sol pour nous servir d'indices,
435 la branche pendante du gingko nous montrait comment il était venu et reparti ; et l'état de nos provisions ne nous renseignait que trop sur sa vigueur malfaisante. Elles s'éparpillaient de tous les côtés. Une boîte de conserve avait été réduite en pièces ; il ne restait, d'une caisse de cartouches, que de menus morceaux,
440 près desquels nous ramassâmes une douille littéralement déchiquetée. Réenvahis par le sentiment de vague horreur que nous avions déjà éprouvé le matin, nous interrogeâmes d'un regard épouvanté autour de nous les profondeurs obscures : peut-être une forme redoutable nous épiait-elle sous le couvert. Et quelle
445 douceur pour nous quand, hélés par la voix de Zambo et cou-

---

[1]. Le phénol, extrait d'huile de goudron, est un désinfectant, mais aussi un poison.

rant à son appel, nous l'aperçûmes, debout, qui riait à la pointe de l'aiguille !

– Tout aller bien, massa Challenger, tout aller bien ! cria-t-il. Moi rester ici. Vous ne rien craindre. Vous toujours me trouver quand vous avoir besoin de moi !

Sa bonne figure et l'immense paysage qui se développait sous nos yeux, en nous ramenant vers le confluent de l'Amazone, nous rappelèrent que nous appartenions encore à la Terre du XXe siècle et que nous n'avions pas été transportés par la vertu d'un magicien dans une planète encore à ses origines. Combien il était difficile de concevoir que, passé la ligne violette de l'horizon, il y avait le grand fleuve, des steamers, des gens qui discutaient les minuscules affaires de la vie, et qu'abandonnés parmi les créatures d'un autre âge nous ne pouvions plus que tendre nos yeux et nos vœux vers tout cela !

Il me reste, de cette journée si étonnamment remplie, un dernier souvenir sur lequel je veux terminer ma lettre. Nos deux professeurs, dont les blessures aggravaient, je suppose, l'impatience naturelle, s'étaient pris de querelle sur le fait de savoir si leurs agresseurs appartenaient au genre ptérodactyle ou au genre dimorphodon, et, comme ils échangeaient des paroles violentes, je m'éloignai, cherchant la paix. Assis sur un tronc d'arbre, je grillais une cigarette, quand Lord Roxton s'avança lentement vers moi.

– Dites donc, Malone, fit-il, avez-vous bien examiné l'endroit où étaient ces bêtes ?

– Très bien, répondis-je.

– Une sorte de cratère, n'est-ce pas ?
– Tout juste.
475 – Et le sol ? avez-vous remarqué le sol ?
– Des rochers.
– Mais autour de l'eau, à l'endroit des roseaux ?
– Un sol bleuâtre. On aurait dit de l'argile.
– Exactement. Un tuyau de volcan plein d'une argile 480 bleuâtre.
– Eh bien ? demandai-je.
– Oh ! rien… rien…

Il repartit comme il était venu, dans la direction des deux savants qui continuaient leur débat. Et la réflexion de Lord 485 John me fût sortie de l'esprit si je ne l'avais entendu, ce soir-là, se murmurer encore à lui-même : « De l'argile bleuâtre… de l'argile bleuâtre… dans la cheminée d'un volcan !… » Sur quoi je m'endormis, brisé de fatigue.

BIEN LIRE

CHAPITRE 10
• Suivez la progression des rencontres inquiétantes.
Comment Malone crée-t-il le suspense en retardant, par divers procédés, les descriptions des monstres ?

11

« LE MÉRITE DE L'ENTREPRISE »

Lord Roxton avait raison de craindre que la morsure des immondes bêtes ne laissât après elle quelque venin spécial ; car le lendemain de notre première aventure sur le plateau Summerlee et moi souffrions de la fièvre, et Challenger avait le genou si endolori qu'il ne marchait qu'en boitant. Nous passâmes donc tout le jour au camp, aidant tant bien que mal Lord Roxton à exhausser et renforcer la barrière épineuse qui nous protégeait seule contre le dehors. Je me souviens que malgré moi je ne pouvais me distraire de l'idée que nous étions observés : d'où et par qui, je n'aurais su le dire.

Cette impression était si tenace que je finis par en faire part à Challenger, qui la mit sur le compte de l'excitation cérébrale produite par la fièvre. À chaque instant, je regardais vivement autour de moi, convaincu que j'allais voir quelque chose, et ne voyant rien que le noir fouillis de notre haie ou l'ombre majestueuse des grands arbres qui arrondissaient leur voûte au-dessus de nos têtes. Mais le sentiment ne cessait pas de croître en moi d'une présence invisible, sournoise, hostile. Me remémorant la croyance des Indiens à Curupiri, j'aurais imaginé que le terrible esprit des bois hantait ceux qui profanaient sa lointaine retraite.

Cette nuit-là, troisième de notre séjour dans la Terre de Maple White, il se produisit un fait qui nous impressionna beaucoup et nous emplit de reconnaissance pour tout le mal que s'était donné Lord Roxton dans l'intérêt de notre sécurité. Nous dormions autour de notre feu qui se mourait, quand nous fûmes éveillés, ou, plutôt, arrachés au sommeil, par des cris qui semblaient venir de quelque cent yards, et qui étaient les plus perçants, les plus effrayants que j'eusse jamais entendus. Je ne sais pas de bruit que je puisse leur comparer. Ils déchiraient l'ouïe comme un sifflet de locomotive ; mais tandis qu'un sifflet de locomotive est clair, mécanique, coupant, ces cris, plus profonds, plus larges, vibraient d'une angoisse et d'une horreur infinies. Nous nous bouchâmes les oreilles pour échapper à ce concert de détresse qui nous ébranlait les nerfs. Une sueur froide m'inondait ; le cœur me chavirait dans la poitrine. Toutes les sortes de malédictions d'une âme à la torture, toutes les accusations dont elle peut charger le ciel, semblaient réunies, condensées dans ce cri atroce, auquel s'en mêlait un autre plus intermittent, un cri bas, sonore, une sorte de grondement, de gargouillement, de ricanement guttural, qui lui faisait un accompagnement grotesque. Pendant trois ou quatre minutes, l'affreux duo se poursuivit, et tout le feuillage bruissait d'oiseaux en fuite. Brusquement, comme il avait commencé, il s'arrêta. Un effroi mortel nous pétrifiait. Nous gardâmes longtemps le silence. Puis Lord John jeta dans le feu une poignée de brindilles, et la lueur rouge éclaira les visages crispés de mes compagnons, voltigea dans les grandes branches au-dessus de nos têtes.

– Qu'était-ce ? murmurai-je.

– Nous le saurons au matin, dit Lord John. C'était tout près de nous, pas plus loin que la clairière.

― Nous venons d'avoir, dit Challenger, avec une gravité inaccoutumée, le privilège d'assister à un drame de la préhistoire, à un de ces drames comme il a dû s'en passer dans les roseaux des lagunes jurassiques au temps où les monstres luttaient dans la vase et où le plus grand tuait le plus petit. L'homme est vraiment venu à son heure dans l'ordre de la Création. Il y avait, aux premiers âges du monde, des puissances extérieures que n'auraient affrontées utilement ni le courage ni le machinisme. Qu'aurait pu l'homme, avec sa fronde et sa flèche, contre de telles forces lâchées la nuit ? Même avec le rifle moderne, le monstre aurait pour lui toutes les chances.

― Sans me le dissimuler, dit Lord Roxton en caressant son express, je crois que j'épaulerais tout de même !

Summerlee leva la main.

― Chut ! fit-il ; j'entends quelque chose.

Dans le silence, nous distinguâmes un bruit régulier, sourd, qui trahissait l'approche d'un animal au pas circonspect[1], cadencé, pesant, mais amorti par des bourrelets. Cela fit le tour du camp, puis s'arrêta près de la porte ; cela respirait profondément, bruyamment ; et de cela, de cette horreur que nous dépêchait la nuit, une faible haie nous séparait seule. Tous, nous saisîmes nos rifles ; mais déjà Lord John, en écartant quelques buissons, avait pratiqué dans la haie une embrasure.

― *By George !* murmura-t-il, je vois !

---

1. Du latin *circum* (« autour ») et *spectare* (« regarder ») : qui regarde attentivement autour de soi, prudent.

Je me penchai, et par-dessus son épaule je regardai à travers la brèche. Oui, je voyais aussi. J'apercevais, dans l'ombre des arbres, une autre ombre, noire, vague, simplement ébauchée, une forme accroupie, menaçante, pas plus haute qu'un cheval, mais qui laissait deviner un volume et une force. Le sifflement de son haleine, rythmique, plein, comme un halètement de machine, décelait un monstrueux organisme. La forme bougea, et deux terribles yeux jetèrent des flammes vertes. Il y eut un bruissement désagréable, comme si elle avançait en rampant.

– La brute va bondir! m'écriai-je, armant mon rifle.

– Arrêtez! arrêtez! murmura Lord John. Le bruit d'un fusil dans cette nuit calme s'entendrait à plusieurs milles. Ne tirez qu'à la dernière extrémité.

– Nous sommes perdus si elle franchit la haie, dit Summerlee, et sa voix craqua nerveusement dans un rire.

– Il ne faut pas qu'elle la franchisse, répondit Lord John. Mais gardez votre fusil comme suprême ressource, j'ai peut-être mieux; nous allons voir.

Ce que je vis, ce fut, de sa part, un acte de bravoure tel que je n'en sais pas de plus magnifique. Il se pencha sur notre brasier, saisit une branche enflammée, et se glissa au-dehors par une ouverture qu'il avait faite dans la porte. La bête, poussant un grognement féroce, s'avança. Sans hésiter, il courut droit à elle, lui mit la flamme dans le visage. Une seconde, j'eus la vision d'un masque épouvantable, d'une tête de crapaud géant, à la peau lépreuse et pustuleuse, à la bouche flasque, souillée de bave et de sang. Puis, il se fit un grand fracas dans le sous-bois. Notre horrible visiteur était en fuite.

– Je pensais bien qu'il reculerait devant le feu ! dit Lord John, en rapportant sa branche.

Mais nous, d'une seule voix :

– Vous n'auriez pas dû courir un tel risque !

– J'ai pris, répondit-il, le seul parti à prendre. S'il était tombé au milieu de nous, nous aurions pu, en tirant sur lui, nous atteindre mutuellement ; et si nous l'avions blessé en tirant à travers la haie, nous l'aurions eu vite sur nous, en supposant que nous n'eussions pas lâché pied. En somme, je crois que nous voilà brillamment hors d'affaire. Mais qu'était-ce que cet animal-là ?

Nos deux savants se consultèrent du regard.

– Pour ma part, dit Summerlee, allumant sa pipe à un tison, je me sens incapable de le classer avec quelque certitude.

– En cela, vous montrez proprement la réserve scientifique, dit Challenger, d'un ton de massive condescendance. Moi-même, tout ce que je me permettrai de dire, sans plus de précision, c'est que, selon toute vraisemblance, nous venons de nous trouver en contact avec quelque animal de l'ordre des dinosauriens carnivores. J'avais lieu de croire, vous le savez, qu'il en existe sur ce plateau.

– Il faut nous mettre en tête, fit observer Summerlee, que certaines formes animales des temps préhistoriques ne sont pas arrivées jusqu'à nous. Gardons-nous de croire que nous puissions nécessairement nommer toutes celles dont nous ferons la rencontre.

— Et nous ne devons pas, en effet, prétendre à mieux qu'une classification sommaire. Demain nous apportera peut-être des éléments d'identification. En attendant, reprenons notre sommeil.

— Pas sans une sentinelle, fit Lord John, avec décision. Dans un pays comme celui-ci, on ne se repose pas sur sa chance. Nous aurons tous, dorénavant, à tour de rôle, deux heures de faction.

— Alors, dit Summerlee, je finirai ma pipe en montant la première garde.

Et l'habitude en fut ainsi prise.

Nous ne tardâmes pas le lendemain à découvrir la cause des hurlements qui nous avaient éveillés dans la nuit. La clairière des iguanodons avait été le théâtre d'un drame. Aux mares de sang, aux lambeaux de chair épars sur le gazon, nous imaginâmes d'abord tout un massacre : mais en y regardant de près nous nous avisâmes qu'un seul de ces monstres avait été littéralement lacéré par un autre animal peut-être pas plus grand que lui, mais plus féroce.

Les deux professeurs, très absorbés, examinaient l'un après l'autre, en discutant, ces débris qui portaient les marques de dents sauvages et de mâchoires formidables.

— Il convient de réserver notre jugement, disait Challenger, qui avait un énorme morceau de chair sur les genoux. Ceci paraîtrait le fait d'un de ces tigres qui avaient des dents en lames de sabre et dont on trouve encore les restes dans certains marbres de nos cavernes ; mais l'animal que nous avons vu était, sans contredit, plus grand, et tenait davantage du reptile.

Personnellement, je me prononcerais pour un allosaure[1].

– Ou un mégalosaure[2], dit Summerlee.

– Si vous voulez. En tout cas, l'un ou l'autre de ces deux grands carnivores dinosauriens, dont la famille a fourni les plus terribles types de vie animale qui aient jamais déshonoré la Terre ou honoré un musée.

Et cette pointe lui parut si spirituelle que Challenger rit aux éclats ; car bien qu'il eût peu le sens de l'humour, il s'esclaffait quand une plaisanterie, si grosse qu'elle fût, tombait de ses lèvres.

– Moins nous ferons de bruit, mieux cela vaudra, dit Lord John d'une voix brève. Nous ignorons qui ou quoi peut rôder autour de nous. Si le gaillard de cette nuit s'en revient nous chercher pour son déjeuner, nous n'aurons pas tant à rire. Mais qu'est-ce donc que cette tache sur la peau de l'iguanodon ?

La peau écailleuse, ardoisée, portait, au-dessus de l'épaule, un singulier rond noir, fait avec une substance qui paraissait être de l'asphalte. Ni Summerlee ni moi n'étions en mesure de l'expliquer. Summerlee déclarait seulement avoir vu, deux jours auparavant, sur les petits iguanodons, quelque chose d'analogue. Challenger ne disait rien, mais se carrait, se rengorgeait, comme s'il ne tenait qu'à lui de répondre ; tant qu'à la fin Lord John lui posa directement la question.

– Si Votre Gracieuse Seigneurie veut me permettre d'ouvrir la bouche, je me ferai une joie d'exprimer mon avis, dit-il avec une ironie laborieuse. Je n'ai pas l'habitude d'être tancé de la

---

1. et 2. **Dinosaures carnivores.**

façon dont Votre Seigneurie me semble en user d'ordinaire. Je ne savais pas devoir solliciter votre autorisation pour sourire d'une innocente plaisanterie.

Notre chatouilleux ami ne se laissa calmer que par des excuses. Alors enfin, satisfait dans son amour-propre, assis, mais à une certaine distance, sur un tronc d'arbre, et nous parlant du même ton que s'il eût enseigné une multitude :

– D'accord, dit-il, avec mon collègue et ami le professeur Summerlee, je croirais volontiers que les marques en question sont des taches d'asphalte : sur ce plateau essentiellement volcanique, l'asphalte, substance ignée, existe sans nul doute à l'état liquide et libre. Un problème plus important, c'est l'existence du carnassier qui a, cette nuit, ensanglanté la clairière. Nous savons approximativement que ce plateau a la superficie d'un comté d'Angleterre. Dans cet espace restreint cohabitent, depuis d'incalculables siècles, un certain nombre d'animaux appartenant pour la plupart à des espèces qui partout ailleurs sont éteintes. Il me paraît évident qu'au bout d'une si longue période les carnivores, en se multipliant sans obstacle, auraient totalement détruit les espèces dont ils vivent, et dû modifier leur genre de nourriture ou mourir de faim. Nous voyons qu'il en va différemment ; d'où nous pouvons déduire que la nature maintient l'équilibre en limitant, par un moyen quelconque, le nombre de ces bêtes féroces. La question se pose donc a nous de découvrir ce moyen et de vérifier comment il opère. J'aime à croire que nous n'aurons pas longtemps à attendre l'occasion d'étudier de plus près les dinosauriens carnivores.

– J'aime à croire le contraire, protestai-je.

Challenger se contenta de froncer les sourcils, comme un maître d'école quand un marmot lâche une impertinence.

– Le professeur Summerlee a peut-être, dit-il, quelque observation à faire ?

Et les deux professeurs de partir pour ces irrespirables régions de la haute science où les conditions de la multiplication peuvent, en se modifiant, contrebalancer, dans la lutte pour la vie, la diminution de la nourriture.

Ce matin-là, nous dressâmes la carte d'une petite partie du plateau, en évitant le marais des ptérodactyles et en marchant non plus à l'ouest du ruisseau, mais à l'est. Dans cette direction, le pays était encore très boisé, et la végétation si dense que nous avancions à grand-peine.

La Terre de Maple White ne nous avait montré jusqu'ici que ses épouvantes. Elle avait pourtant un autre côté, et nous cheminâmes toute la matinée au milieu des fleurs les plus belles, où prédominaient les couleurs blanche et jaune, qui étaient, à ce que nos professeurs nous apprirent, les deux couleurs primitives des fleurs. En maints endroits, le sol en était complètement recouvert, et nous enfoncions jusqu'aux chevilles dans ce moelleux et merveilleux tapis, d'où se dégageait un parfum d'une douceur pénétrante et presque enivrante. Autour de nous bourdonnait l'abeille familière des campagnes anglaises ; au-dessus de nous, quantité d'arbres ployaient sous une charge de fruits dont nous ne connaissions que quelques-uns. Il nous suffit d'observer ceux que becquetaient les oiseaux pour éviter tout risque de poison et accroître le plus agréablement du monde nos moyens de subsistance. La brousse que nous traversions était sillonnée de pistes tracées par les bêtes sauvages, et il y avait aux endroits marécageux un grand nombre d'étranges empreintes, notamment d'iguanodons. Nous aperçûmes dans un petit bois plusieurs de ces animaux en train de brouter : Lord John, avec sa jumelle, put se rendre compte qu'ils étaient, comme celui que nous avions examiné, tachés d'asphalte mais à une autre place, et nous ne soupçonnions pas ce que cela signifiait.

Des animaux de plus petite taille nous passèrent sous les yeux, par exemple des porcs-épics, un fourmilier vêtu d'écailles, un cochon sauvage de couleur pie, avec de longues défenses courbes. Par une ouverture entre les arbres qui découvrait l'épaule d'une colline, nous n'eûmes que le temps d'entrevoir sans la reconnaître, tellement la vivacité de son allure la déroba vite à nos regards, une grande bête au pelage brun foncé que Lord John prétendit être un daim, et qui devait, dans ce cas, avoir les dimensions gigantesques de ces élans que l'on exhume encore aujourd'hui des marais de mon Irlande natale.

Depuis la mystérieuse visite qu'avait reçue notre camp, nous n'y retournions jamais sans appréhension. Cette fois-ci nous y trouvâmes tout en ordre. Nous eûmes, dans la soirée, au sujet de notre situation et des résolutions qu'elle commandait, une grande discussion qu'il faut que je vous raconte ; car il s'ensuivit que la Terre de Maple White nous fut révélée d'un coup mieux qu'après une exploration de plusieurs semaines. Elle eut pour point de départ un mot de Summerlee, qui avait manifesté tout le jour une humeur exécrable, et qui ne se tint plus lorsque Lord John vint à parler de ce que nous devions faire le lendemain.

– Ce que nous devrions faire aujourd'hui même, et demain, et sans cesse, dit-il, c'est chercher comment nous dégager du piège où nous nous sommes laissés prendre. Vous ne pensez tous qu'à pénétrer dans ce pays ; vous ne devriez rêver que d'en sortir.

– Je m'étonne, monsieur, mugit Challenger, qu'un savant puisse nourrir des préoccupations aussi basses. Nous voici dans un pays qui ouvre aux ambitions du naturaliste le champ le plus digne de les solliciter depuis que le monde est monde ; et vous nous proposez de l'abandonner, quand c'est à peine si nous en avons une connaissance superficielle ! J'attendais mieux de vous, professeur Summerlee.

– Vous voudrez bien vous souvenir, répliqua aigrement le professeur, que j'ai à Londres une chaire des plus importantes, où je me sais très insuffisamment suppléé. C'est la différence de ma situation avec la vôtre : car il ne me semble pas, professeur Challenger, que vous ayez jamais voulu assumer la responsabilité de fonctions éducatives ?

– J'aurais, en effet, dit Challenger, cru commettre un sacrilège en détournant vers un moindre objet un cerveau capable des plus hautes et des plus originales recherches ; ce qui vous explique que j'aie sévèrement décliné toute charge universitaire.

– Par exemple ? demanda Summerlee en ricanant.

Mais Lord John se hâta d'intervenir.

— J'avoue, dit-il, que je trouverais assez triste de m'en revenir à Londres sans plus de renseignements sur ce pays.

— Jamais, pour ma part, déclarai-je, je n'oserais remettre les pieds au journal et affronter le vieux Mc Ardle. (Vous excuserez la franchise de ce récit, n'est-ce pas, monsieur?) Il ne me pardonnerait jamais d'avoir laissé derrière moi tant de copie perdue. À quoi bon discuter, d'ailleurs, puisque, fussions-nous d'accord pour le vouloir, nous ne pourrions pas redescendre?

— Notre jeune ami, observa Challenger, rachète force lacunes mentales trop visibles par une certaine dose de bon sens. Les intérêts de sa déplorable profession nous touchent peu; mais, comme il le fait remarquer, nous nous trouvons dans l'impossibilité de redescendre; c'est donc gaspiller nos forces que de nous disputer à ce sujet.

— C'est les gaspiller que de faire toute autre chose, grommela Summerlee derrière sa pipe. Permettez-moi de vous rappeler qu'en venant ici nous avions à remplir une mission nettement définie, laquelle nous avait été confiée à la réunion de l'Institut zoologique de Londres; nous avions à vérifier certaines allégations du professeur Challenger. Or, je dois admettre que nous sommes dès maintenant en état d'y souscrire. Notre œuvre est donc terminée. Pour ce qui reste à faire sur le plateau, cela représente une tâche si vaste que seule une grande expédition, pourvue de tout le matériel nécessaire, pourrait, à la rigueur, s'y essayer. En y prétendant nous-mêmes, nous compromettons notre retour et la contribution décisive qu'apporteraient à la science nos premiers résultats. Le professeur Challenger a su trouver le moyen de nous faire monter ici quand le plateau semblait inaccessible ; nous devrions, je crois, réclamer de lui la même ingéniosité pour nous ramener dans le monde d'où nous venons.

Je confesse que le point de vue de Summerlee me parut tout à fait raisonnable. Challenger lui-même s'émut à l'idée que ses ennemis ne seraient jamais convaincus d'erreur si la preuve de ses affirmations n'arrivait pas jusqu'à ceux qui les avaient mises en doute.

— Au premier aspect, dit-il, le problème de la descente se présente comme formidable. Cependant je ne puis pas douter que l'intelligence n'y trouve une solution. Je suis prêt à convenir avec mon collègue qu'un séjour prolongé sur la Terre de Maple White ne se justifierait pas quant à présent, et que la question de notre retour se posera très vite. Mais je me refuse à quitter ce pays avant que nous l'ayons examiné un tant soit peu et que nous soyons en mesure d'en rapporter quelque chose qui ressemble à une carte.

Summerlee s'ébroua d'impatience.

— Nous venons de passer deux jours en exploration, dit-il, et nous n'en sommes pas plus avancés comme géographes. Il faudrait des mois pour pénétrer dans un pays aussi boisé et pour y étudier les relations qu'ont entre elles les diverses régions. L'existence d'un sommet central simplifierait les choses, mais, autant que nous pouvons voir, tout le plateau se creuse de la circonférence vers le centre.

Plus loin nous irons, moins nous aurons la chance d'obtenir une vue générale.

J'eus à ce moment une inspiration. Mes yeux rencontrèrent par hasard le tronc noueux du ginkgo qui étendait sur nous ses branches gigantesques. De même qu'il dépassait en largeur tous les autres, il les dépassait sûrement en hauteur, et si le bord du plateau en était la partie la plus élevée, pourquoi l'arbre ne commanderait-il pas tout le pays comme une tour ? Au temps où, tout gamin, je polissonnais en Irlande, nul plus que moi ne montrait d'adresse et d'audace pour grimper aux arbres. C'était un exercice où je pouvais aujourd'hui faire la leçon à mes compagnons d'aventures, comme ils me la faisaient quand il s'agissait de gravir des rocs. Une fois posé le pied sur la première branche, je ne me reconnaîtrais pas si je n'arrivais jusqu'à la cime. Mon idée provoqua des transports.

– Notre jeune ami, dit Challenger, dont les joues s'arrondirent comme deux pommes rouges, est capable d'acrobaties que ne saurait se permettre un homme d'apparence plus solide et plus imposante. J'applaudis à sa résolution.

– *By George!* mon garçon, vous avez trouvé le joint ! ajouta Lord Roxton, en me tapant dans le dos. Comment n'y avons-nous pas songé plus tôt ? C'est inconcevable. Nous n'avons plus guère devant nous qu'une heure de lumière. Cela suffit pour que vous rapportiez de là-haut, sur votre calepin, un vague tracé d'ensemble. Approchons de l'arbre ces trois caisses de munitions ; je me charge de vous hisser ensuite jusqu'à la première branche.

Debout sur les caisses, il me soulevait doucement le long du tronc, quand Challenger, de sa grosse main, me donna une telle poussée qu'il me lança presque dans l'arbre. Je m'accrochai à la branche, et, m'aidant des bras, des pieds, me haussant peu à peu jusqu'à elle, j'y posai enfin les genoux. Il y avait, juste au-dessus, deux ou trois rejetons vigoureux disposés comme des barreaux d'échelle, et, fort à point, plus haut, tout un entremêlement de branches, si bien qu'à la vitesse où je montais je ne tardai pas à perdre de vue le sol et à ne plus distinguer sous moi que du feuillage. De temps à autre, je rencontrais un obstacle, et, par exemple, je dus me hisser à une liane de huit ou dix pieds ; mais mon ascension se poursuivait dans les meilleures conditions, et il ne me semblait plus entendre le meuglement de Challenger qu'à une extrême profondeur. Cependant, quand je levais les yeux, je ne voyais pas encore le feuillage s'éclaircir au-dessus de ma tête. Une branche que je venais d'atteindre portait une grosse touffe de végétation parasite ; je me penchai pour voir ce qu'il y avait derrière, et je faillis tomber de surprise et d'horreur.

À la distance d'un pied ou deux, un visage était braqué sur mon visage. L'être auquel il appartenait, masqué jusque-là par la touffe broussailleuse, avait fait en même temps que moi le même mouvement ; et son visage était un visage humain, du moins plus humain que celui d'aucun singe de ma connaissance : long, blanchâtre, pustuleux, avec un nez aplati, une mâchoire inférieure très proéminente, un collier de poils raides autour du menton ; les yeux, sous des sourcils épais, luisaient d'une férocité bestiale, et, la bouche s'étant ouverte pour un grognement qui me fit l'effet d'une imprécation, j'en remarquai les canines, courbes et pointues. Un instant, je lus, dans les yeux mauvais qui me regardaient, la haine et la menace. Puis, rapide comme l'éclair, une expression d'affreuse terreur les envahit. Le visage plongea; des branches craquèrent et se cassèrent; je n'eus que le temps d'entrevoir un corps velu, dont les longs poils ressemblaient à ceux d'un porc rouge; et tout se perdit dans un remous de tiges et de feuilles.

– Qu'y a-t-il? me cria Roxton, d'en bas; rien de fâcheux, j'espère?

– Avez-vous vu? répondis-je, tremblant de tous mes nerfs, et les deux bras passés autour de la branche.

– Nous avons entendu un grand bruit, comme si vous aviez glissé. Qu'était-ce?

Dans le trouble où m'avait jeté cette inquiétante et soudaine apparition de l'homme-singe, je me demandais si j'allais redescendre pour en faire immédiatement part à mes compagnons. Mais j'étais déjà si haut dans l'arbre que j'eus honte de ne pas pousser jusqu'au bout.

Après une longue pause, dont j'avais besoin pour reprendre haleine et courage, je continuai mon ascension. Une branche pourrie vint à se rompre, et je restai un instant suspendu par les mains à la branche supérieure; mais, somme toute, je grimpai sans trop de difficultés. Peu à peu le feuillage mincit, le vent me fouetta la figure, je connus que je dominais tous les arbres de la forêt; pourtant, je me refusai à regarder autour de moi tant que je n'aurais pas atteint la cime, et je grimpai de plus belle, jusqu'à ce que je sentisse enfin ployer sous mon poids la dernière branche. Là, je m'installai entre deux rameaux en fourche, et, me balançant en sécurité, j'admirai le panorama.

Le soleil touchait l'horizon, le soir était particulièrement doux et limpide, le plateau se révélait tout entier sous moi. Il formait une cuvette ovale, longue d'environ trente milles, large de vingt, dont un lac, qui pouvait avoir deux milles de tour, occupait le fond. Ce lac, très vert, très beau, liséré de roseaux à ses extrémités, tacheté de bancs de sable, étincelait d'or au couchant. Des formes sombres, trop grandes pour être des alligators, trop longues pour être des canots, s'étiraient à la marge des bancs de sable. Avec ma jumelle, je constatai qu'elles bougeaient, mais je ne pus déterminer leur nature.

Du bord où nous nous trouvions, des bois coupés de clairières dévalaient à cinq ou six milles vers le lac central. J'apercevais, à mes pieds mêmes, la clairière des iguanodons ; plus loin, une trouée circulaire dans les arbres m'indiquait le marais des ptérodactyles. Le côté du plateau qui me faisait face offrait un aspect différent : les falaises basaltiques de l'extérieur se reproduisaient à l'intérieur ; elles dressaient au-dessus des pentes boisées une muraille à pic d'environ deux cents pieds de haut ; dans la partie basse de cette muraille rougeâtre, mais à quelque distance du sol, je distinguai à la lorgnette un certain nombre de trous noirs qui étaient probablement des entrées de cavernes, et, devant l'un de ces trous, quelque chose de blanc, que je ne reconnus pas. Le soleil avait depuis longtemps disparu que je m'attardais encore à relever la configuration du pays et je ne m'arrêtai qu'à la nuit close, lorsque je ne discernai plus aucun détail. Alors, je descendis. Mes compagnons m'attendaient avec impatience. J'avais, cette fois, tout le mérite de l'entreprise. Seul je l'avais conçue et seul réalisée. La carte que je venais de dresser nous épargnait un mois de tâtonnements dans l'inconnu et dans le risque. Tous me serrèrent solennellement la main. Mais avant qu'ils examinassent ma carte, je leur narrai ma rencontre avec l'homme-singe.

– Il nous guettait depuis notre arrivée, dis-je.

– Comment le savez-vous ? demanda Lord John.

– Je n'ai pas cessé de sentir au-dessus de nous une surveillance hostile. Je vous en ai fait part, professeur Challenger.

– Notre jeune ami m'a dit, en effet, quelque chose de ce genre. Il est le seul, parmi nous, que son tempérament celtique[1] doive rendre sensible à de pareilles impressions.

– La théorie de la télépathie…, commença Summerlee, en bourrant sa pipe.

– … nous entraînerait trop loin pour aujourd'hui, décida Challenger. Voyons, ajouta-t-il, du ton d'un évêque à un cours de catéchisme, avez-vous observé si l'être en question pouvait replier le pouce sur la paume ?

– Non, répondis-je.

– Avait-il une queue ?

---

1. La théorie des tempéraments a connu un grand succès dans la seconde moitié du XIXe siècle. Tout homme serait déterminé par son tempérament : nerveux, sanguin, lymphatique ou bilieux. Malone suggère que les caractères sont déterminés par l'origine ethnique.

— Non.

— Les pieds étaient-ils préhensiles ?

— Je doute qu'il eût dégringolé si vite entre les branches s'il n'avait pas eu de prise avec les pieds.

— Sauf erreur — que vous voudrez bien rectifier, professeur Summerlee, — on trouve dans l'Amérique du Sud trente-six espèces de singes ; mais on n'y connaît pas le singe anthropoïde. Je tiens néanmoins pour évident qu'il existe ici, et que ce ne peut être une variété de gorille, puisqu'on n'a jamais vu de gorille qu'en Afrique ou en Orient. (J'eus bonne envie d'ajouter, en regardant le professeur, que j'en avais vu tout au moins le proche parent à Londres.) Celui-ci est d'un type à barbe, sans couleur, et cette dernière particularité tend à prouver qu'il passe ses jours dans les arbres. La question, c'est de savoir s'il se rapproche de l'homme plus que du singe : auquel cas, il pourrait à peu près constituer ce qu'on a vulgairement appelé le *missing link*. Nous avons pour devoir immédiat de résoudre ce problème.

— Pas du tout, répliqua Summerlee, d'une voix brusque. Puisque à présent, grâce à l'intelligence et à l'agilité de Mr. Malone (je cite ses propres termes), nous possédons une carte de ce pays, notre devoir immédiat est de chercher à nous en sauver le plus tôt possible. Nous avons à raconter ce que nous avons vu et, pour ce qui est de l'exploration, nous en remettre à d'autres. Vous en avez tous convenu devant Mr. Malone avant que nous eussions la carte.

— Soit ! dit Challenger. Je reconnais que je serai plus tranquille le jour où nos amis connaîtront le résultat de notre expédition. Comment nous sortirons d'ici, je n'en ai pas la moindre idée. Cependant je n'ai jamais trouvé de problème que mon esprit inventif ne parvînt à résoudre ; dès demain j'envisagerai la question de notre descente.

Nous en restâmes sur cette promesse ; et le même soir, à la lueur de notre feu et d'une simple bougie, nous arrêtâmes la première carte du Monde perdu. Chaque détail que j'avais tant bien que mal noté du haut de mon observatoire fut exactement mis en place. À certain moment, le crayon de Challenger plana sur le tracé du lac.

– Comment l'appellerons-nous ? demanda-t-il.

– Pourquoi ne pas saisir cette occasion de perpétuer votre nom ? fit Summerlee avec son ironie habituelle.

– J'espère, monsieur, riposta sévèrement Challenger, que mon nom aura d'autres titres au souvenir de la postérité. Le dernier des ignorants peut lui imposer le sien en l'infligeant à une montagne ou à un fleuve. C'est un genre de commémoration dont je me passe.

Summerlee, avec un sourire de travers, préparait une nouvelle attaque ; Lord John s'interposa.

– C'est à vous, jeune homme, me dit-il, de donner un nom à ce lac. Vous l'avez vu le premier, et, *by George!* s'il vous plaît de l'appeler « Lac Malone », personne n'a plus de droits que vous à la préférence.

– Sans contredit, approuva Challenger ; que notre jeune ami choisisse lui-même le nom de ce lac !

– Alors, dis-je en rougissant, je l'appellerai « Lac Gladys ».

Le Monde perdu

— Ne croyez-vous pas, dit Summerlee, que « Lac central » serait une désignation plus explicite ?

— J'aimerais mieux « Lac Gladys ».

Challenger, tout en hochant d'un air moqueur sa grande tête, m'adressa un regard sympathique.

— Va donc pour « Lac Gladys » ! conclut-il. Les enfants seront toujours des enfants !

BIEN LIRE

CHAPITRE 11
• L'apparition de singes anthropoïdes (de forme presque humaine) pose la question du fameux « chaînon manquant ». La séquence 4, pages 302-303, y sera consacrée, mais, avant de vous y reporter, interrogez-vous sur l'hypothèse d'une cohabitation possible avec ces ancêtres communs à l'homme et aux grands singes.

12

« DES TÉNÈBRES REDOUTABLES »

J'ai dit – ou, peut-être, j'ai oublié de dire, car ma mémoire me joue actuellement de ces tours, – que je rayonnais de fierté en entendant trois hommes aussi considérables me remercier d'avoir, sinon sauvé, du moins beaucoup amélioré la situation. Étant le plus jeune de la bande, et non pas seulement par les années, mais par l'expérience, le caractère, le savoir, par tout ce qui fait un homme, j'étais resté jusque-là fort éclipsé. Et voilà que j'entrais dans la lumière ! Je m'échauffais à cette pensée. Orgueil fatal, précurseur de la chute ! Il n'augmentait ma confiance en moi-même que pour m'entraîner, pas plus tard que cette nuit, à une effroyable aventure. Je ne puis encore songer à la façon dont elle se dénoua sans que mon cœur se retourne.

Excité plus que de raison par les événements de la journée, je n'arrivais pas à m'endormir. Summerlee était de garde ; je voyais s'incliner au-dessus du feu sa silhouette anguleuse et falote. Il tenait son rifle en travers de ses genoux, et sa barbe de chèvre tremblotait au moindre mouvement de sa tête. Lord John reposait silencieusement, enveloppé dans son *poncho* sud-américain. Challenger faisait retentir les bois de ses ronflements. La pleine lune resplendissait. L'air pétillait de froid. Quelle nuit pour une promenade ! Et l'idée me vint tout d'un coup : « Pourquoi pas ? » Supposé qu'après m'être furtivement glissé hors du camp, après avoir poussé jusqu'au lac central, je revinsse pour

le déjeuner rapportant quelques bonnes observations, mes
compagnons ne me considéreraient-ils pas, plus que jamais,
comme un digne auxiliaire ? Et si, par là-dessus, l'avis de
Summerlee venait à prévaloir, si nous trouvions un moyen
d'évasion, ne rapporterions-nous pas à Londres des renseignements de première main sur l'intérieur du plateau, puisque
avant tous j'aurais pénétré jusqu'à son centre ? Je pensai à
Gladys ; je me rappelai son mot sur les « héroïsmes en puissance » ; il me semblait l'entendre. Et je pensai aussi à Mc Ardle.
Quelle colonne pour le journal ! Quel fondement pour une carrière ! À la première grande occasion, on me nommait correspondant de guerre ! J'empoignai un fusil ; et vivement, écartant
les buissons qui fermaient l'entrée de notre « zériba », je passai
au-dehors. Un dernier coup d'œil me montra Summerlee
abîmé dans le sommeil et, lamentable factionnaire, branlant
devant les tisons une tête de poupée mécanique.

Je n'avais pas fait cent yards que je déplorais déjà ma témérité. Je crois m'en être expliqué quelque part dans ces lettres :
j'ai trop d'imagination pour avoir vraiment du courage ; mais
ce qui chez moi prédomine, c'est la peur de paraître avoir peur.
Elle me poussa de l'avant. Je ne pouvais rebrousser chemin sans
avoir fait quelque chose. Lors même que mes compagnons
n'auraient pas remarqué mon absence, lors même qu'ils ne
connaîtraient jamais ma faiblesse, j'en garderais au cœur une
intolérable honte. Et pourtant, je frissonnais à l'idée de la situation où je m'étais mis ; j'aurais donné tout ce que je possédais
pour me tirer honorablement d'affaire.

Le bois avait un aspect effrayant. Les arbres s'y pressaient tellement que leur feuillage ne laissait rien passer du clair de lune et que c'est au plus si, par intervalles, j'apercevais un peu de ciel étoilé derrière un filigrane[1] de branches. Mes yeux s'accoutumant peu à peu aux ténèbres, j'arrivai à discerner des degrés dans le noir. Entre les noirceurs des arbres, dont quelques-unes dessinaient obscurément leur forme, des noirceurs plus profondes bâillaient comme des gueules d'antres, et je ne pouvais, au passage, réprimer un frisson d'horreur. Je songeais aux cris de l'iguanodon torturé, à cette lamentation terrible et désespérée qui avait fait retentir le bois. Je songeais au mufle baveux, pustuleux, boursouflé, que m'avait permis d'entrevoir la torche de Lord John. J'étais sur le terrain de chasse de l'infâme monstre anonyme ; à chaque instant il pouvait bondir sur moi du fond de l'ombre. Je m'arrêtai, et, saisissant une cartouche, je me mis en devoir de charger mon arme ; mais quand je touchai le levier, mon sang ne fit qu'un tour : au lieu du rifle, j'avais pris le fusil de chasse !

J'éprouvai de nouveau une furieuse envie de revenir ; en cédant à la raison, je ne me diminuais devant personne. Ma vanité s'y opposa. Je ne pouvais pas, je ne devais pas céder. Après tout, contre les dangers que je bravais, un rifle ne m'eût pas mieux défendu qu'un fusil de chasse. Si je revenais au camp pour changer d'arme, je ne pouvais me flatter d'y entrer et d'en

---

1. Dessin qui apparaît en transparence dans certains papiers, comme les billets de banque. Ici, ce dont on devine la présence.

ressortir inaperçu. On me demanderait des explications : je n'aurais plus tout le bénéfice de mon entreprise. Je surmontai vite mon hésitation, et, prenant à deux mains mon courage, je repartis, tenant sous mon bras le fusil dont je n'avais que faire.

Si la forêt avait des ténèbres redoutables, combien plus redoutable encore était la blanche et paisible coulée du clair de lune dans la clairière des iguanodons ! Caché derrière un buisson, j'y promenai le regard, sans voir aucun de ces grands animaux. Peut-être avaient-ils émigré après le drame dont un des leurs avait été victime. Dans le brouillard argenté de la nuit, rien ne bougeait. Je m'enhardis, je traversai vivement la clairière, et j'allai, de l'autre côté, dans la brousse, retrouver le ruisseau qui me servait de guide. Aimable et réconfortant compagnon, dont le joyeux gargouillis me rappelait le cher petit torrent de mon pays où, tout enfant, j'allais, la nuit, pêcher la truite ! Je n'avais qu'à le suivre pour être conduit au lac et ramené au camp. Souvent je le perdais de vue, à cause de l'épaisseur de la broussaille ; mais je ne cessais pas d'avoir dans l'oreille le tintement de son clapotis.

En descendant la pente, le bois s'amincissait, le fourré s'y substituait peu à peu, avec des intervalles de grands arbres. J'avançais donc assez vite, voyant et ne pouvant être vu. Non loin du marais des ptérodactyles, un d'eux, qui pouvait bien mesurer vingt pieds de long, se leva soudain de je ne sais où, claqua sèchement des ailes, et prit son essor. Quand il passa devant la lune, ses ailes membraneuses s'éclairèrent en transparence, tellement qu'il avait l'air d'un squelette volant dans la blancheur de cette sérénité tropicale. Je me blottis sous le fourré, sachant par expérience qu'il lui suffirait d'un cri pour ameuter cent mâles contre moi ; et j'attendis qu'il se fût posé pour me remettre en route.

La nuit était des plus calmes ; mais bientôt je commençai à percevoir, en avant de moi, un bruissement sourd, un murmure continu. À mesure que j'allais, il grossissait et se rapprochait ; au contraire, quand je m'arrêtais, il demeurait constant. Il avait donc, apparemment, une cause fixe. Cela ressemblait au chantonnement d'une bouilloire sur le feu ou d'une grande marmite. Je ne tardai pas à comprendre : au centre d'une petite clairière, je découvris un lac, ou, plutôt, – car il n'était pas plus grand que la fontaine de Trafalgar Square – un étang, dont la surface, noire comme de la poix, se soulevait et se creusait en produisant de grosses bulles. L'air, au-dessus, luisait de chaleur ; la terre, à l'entour, me brûlait quand j'y posais la main. Évidemment, les forces volcaniques qui, tant de siècles auparavant, avaient suscité ce plateau n'étaient pas encore tout à fait épuisées. J'avais déjà, de-ci, de-là, sous la végétation luxuriante qui le drapait, vu percer des rocs noircis, des monticules de lave ; mais cet étang d'asphalte dans la broussaille, c'était le signe d'une activité persistante sur les bords de l'ancien cratère. Le loisir me manquait d'ailleurs de l'examiner si je voulais être rentré de bonne heure.

Aussi longtemps que je garderai la mémoire, cette équipée restera l'un de mes pires souvenirs. Dans les grandes échappées de lumière, je me dissimulais en longeant les bords d'ombre ; dans la brousse, j'avançais en rampant, m'arrêtant avec un battement de cœur chaque fois, et c'était souvent que des branches craquaient au passage d'une bête sauvage. Constamment, des formes apparaissaient et disparaissaient, de grandes formes silencieuses et mystérieuses qui semblaient rôder avec des pieds d'ouate. Je m'arrêtais sans cesse dans l'intention de revenir ; puis la vanité, plus forte que la peur, me poussait vers le but que j'ambitionnais d'atteindre.

Ma montre marquait une heure lorsque, enfin, à travers les éclaircies, des reflets d'eau scintillèrent, et dix minutes plus tard, je débouchais au milieu des roseaux qui bordent le lac central. Mourant de soif, je me couchai à terre, je bus à grands traits de cette eau : elle était douce et fraîche. Une large piste couverte d'empreintes montrait que les animaux venaient s'y abreuver. Il y avait tout près de la rive un bloc de lave solitaire : je me juchai sur ce belvédère, d'où mon regard plongea librement dans toutes les directions.

La première chose que je vis me remplit d'étonnement. J'ai dit que du haut de l'arbre j'avais distingué, sur la paroi de la falaise intérieure, un certain nombre de taches sombres qui semblaient des orifices de cavernes. En regardant cette même falaise, j'apercevais, cette fois, de tous les côtés, des disques de lumière, vermeils, définis, comme les hublots d'un paquebot dans les ténèbres. Un moment, je pensai voir luire des laves, je crus à une manifestation volcanique ; puis je réfléchis que cette manifestation ne se fût pas produite en haut, dans les rochers, mais en bas, dans le creux du plateau. Que pouvaient donc signifier ces taches vermeilles ? Une seule chose, invraisemblable, mais certaine : elles signifiaient des feux allumés dans les cavernes, et allumés par la main de l'homme. Il y avait donc sur le plateau des êtres humains ! Quelle justification glorieuse de mon expédition ! Et quelles nouvelles je rapporterais à Londres !

160 Je regardai longuement trembler ces lumières. Même à la distance de dix milles qui, à mon calcul, m'en séparait, j'observais parfaitement comme elles clignotaient et se voilaient quand quelqu'un passait devant elles. Que n'aurais-je donné pour me traîner jusque-là, pour voir de près, pour me mettre en état de
165 renseigner un peu mes compagnons sur l'aspect et les mœurs des gens qui vivaient à une place si singulière ! Provisoirement, je devais m'en tenir à ma découverte ; mais nous ne pourrions quitter le plateau sans l'avoir élucidée.

Le Lac Gladys, mon lac, étendait devant moi son miroir poli
170 où se reflétait la lune. Il était peu profond, car en maints endroits des bancs de sable émergeaient de l'eau. La vie s'y décelait partout à la surface ; tantôt des cercles, des rides se formaient ; tantôt un poisson argenté bondissait dans l'air, un monstre passait, bombant une échine couleur d'ardoise. Sur un
175 des îlots se dandinait une espèce de très grand cygne au corps massif, au long cou flexible. Il plongea ; je vis onduler un moment son cou, sa tête effilée ; puis il s'enfonça tout entier.

Un spectacle plus proche détourna mon attention. À mes pieds mêmes, deux animaux, pareils à d'énormes tatous, étaient
180 venus boire. Accroupis, ils lapaient l'eau à coups répétés, et leurs langues minces, sinueuses, avaient l'air de rubans écarlates. Un daim gigantesque, armé de cornes rameuses, une bête

magnifique, au port de roi, survint accompagné de sa daine et de ses petits, et but à côté des tatous. Nulle part ailleurs il n'existe un daim de cette taille ; les élans de toutes sortes que j'ai vus lui atteindraient à peine aux épaules. Il fit entendre tout d'un coup un reniflement d'alarme et s'enfuit dans les roseaux avec sa famille, pendant que les tatous se sauvaient de leur côté : un nouvel animal, plus monstrueux, descendait la piste.

Je me demandai une seconde où j'avais pu voir cette forme contrefaite, ce dos rond, hérissé de lames triangulaires, cette baroque tête d'oiseau qui touchait presque le sol. Puis je me souvins, je reconnus le stégosaure, l'animal dont Maple White avait gardé l'image dans son album, et qui, le premier, avait éveillé la curiosité de Challenger ! Il était là, peut-être était-ce le même individu qu'avait rencontré l'artiste ! Le sol tremblait sous son poids, le bruit de ses lampées résonnait dans le silence nocturne. Pendant cinq minutes, il se tint si près de mon bloc de lave qu'en allongeant la main j'aurais touché l'horrible peigne de son dos ; enfin il se retira lourdement et se perdit entre les quartiers de roches.

Je consultai ma montre : elle marquait deux heures et demie ; il était grand temps de m'en revenir. Pas de difficulté pour la direction à suivre, car j'avais eu soin de toujours garder le ruisseau à ma gauche, et il se jetait dans le lac central à une portée de pierre de l'endroit où je m'étais couché pour boire. Je repartis donc plein d'entrain, car j'avais le sentiment d'avoir fait du bon travail et de rentrer avec un joli bagage de nouvelles. Ce qui, là-dedans, avait le plus d'importance, c'était, bien entendu, la découverte des cavernes illuminées : elles abritaient évidemment une race troglodyte[1]. Qui plus est, je pouvais parler du lac central en connaissance de cause, je pouvais certifier qu'il était peuplé de créatures bizarres et que diverses formes de la vie des premiers âges, encore ignorées de nous, hantaient ses bords. Je réfléchissais, tout en marchant, que bien peu d'hommes au monde avaient, dans le cours d'une nuit plus extraordinaire, ajouté davantage au savoir humain.

L'esprit plein de ces pensées, je remontais laborieusement la pente, et j'arrivais à mi-chemin du camp, lorsqu'un bruit derrière moi me ramena au sentiment de ma situation. C'était quelque chose d'insolite, à la fois ronflement et grognement, quelque chose de bas, de profond, de très menaçant, qui trahissait le voisinage de quelque bête. Je pressai le pas. Et j'avais déjà fait un demi-mille quand le bruit se répéta, toujours derrière moi, mais plus fort, plus menaçant encore. Il fallait donc que la bête fût à mes trousses. Mon cœur s'arrêta, ma chair se glaça, mes cheveux se hérissèrent. Que les monstres qui habitaient ce plateau se déchirassent entre eux, cela faisait partie de la lutte pour l'existence ; mais qu'ils se tournassent contre l'homme moderne, que l'être qui avait affirmé sa suprématie devînt leur gibier, cette idée m'effarait, me bouleversait. Je me rappelai derechef, comme une vision vomie par les derniers cercles de l'Enfer du Dante, le mufle souillé d'écume sanglante qu'avait éclairé pour moi la torche de Lord John. Mes genoux s'entrechoquaient. Je m'arrêtai, et, me

---

1. Qui vit dans des grottes, des cavernes.

retournant, je regardai avec des yeux exorbités le chemin de lumière tracé par la lune. Partout régnait l'immobilité d'un paysage de rêve. Je n'apercevais rien que des espaces argentés entre des masses noires de buissons. Mais, dans le silence, le grognement guttural, une troisième fois, monta, sinistre, impressionnant, toujours plus proche. Nul doute possible : j'étais poursuivi, et mon poursuivant gagnait sur moi à chaque minute.

Je restais comme paralysé, fouillant du regard le terrain. Soudain, je vis. À l'extrémité de la clairière que je venais de traverser, les buissons remuèrent ; une grande ombre qui sautillait entra dans le clair de lune. Je dis qu'elle sautillait, car l'animal se mouvait à la façon des kangourous, droit sur ses puissantes pattes de derrière, et portant repliées contre la poitrine ses pattes de devant. Il avait la taille d'un éléphant dressé ; mais son agilité, nonobstant son volume, était extrême. À cause de sa forme, je voulus d'abord le prendre pour un iguanodon, que je savais inoffensif ; mais je ne pouvais longtemps m'y tromper, tout ignorant que je fusse. De l'animal aux trois doigts, du paisible brouteur de feuilles, il n'avait pas la bonne tête candide, assez semblable comme forme à celle du daim ; au contraire, sa tête large, plate, rappelant celle du crapaud, était la même qui nous avait épouvantés dans notre camp. Son cri féroce, l'énergie de sa poursuite m'assuraient que j'avais bien affaire à quelqu'un des grands dinosauriens carnivores, les plus terribles des animaux qui aient jamais foulé le sol de la planète[1]. Tous les vingt yards

---

1. On pourrait penser à un mégalosaure, voire un tyrannosaurus rex.

environ, il se laissait tomber sur ses pattes antérieures et portait son nez contre le sol. Il quêtait ma trace. Il la perdait parfois un instant, puis la retrouvait, et il reprenait en bondissant le chemin que j'avais suivi moi-même.

Aujourd'hui encore, je n'évoque pas ce cauchemar sans qu'il m'en vienne au front une sueur. Que pouvais-je faire ? Mon fusil ne m'était d'aucune aide. Je cherchai désespérément des yeux un rocher, un arbre ; mais je me trouvais au milieu de broussailles que dépassait tout juste un arbrisseau, et je savais que l'animal qui me donnait la chasse eût aisément déraciné un arbre ordinaire. Je n'avais de chance que dans la fuite. Le terrain inégal et coupé rendait la marche difficile. Mais en promenant de tous les côtés un regard désespéré, je vis devant moi un sentier très marqué, très battu : déjà, au cours de notre expédition, nous avions remarqué plusieurs de ces pistes frayées par les animaux sauvages. Celle-ci m'offrait le salut, s'il ne tenait qu'à mes jambes. Et m'allégeant de mon fusil, je m'élançai, pour fournir au pas de course un demi-mille comme jamais je n'en avais fourni un, comme je n'en ai jamais fourni un autre. Tous les membres me faisaient mal, je suffoquais, le manque d'air me brûlait la gorge ; mais, talonné par l'horreur, je courais, je courais, je courais. Enfin, je m'arrêtai, n'en pouvant plus. Et soudain, des craquements, des déchirements, un bruit de pieds géants, un halètement formidable me signalèrent l'approche du monstre. Il me rattrapait. J'étais perdu.

Quelle folie j'avais faite de tarder à fuir ! Jusque-là, son flair seul le guidait, il n'allait que lentement ; mais il m'avait vu prendre la course, et pour ne plus me perdre il n'avait eu qu'à s'engager après moi dans le sentier. Je l'aperçus, à un tournant, qui s'avançait par grands bonds. La lune éclairait ses yeux bouffis, la rangée de ses dents énormes dans sa gueule ouverte, les griffes de ses bras courts et puissants. Je poussai un cri de terreur et pris, le long du sentier, une fuite éperdue. Son souffle épais, haletant, m'arrivait de plus en plus sonore. J'attendais à chaque instant son étreinte sur mon épaule. Brusquement, il se fit un grand fracas. Je me sentis tomber dans le vide. Tout devint noir.

Quand je sortis de mon évanouissement – qui ne dut guère durer, je crois, plus de quelques minutes, – je fus saisi par une odeur fétide. J'étendis mes deux mains dans les ténèbres : l'une se ferma sur un os, tandis que l'autre s'arrêtait sur un gros tas qui me parut être de la viande. Au-dessus de moi, un rond de ciel étoilé me montrait que j'étais au fond d'une fosse. Tant bien que mal, je me levai et me tâtai. Je me sentais raidi, endolori des pieds à la tête, mais enfin je remuais les membres, je pliais les jointures. Peu à peu, mes idées s'éclaircissant, les circonstances de ma chute me revinrent. Je levai les yeux avec épouvante, certain de voir se découper sur le ciel pâlissant la face du monstre. Elle n'était pas là. Nul bruit ne se faisait entendre. Alors, je commençai de tourner lentement, à l'aveuglette, essayant de comprendre ce que pouvait être la fosse qui m'avait si opportunément engouffré. Elle avait des parois en pente raide et un fond uni qui pouvait mesurer vingt pieds de large. Ce fond était jonché de quartiers de viande, arrivés pour la plupart au dernier degré de la décomposition. Ils empoisonnaient l'atmosphère. En tâtonnant dans cette pourriture, je rencontrai quelque chose de dur et m'avisai qu'il y avait un piquet très solidement planté au centre de la fosse. Il était si haut que ma main n'en trouvait pas le bout, et il semblait enduit de graisse.

Je me rappelai subitement que j'avais dans ma poche une boîte d'allumettes de cire. J'en frottai une, ce qui me permit d'avoir tout de suite une opinion sur la fosse dans laquelle j'avais chu. Impossible de m'y tromper : c'était un piège, et un piège fait de main d'homme. Le piquet du centre, long de neuf pieds, et très aiguisé à son extrémité supérieure, était noir du sang des animaux qui s'y étaient empalés. Les restes épars dans le fond étaient ceux des victimes, qu'on avait découpées pour en débarrasser l'épieu à l'intention du premier qui viendrait encore s'y prendre. Challenger prétendait que l'homme ne pouvait exister sur le plateau, car, pour se défendre contre les monstres qui l'infestaient, il n'aurait eu que de très faibles armes : eh bien, ceci démontrait le contraire. Les cavernes habitées par l'homme lui offraient, avec leurs ouvertures basses, un refuge impénétrable aux grands sauriens ; cependant, grâce à un cerveau développé, il imaginait ces pièges qui, tendus sur le passage des animaux, lui permettaient de les détruire en dépit de leur agilité et de leur force. L'homme restait le maître.

Escalader la paroi oblique ne demandait qu'un peu de souplesse ; mais j'hésitai longtemps avant d'aller m'exposer à une atteinte qui avait failli m'être mortelle. Savais-je si le plus proche buisson ne dissimulait pas une embuscade ? Je m'enhardis cependant, au souvenir d'une conversation avec Challenger et Summerlee. Tous les deux s'accordaient à reconnaître que ces monstres n'avaient pour ainsi dire pas de cerveau, qu'il n'y avait pas de place pour l'intelligence dans les étroites cavités de leurs crânes, et que, s'ils avaient disparu du reste de la Terre, c'était assurément à cause de leur stupidité, qui les avait empêchés de s'adapter aux conditions changeantes de l'existence.

Que l'animal qui m'avait poursuivi me guettât, cela eût signifié qu'il se rendait compte de ce qui m'arrivait, et qu'il était donc capable d'établir, dans quelque mesure, la relation de cause à effet. N'avais-je pas lieu d'admettre comme plus vraisemblable qu'un animal sans cerveau, n'obéissant qu'à un vague instinct de rapine, devait, après ma disparition, avoir abandonné sa poursuite, et, sa surprise passée, être parti en quête d'une autre proie? Je grimpai jusqu'au bord de la fosse. Les étoiles s'éteignaient, le ciel blanchissait, le vent frais du matin me caressa la figure. Rien, à mes yeux ni à mes oreilles, ne révélait la présence de mon ennemi. Je me glissai lentement au-dehors, m'assis par terre, et demeurai là un certain temps, prêt à bondir dans mon trou au premier signe de danger. Puis, rassuré par la tranquillité qui m'environnait et par la montée de la lumière, je pris à deux mains mon courage et j'enfilai le sentier par où j'étais venu. En passant, je ramassai mon fusil; après quoi, ayant retrouvé le ruisseau qui me servait de guide, je me hâtai dans la direction du camp, non sans jeter de temps en temps derrière moi un regard effrayé.

Le bruit sec d'un coup de feu lointain retentit à l'improviste dans l'air calme. Je m'arrêtai, j'écoutai: il ne fut suivi d'aucun autre. Un instant, je me demandai avec angoisse si quelque danger ne venait pas de fondre à l'improviste sur mes compagnons. Mais je m'avisai d'une explication plus simple et plus naturelle : il faisait maintenant grand jour ; nul doute qu'on eût remarqué mon absence ; on me croyait probablement égaré dans les bois, et le coup de feu n'avait pour but que de me rendre ma direction. Il est vrai que nous avions fermement résolu d'éviter les coups de feu, mais toute considération avait fléchi devant celle du péril où je pouvais être. J'avais donc à me presser pour dissiper le plus tôt possible l'inquiétude que j'avais fait naître.

Rompu de fatigue, j'allais moins vite que je ne l'aurais voulu : à la fin, pourtant, j'arrivai dans une région que je connaissais. J'avais à ma gauche le marais des ptérodactyles ; en face de moi, la clairière des iguanodons. En franchissant le dernier rideau d'arbres qui me séparait du « Fort Challenger », je poussai des cris joyeux pour prévenir mes compagnons et pour les rassurer. Je n'en reçus pas de réponse. Ce silence me glaça. Je me mis à courir. La « zériba » m'apparut telle que je l'avais laissée ; mais la porte en était ouverte. Je m'élançai. La froide lumière du matin éclairait un affreux spectacle : tous nos bagages s'éparpillaient en désordre sur le sol ; il n'y avait personne au camp ; près des cendres encore vives de notre foyer, une large flaque de sang rougissait l'herbe.

Le choc me laissa un moment étourdi et tout près de perdre la raison. Je me rappelle vaguement, comme on se rappelle un mauvais rêve, que je me ruai dans les bois en jetant des appels fous ; mais les ombres des bois restèrent silencieuses. La pensée me désespérait de ne jamais revoir peut-être mes compagnons, de me trouver abandonné, tout seul, sans moyen de redescendre vers le monde, dans ce pays de cauchemar où il me faudrait vivre et mourir ! Je me serais arraché les cheveux, battu le front contre terre. Maintenant seulement, je voyais combien j'avais appris à m'appuyer sur les autres, sur l'imperturbable confiance de Challenger, sur l'autoritaire et spirituel sang-froid de Lord Roxton. Sans eux, je me faisais l'effet d'un enfant incapable de se venir en aide à lui-même. Je ne savais à quoi me résoudre, ni de quel côté me tourner.

Au bout d'un certain temps, où je restai comme hébété, je me secouai, j'essayai de déterminer la catastrophe qui avait pu se produire. L'aspect lamentable du camp montrait qu'il avait subi une attaque ; le coup de feu en précisait le moment ; s'il n'y avait eu qu'un seul coup de feu, c'est que tout s'était réglé dans une minute. Les rifles gisaient encore sur le sol ; et l'un d'eux, celui de Lord John, gardait dans la culasse une douille vide. Les couvertures de Challenger et de Summerlee, étendues près du feu, témoignaient qu'ils dormaient tous les deux au moment de l'attaque. Le contenu de nos caisses, vivres et munitions, étendu à terre, n'y formait plus qu'un affreux pêle-mêle ; nos appareils photographiques et nos porte-plaques traînaient à la débandade ; dans tout cela, d'ailleurs, pas un objet ne manquait. Par contre, une quantité considérable de provisions que nous avions retirées des caisses avait entièrement disparu. Donc, c'était à des animaux, non pas à des hommes, qu'il fallait imputer le désastre ; car des hommes eussent tout balayé sur leur passage.

Mais s'ils avaient eu affaire à des animaux, ou à quelque terrible animal, qu'étaient devenus mes camarades ? Un animal féroce, en les égorgeant, eût au moins laissé leurs restes… Cependant, il y avait la hideuse mare sanglante. Un monstre comme celui qui m'avait donné la chasse eût-il emporté sa victime comme le chat une souris, les autres, dans ce cas, l'auraient poursuivi. Mais alors, ils auraient pris leurs rifles. Plus j'y pensais, moins mon esprit me fournissait une explication plausible. Je fouillai le bois de tous les côtés sans découvrir aucun indice qui me permît d'arriver à une conclusion. Je finis même par m'y perdre, et j'errai pendant une heure avant que ma bonne chance me fît retrouver le chemin du camp.

Une idée subite me vint, qui me rendit un peu de courage. Je n'étais pas seul au monde. Dans la plaine, en bas de la falaise, à portée de ma voix, le fidèle Zambo attendait. Je gagnai le bord de la falaise et je regardai. Naturellement, il était là, près du feu, blotti dans ses couvertures. Mais, à ma grande surprise, j'aperçus un homme assis en face de lui. Mon cœur sursauta de joie, car je pensai d'abord qu'un de mes compagnons avait réussi à descendre. Hélas ! je dus vite en rabattre. Le soleil levant luisait sur la peau de cet homme. Je reconnus un Indien. Je criai très fort, j'agitai mon mouchoir. Instantanément, Zambo se leva, me répondit de la main, partit pour escalader l'aiguille ; et ce fut avec une profonde angoisse que, bientôt après, debout devant moi, à courte distance, il m'écouta lui faire mon récit.

– Bien sûr, le Diable les avoir pris, massa Malone. Vous, ici, dans le pays du Diable. Lui vous prendre tous. Si vous me croire, vous descendre vite, vite, ou lui vous avoir.

– Mais comment descendre, Zambo ?

– Vous arracher des lianes, massa Malone. Vous me les jeter. Ensuite, moi les fixer à l'arbre et vous faire un pont.

– Nous y avions pensé, mais il n'y a pas de lianes assez solides.

– Alors, vous envoyer chercher des cordes.

– Par qui ? et où ?

– Dans les villages indiens. Les villages indiens posséder toujours de la corde de cuir, beaucoup. Moi avoir avec moi un Indien. Vous l'envoyer.

– Qui est cet homme ?

– Un des nôtres. Les autres l'avoir battu, volé. Alors, lui revenu vers nous. Lui pouvoir vous prendre une lettre, vous rapporter de la corde... tout ce que vous avoir besoin.

Me prendre une lettre ? Pourquoi pas ? Et peut-être rapporterait-il, en effet, des moyens de secours ; en tout cas, grâce à lui, nous n'aurions pas inutilement sacrifié notre vie, puisque nos amis d'Angleterre sauraient ce que nous avons acquis pour la science. J'avais deux lettres déjà prêtes ; une troisième mettrait à jour cette relation ; je décidai de l'écrire et d'expédier le tout par l'Indien. En conséquence, j'ordonnai à Zambo de revenir dans la soirée, puis, seul et misérable, je passai la journée à retracer ici les aventures de la nuit précédente. Je rédigeai aussi, à l'adresse du premier marchand blanc ou capitaine de navire que mon Indien trouverait sur sa route, un billet le suppliant de nous envoyer des cordes puisque notre salut en pouvait dépendre. Enfin, le soir, je lançai à Zambo ces papiers, en les accompagnant de ma bourse, qui contenait trois souverains[1]. Il remit l'argent à l'Indien et lui promit le double s'il rapportait les cordes.

Vous comprendrez maintenant comment vous parvient cette communication, mon cher Mc Ardle, vous saurez la vérité si votre infortuné correspondant ne vous donne plus jamais de ses nouvelles. Tirer des plans me serait impossible, ce soir, dans mon état de dépression et de fatigue ; mais il faut que j'avise demain aux moyens de rechercher mes amis, de retrouver leurs traces, sans perdre le contact avec le camp.

---

1. Monnaie anglaise de grande valeur, comme l'étaient les louis en France.

BIEN LIRE

CHAPITRE 12
• L'aventure de Malone permet de distinguer le courage de la témérité. Pourtant, sa décision d'explorer seul le plateau a deux conséquences positives. Lesquelles ?

Le Monde perdu

13

« UNE SCÈNE QUE JE N'OUBLIERAI JAMAIS »

Comme le soleil déclinait sur ce triste jour, je vis en bas, dans la vaste plaine, la silhouette solitaire de l'Indien. Notre destin tenait à cet homme. Je le regardai s'éloigner, disparaître dans les buées montantes que le soleil teintait de rose, entre la lointaine rivière et moi.

Il faisait noir quand je réintégrai notre camp dévasté. La dernière vision que j'emportai fut celle du feu rouge de Zambo, unique point lumineux qui brillât pour moi dans les ténèbres de l'univers, comme cette fidèle présence dans la nuit de mon âme. Néanmoins, pour la première fois depuis le coup qui m'accablait, j'éprouvai quelque satisfaction en songeant que le monde saurait ce que nous avions fait, et qu'au pis aller nos corps périraient, mais non pas nos mémoires, qui resteraient associées dans l'avenir aux résultats de nos efforts.

C'était une redoutable affaire que de dormir dans cette fatale enceinte ; c'en était une plus énervante encore que de dormir dans la brousse. Je devais choisir. D'une part, la prudence m'avertissait que j'avais à faire bonne garde ; d'autre part, mon épuisement ne m'en laissait pas la force. Je grimpai sur une grosse branche du ginkgo, mais ce perchoir, à cause de sa rondeur, ne m'offrait qu'une sécurité relative : je n'aurais qu'à m'assoupir pour tomber et me casser le cou. Je redescendis à terre. Enfin, réflexion faite, je fermai la porte de la « zériba », j'allumai trois feux représentaient les trois sommets d'un triangle ; puis, ayant soupé de bon appétit, je m'endormis profondément.

Un réveil imprévu m'attendait. Comme le jour commençait de poindre, une main se posa sur mon bras. Je me dressai, vibrant de tous mes nerfs et cherchant un rifle. Un cri de joie m'échappa quand, sous la lumière grise, je vis Lord Roxton agenouillé à mon côté.

C'était lui… sans être lui. Je l'avais laissé calme, correct, tiré à quatre épingles ; maintenant, pâle, les yeux hagards, il soufflait péniblement, comme après une course longue et rapide ; des écorchures sanglantes zébraient son maigre visage, ses vêtements s'en allaient en loques ; il n'avait plus de chapeau. Je le regardai avec stupeur ; mais il ne me donna pas le temps de l'interroger ; et tout en fourrageant dans nos provisions :

– Vite, jeune homme, cria-t-il, vite ! Chaque minute compte. Prenez les rifles… les deux que voilà, j'ai les deux autres. Et tout ce que vous pourrez emporter de cartouches. Bourrez-en vos poches. À présent, des vivres. Une demi-douzaine de boîtes de conserve, cela suffira. Parfait ! Ne perdons pas de temps en paroles. Filons, ou nous sommes perdus !

Encore à demi éveillé, fort en peine de concevoir ce que cela voulait dire, je me trouvai détalant comme un fou dans les bois, un rifle sur chaque bras, et, dans chaque main, une pile de provisions diverses. Par mille tours et détours au plus épais du bois, Lord John atteignit un hallier où, sans souci des épines, il se jeta, m'entraînant avec lui.

– Là ! fit-il, je ne crois pas qu'ils viennent nous y rejoindre.

Le Monde perdu

Ils se dirigeront vers le camp. Ce sera leur première idée.

– Qu'est-ce qui se passe ? demandai-je, quand j'eus repris haleine. Que sont devenus les professeurs ? Et qui donc est après nous ?

– Les hommes-singes ! dit-il. Bon Dieu ! quelles brutes ! N'élevez pas la voix, car ils ont l'oreille fine. Et aussi les yeux perçants. Ce qu'ils n'ont pas, autant que j'ai pu m'en rendre compte, c'est le flair, et je doute qu'ils nous éventent. Mais vous-même, où étiez-vous, jeune homme ? Vous avez eu de la veine d'échapper à tout ceci.

Je lui narrai, ou, plutôt, je lui chuchotai brièvement mes aventures.

– Mauvais ! fit-il, quand il sut l'histoire du dinosaurien et de la fosse ; ce plateau n'est pas le lieu rêvé pour une cure de repos ! Mais je n'avais aucune idée de ce qu'il tient en réserve jusqu'au moment où ces diables s'emparèrent de nous. Les Papous anthropophages, entre les mains de qui je tombai un jour, sont, auprès d'eux, des parangons[1] de belles manières.

– Enfin, dis-je, qu'est-il arrivé ?

– C'était le matin, de fort bonne heure. Nos savants amis se levaient et n'avaient pas encore eu le temps de se chercher noise. Voilà soudain qu'il se met à pleuvoir des singes. Ils pleuvaient dru comme les pommes d'un pommier. Ils avaient dû s'assembler dans la nuit, aussi nombreux qu'en pouvait porter le ginkgo par-dessus nous. J'en tirai un dans le ventre ; mais avant même de pouvoir

---

1. De l'espagnol *parangon* (« comparaison »). Modèle type.

rien comprendre, nous nous trouvâmes tous couchés sur le sol, à la renverse. Je les appelle des singes ; mais ils tenaient des bâtons et des pierres, ils baragouinaient entre eux, et ils nous ligotèrent avec des lianes, ce qui dénote des animaux très supérieurs à tous ceux que j'aie jamais connus dans mes voyages. Des hommes-singes, des *missing links*, voilà ce qu'ils sont ; et plût au Ciel que ces « chaînons manquants » eussent continué de manquer ! Ils emportèrent leur camarade blessé, qui saignait comme un porc, puis ils s'assirent autour de nous ; et si jamais je vis une expression de meurtre, ce fut sur leurs visages. Ils étaient grands, grands comme des hommes, un peu plus forts ; ils avaient, sous des touffes de sourcils rouges, de curieuses prunelles vitreuses et grises ; et leur regard nous dévorait, nous dévorait ! Challenger lui-même, qui n'a rien d'une poule mouillée, en ressentait une certaine gêne. Et cela, d'ailleurs, ne l'empêchait pas de résister, de hurler, de faire, pour se relever, des efforts héroïques. La soudaineté de l'événement lui avait, je crois, un peu brouillé le timbre, car il rageait et sacrait comme un dément. Il aurait eu devant lui toute une rangée de journalistes qu'il n'eût pas vomi de pires invectives.

— Mais ensuite ?... proférai-je, entraîné malgré moi par l'intérêt du drame que Lord John me contait dans l'oreille, cependant que ses yeux actifs surveillaient toutes les directions et que, de la main, il étreignait son rifle.

— Je pensais que c'était fait de nous ; mais les choses prirent une autre tournure. Ils se mirent à jaboter[1] sans fin dans leur

---

1. Pousser des cris d'oiseau.

baroque[1] langage. Puis l'un d'eux se plaça debout à côté de Challenger. Vous allez sourire, jeune homme ; mais, ma parole, on les eût dits, Challenger et lui, de la même famille. Je n'aurais pu le croire si je ne l'avais vu. Ce vieil homme-singe, chef de la bande, semblait une espèce de Challenger rouge, et possédait, en l'exagérant à peine, tout ce qui fait la beauté de notre ami : le corps ramassé, les vastes épaules, le torse rond sans cou, et ce regard qui semble dire : « Que me voulez-vous ? Allez au diable ! » bref, toutes les mêmes caractéristiques. Quand il s'approcha et lui mit la main sur l'épaule, la ressemblance fut complète, tellement que Summerlee, pris d'un accès nerveux, rit aux larmes. Les hommes-singes rirent aussi, ou, du moins, firent entendre un gloussement qui voulait être un rire ; après quoi ils se mirent en devoir de nous emmener à travers la forêt. Ils ne touchèrent pas aux fusils ni au reste des objets, les croyant dangereux, je présume ; mais ils firent main basse sur tous les vivres que nous avions à découvert. Nous souffrîmes quelque peu, chemin faisant, Summerlee et moi, – car ils nous portaient à bout de bras au milieu des ronces, et ils ont, eux, la peau en cuir. Challenger eut moins à se plaindre ; porté sur leurs épaules, il avançait comme un empereur romain. Mais... qu'est-ce que cela ?

Nous perçûmes, à distance, un étrange cliquetis, assez semblable à un bruit de castagnettes.

– Les voilà qui arrivent ! dit Lord John, glissant des cartouches dans le second de ses « Express » à deux coups. Chargez

---

1. Bizarre.

donc vos armes, jeune homme ! Vous avez l'air d'oublier qu'il ne faut pas qu'on nous prenne vivants. Ce bruit, c'est celui qu'ils font quand ils sont excités. *By George !* Ils auront de quoi l'être tout à l'heure s'ils nous relancent ! Est-ce que vous les entendez encore ?

– Très loin.

– Ils doivent battre les bois par petits groupes : pour cette fois, ils nous auront manqués. Mais je poursuis mon histoire. Ils eurent bientôt fait de nous transporter dans leur ville, qui est une agglomération de huttes construites avec des branches et des feuilles, dans un grand bosquet à trois ou quatre milles d'ici, presque sur le bord de la falaise. Ces êtres immondes me tripotèrent à qui mieux mieux ; il me semble que je ne pourrai jamais plus me sentir propre. Ils nous ficelèrent, et le gaillard qui prit soin de moi faisait les nœuds comme un maître d'équipage ; après quoi, étendus sous un arbre, les pieds plus hauts que la tête, nous restâmes gardés par un grand diable armé d'une massue. Quand je dis nous, je veux dire Summerlee et moi : Challenger, lui, perché sur un arbre, mangeait des ananas et prenait du bon temps. Je dois dire qu'il s'arrangeait pour nous faire passer des fruits, et que, de ses propres mains, il relâcha nos liens. Si vous l'aviez vu, sur la branche, trinquer avec son frère jumeau, si vous l'aviez entendu, de sa voix de basse-taille, entonner l'air : *Ring out, wild bells !* parce que la musique semblait mettre en bonne humeur les hommes-singes, vous auriez souri. Nous n'avions guère, comme vous le pensez, envie de rire. S'ils se montraient disposés, dans une certaine limite, à le laisser faire ce qu'il voulait, nous, au contraire, ils nous surveillaient étroitement. Nous éprouvions une grande consolation en pensant que vous étiez libre et que vous veilliez sur nos archives.

« Sachez à présent, jeune homme, une chose qui va vous surprendre. Vous avez vu, dites-vous, certains signes révélateurs de l'homme, par exemple des feux, des pièges ? Eh bien, nous avons vu les naturels eux-mêmes : de pauvres gens portant la mine basse, et qui avaient pour cela leurs raisons. Apparemment, les hommes occupent un côté de ce plateau – le plus éloigné, celui où vous avez aperçu les cavernes, – les hommes-singes occupent l'autre ; et ils se font tout le temps une guerre féroce.

« Voici du moins ce que j'ai pu constater. Hier les hommes-singes enlevèrent une douzaine d'hommes, qu'ils emmenèrent prisonniers. Vous n'avez entendu de votre vie jacasser et piailler de la sorte. Les hommes étaient petits, rouges, et se traînaient à peine, tant ils avaient reçu de coups de dents et de griffes. On en tua deux, après avoir, à l'un des deux, arraché bel et bien un bras : ils moururent vaillamment, presque sans un cri. Tant d'horreur nous avait rendus malades ; Summerlee s'évanouit ; Challenger lui-même en avait autant qu'il pouvait supporter. Mais je crois que les gredins nous laissent un peu tranquilles.

Nous écoutâmes. Des appels d'oiseaux troublaient seuls la paix profonde de la forêt. Lord John reprit :

– Vous l'avez échappé belle, mon garçon ! Sans la capture de ces Indiens, qui fait qu'ils vous ont oublié, ils n'auraient pas

manqué d'aller vous cueillir au camp. Car vous aviez raison de le dire, ils nous observaient depuis le premier jour, du haut de l'arbre ; et ils savaient donc parfaitement que vous manquiez.
185 Mais ils ne songeaient plus qu'à leur nouvelle prise ; si bien qu'au lieu d'un groupe de singes c'est moi qui suis tombé sur vous ce matin. Quel cauchemar que tout ceci, Bon Dieu ! Quelle affaire ! Vous vous rappelez cette grande masse de bambous aigus, en bas, à l'endroit où nous trouvâmes les débris de
190 l'Américain ? Elle est située juste au-dessous de la ville des singes. Ils y précipitent leurs prisonniers. Si nous regardions à cet endroit, nous y découvririons des monceaux de squelettes. Ils ont, à l'extrémité du plateau, une espèce de champ de parade où ils s'assemblent comme pour une cérémonie. Ils forcent
195 leurs captifs à sauter l'un après l'autre dans le vide ; l'intérêt du jeu consiste à savoir si les malheureux se fracasseront sur le sol ou s'embrocheront sur les tiges. Ils nous emmenèrent voir cela, et toute la tribu se rangea au bord. Ah ! je ne m'étonne plus que le squelette de ce pauvre Yankee eût des bambous qui lui pous-
200 saient entre les côtes ! Quatre des Indiens sautèrent, et les pointes leur entrèrent dans le corps comme des aiguilles à tricoter dans du beurre. L'affreux spectacle ! et d'un abominable intérêt, avec cela ! Nos yeux fascinés ne pouvaient se défendre de regarder au moment de la culbute. Pourtant, nous nous
205 disions qu'avant peu ce serait notre tour sur le tremplin.

« Eh bien, non ! Ils réservèrent six des Indiens pour aujourd'hui, du moins à ce que j'ai cru comprendre : nous, j'imagine que nous devions jouer dans la représentation le rôle d'étoiles ;

Le Monde perdu

Challenger pouvait y échapper, mais Summerlee et moi figurions au programme. Ils s'expriment à moitié par signes; je suivais donc assez facilement leur conversation. Et j'estimai qu'il était temps de prendre le large. En y réfléchissant un brin, j'avais élucidé dans ma tête une ou deux choses. Tout reposait sur moi; je n'avais rien à attendre de Summerlee et guère plus de Challenger. La seule fois qu'ils se trouvèrent rapprochés, ils échangèrent des gros mots parce qu'ils ne s'accordaient pas sur la classification scientifique de ces coquins à tête rouge qui, pour l'un, représentaient le dryopithèque[1] de Java, et, pour l'autre, le pithécanthrope[2]. Des fous, simplement, et des mufles! Mais j'avais, dis-je, utilement éclairé deux points. D'abord, des êtres comme ceux qui nous tenaient, lourdement bâtis sur des jambes courtes et arquées, ne pouvaient pas, en terrain découvert, lutter de vitesse avec un homme; Challenger lui-même eût rendu des points au plus agile. Ensuite, ils ne savaient rien des armes à feu; je ne crois pas qu'ils eussent compris comment le drôle que j'avais tiré était mort de sa blessure; si nous reprenions nos fusils, tout nous devenait possible.

« Alors, ce matin, de bonne heure, je leur brûlai la politesse; j'allongeai à mon gardien un coup de pied dans l'estomac qui lui régla son compte, je détalai à bride abattue vers le camp, je vous y ramassai, j'y ramassai les fusils, et nous voilà!
– Mais les professeurs? m'écriai-je, consterné.

---

1. et 2. Noms de primates fossiles. Les dryopithèques tenaient plutôt du gorille et vivaient il y a environ 14 millions d'années. Les pithécanthropes possédaient des traits humains et vivaient entre 1 million et cent mille ans avant notre ère.

– Hé! parbleu! il s'agit maintenant de les délivrer. Je ne pouvais pas les emmener avec moi. Challenger était sur son arbre et Summerlee sur le flanc. Notre seule chance, c'était d'avoir les fusils pour tenter un coup de force. Je sais, on n'aurait qu'à s'en prendre à eux de ma fuite; mais je doute qu'on touche à Challenger; et quant à Summerlee, son cas, s'il me paraît moins clair, eût, de toute façon, été le même. Donc, en filant, je n'ai rien aggravé. Mais, à présent, nous sommes tenus d'honneur de revenir les tirer d'affaire ou de périr avec eux. Prenez-en votre parti, mon garçon: il faut qu'avant ce soir notre sort à tous se décide!

J'essaierais vainement de rendre, dans les discours de Lord John, la nervosité du débit, la brièveté saccadée de la phrase, et ce ton où l'ironie se relevait d'insouciance. Mais cet homme était un chef-né. Le danger stimulait sa vivacité naturelle: son verbe devenait plus savoureux, ses yeux froids s'animaient d'une vie ardente, une joyeuse exaltation hérissait sa moustache de Don Quichotte. Son goût du hasardeux, le sentiment intense qu'il avait du dramatique d'une aventure, et d'autant plus qu'il s'y trouvait plus intimement mêlé, son ferme propos de toujours considérer le péril comme une forme de sport, comme un jeu implacable contre le destin, avec la mort pour enjeu, faisaient de lui un compagnon admirable aux heures graves. N'eussent été nos justes craintes, j'aurais eu plaisir, avec un tel homme, à risquer une telle partie. Nous nous levions pour quitter notre cachette quand il m'agrippa le bras.

– *By George!* murmura-t-il, les brutes reviennent! De la place où nous étions, nous découvrions un bas-côté de troncs bruns à voûte de verdure, le long duquel s'avançait une troupe d'hommes-singes. Ils trottinaient à la file, tournant la tête de gauche à droite, les jambes infléchies, le dos arrondi, les mains touchant parfois le sol ; bien qu'ainsi ployés ils perdissent de leur taille, j'estime qu'ils avaient environ cinq pieds de haut, avec de longs bras et d'énormes torses. Beaucoup portaient des bâtons. À distance, on eût dit une procession d'êtres humains velus et difformes. Je les aperçus très bien un moment ; puis ils se perdirent dans la brousse.

– Pas pour cette fois ! dit Lord John, qui avait levé son rifle. Le mieux que nous ayons à faire, c'est de rester tranquilles jusqu'à ce qu'ils aient abandonné leurs recherches ; puis nous verrons si nous ne pouvons pas revenir chez eux et frapper au bon endroit. Encore une heure, et nous marchons.

Nous remplîmes ce délai en déjeunant d'une boîte de conserve. Lord John, qui n'avait rien pris que quelques fruits depuis la veille au matin, mangeait comme un affamé. Enfin, les poches bourrées de cartouches, un rifle dans chaque main, nous partîmes. Auparavant, nous avions eu soin, pour parer à tout événement, de repérer notre cachette et sa situation par rapport au « Fort Challenger ». Nous nous glissâmes en silence, avec mille précautions, à travers la broussaille ; arrivés au bord de la falaise, près de notre ancien campement, nous fîmes halte ; et Lord John m'exposa ses plans.

– Dans les bois, ces pourceaux-là sont nos maîtres, dit-il : ils nous voient et nous ne les voyons pas. En plein air, c'est autre chose, nous les battons de vitesse. Donc, restons le plus possible en plein air. Il y a moins de grands arbres au bord du plateau. Tenons-nous-y. Allons lentement. Ouvrez bien les yeux. Gardez votre rifle toujours prêt. Surtout, ne vous laissez pas prendre tant que vous aurez une cartouche. Ceci est mon dernier mot, jeune homme.

En jetant, du haut de la falaise, un coup d'œil dans la plaine, je vis notre brave nègre Zambo en train de fumer, assis sur une roche. J'aurais bien voulu le héler, lui donner de nos nouvelles, mais on pouvait m'entendre. Les bois regorgeaient d'hommes-singes ; à chaque instant, leur caquetage nous arrivait aux oreilles ; alors, nous plongions dans un fourré, nous nous immobilisions jusqu'à ce que le bruit eût décru au loin. Aussi n'avancions-nous que lentement. Deux heures se passèrent. Soudain, les mouvements circonspects de Lord John m'avertirent que nous approchions. Il me fit signe de rester tranquille, pendant que lui-même continuait de ramper. L'instant d'après il revenait vers moi ; son visage frémissait d'impatience.

– Venez, dit-il, venez vite ! Dieu veuille que nous n'arrivions pas trop tard !

Secoué de fièvre, je me traînai à son côté sur les genoux et sur les mains, je me couchai près de lui, je regardai à travers la broussaille, dans une clairière qui s'allongeait devant nous.

Et je vis une scène que je n'oublierai jamais. Elle avait quelque chose de si fantastique, de si absurde, que je ne sais comment vous la traduire, ni comment je pourrai y croire dans quelques années si je dois un jour, de nouveau, m'asseoir dans un fauteuil du Savage-Club ou contempler les quais de la

Tamise. Cela me fera l'effet, à ce moment, d'une vision engendrée par le délire. Pourtant, je veux vous dire ce que je vis, alors qu'il me semble y être encore ; et l'homme près de qui j'étais couché dans l'herbe humide saura, lui du moins, si je mens.

En face de nous s'ouvrait un large espace de quelque cent yards, couvert de gazon et de fougères basses. Des arbres en hémicycle portaient, les unes au-dessus des autres, entre leurs branchages, des huttes curieusement bâties avec du feuillage. Imaginez des nids qui seraient tous de petites maisons. Chaque ouverture des huttes, chaque branche fourmillaient de créatures simiesques, qu'à leur taille je crus reconnaître pour les femelles et les petits de la tribu. Elles occupaient l'arrière-plan, d'où elles suivaient avec des yeux avides le même spectacle qui nous fascinait et nous effarait.

Dans l'espace libre, près du bord de la falaise, s'alignaient plusieurs centaines d'êtres velus, fauves, presque tous formidables comme volume, et tous également hideux ; il régnait parmi eux une certaine discipline, car aucun ne cherchait à rompre l'alignement. Un petit groupe d'Indiens, courts de taille, bien proportionnés, roux, et dont les peaux luisaient au soleil comme du bronze poli, se tenaient devant eux, ainsi qu'un homme blanc, très long, qui, la tête basse, les bras repliés, exprimait par toute son attitude l'abattement et l'horreur. Je ne pouvais pas ne pas reconnaître la silhouette anguleuse du professeur Summerlee.

Un certain nombre d'hommes-singes entouraient les prisonniers de façon à rendre toute évasion impossible. Enfin, sur le bord extrême du plateau, très à l'écart, il y avait deux figures si étranges, et qui, en d'autres circonstances, eussent été si comiques, qu'elles concentrèrent mon attention. L'une était mon camarade, le professeur Challenger. Ce qui restait de son veston lui pendait en loques sur les épaules ; il n'avait plus de chemise, et sa grande barbe sombrait dans l'obscure toison de sa poitrine ; il n'avait plus de chapeau, et ses cheveux, laissés libres de pousser depuis le début de l'expédition, flottaient en désordre autour de lui. Il semblait qu'un jour eût suffi pour ravaler cet homme, du rang éminent qu'il occupait dans la civilisation moderne, à l'indignité du dernier sauvage d'Amérique ! Challenger avait à son côté le roi des hommes-singes. Celui-ci en rouge, celui-là en noir, ils étaient, comme l'avait dit Lord John, la vivante image l'un de l'autre : même forme courte et massive, même carrure, mêmes longs bras pendants, même barbe hérissée plongeant dans une poitrine velue. À ceci près que le front bas et oblique, le crâne incurvé de l'homme-singe formaient le plus frappant contraste avec le large front et le crâne magnifique de l'Européen, nulle différence sensible : le roi caricaturait absurdement le professeur.

Tout cela, qui me prend du temps à décrire, ne me demanda, pour s'imprimer en moi, que quelques secondes. Et d'ailleurs, il s'agissait de bien autre chose. Nous assistions à un drame. Deux des hommes-singes poussèrent hors du groupe un des Indiens et le traînèrent jusqu'au bord de la falaise. Le roi fit un signal avec la main. Ils saisirent l'homme par les bras et les jambes, le balancèrent trois fois avec violence et le jetèrent enfin par-dessus l'abîme, si fort qu'il décrivit très haut dans l'air une pirouette avant de tomber. Au moment où il disparaissait, la foule entière, à l'exception des gardes, se rua vers le précipice, et il y eut un long silence, que rompit une expression de joie folle. Les brutes bondissaient, agitaient les bras, hurlaient. Puis, nous les vîmes s'écarter, et, se remettant en ligne, attendre une nouvelle victime.

Cette fois, c'était le tour de Summerlee. Deux des gardes le prirent par les poignets, et brutalement le tirèrent. Il se débattait de toute sa longue et mince personne, comme un poulet qu'on sort de la volière. Cependant, Challenger, tourné vers le roi, demandait, implorait avec des mains frénétiques la grâce de son camarade. L'homme-singe le repoussa durement, secoua la tête… et ce fut son dernier geste : le rifle de Lord John retentit, le roi s'écroula, une informe masse rouge se tordit sur le sol.

– Feu dans le tas ! me cria Lord John, feu ! feu !

Il y a d'étranges profondeurs de sauvagerie chez l'homme le plus ordinaire. Je suis une nature sensible ; maintes fois, devant un lièvre blessé, j'ai eu les yeux humides ; et néanmoins, dans la circonstance actuelle, j'avais soif de sang. Je me surpris à charger, décharger, recharger mon arme, en hurlant de férocité, en riant de joie ! Avec nos quatre fusils, nous faisions, Lord John et moi, d'horribles ravages. Les deux gardiens de Summerlee avaient mordu la poussière, et lui titubait comme un homme ivre, sans arriver à se rendre compte qu'il fût libre. La multitude des hommes-singes courait éperdue dans tous les sens, se demandant quel était et d'où venait cet ouragan mortel. Ils tourbillonnaient, gesticulaient, criaient, trébuchaient contre les cadavres. Une subite impulsion les fit se précipiter vers les arbres pour y chercher un refuge. Et, dans la clairière jonchée des leurs, il ne resta plus que les prisonniers au centre.

Challenger n'avait pas eu besoin d'un grand effort pour comprendre. Empoignant par le bras Summerlee toujours effaré, il se mit à courir avec lui dans notre direction. Deux des gardes se jetèrent à leur poursuite : deux balles de Lord John les arrêtèrent net. Nous nous élançâmes vers nos amis et tendîmes à chacun un rifle chargé. Mais Summerlee était au bout de ses forces. Il ne se soutenait plus. Déjà les hommes-singes se remettaient de leur panique. Ils revenaient à travers la brousse et menaçaient de nous cerner. Nous nous repliâmes précipitamment, Challenger et moi flanquant Summerlee coude à coude, tandis que Lord John protégeait notre retraite en ouvrant un feu nourri chaque fois que des têtes sortaient des buissons. Pendant plus d'un mille, nous eûmes sur les talons ces sinistres babillards. Puis, leur poursuite se ralentit. Ils commençaient à connaître notre pouvoir et ne tenaient plus à affronter ces rifles infaillibles. En arrivant au camp, nous nous retrouvâmes seuls.

Du moins, nous pouvions le croire. Mais nous nous trompions. L'entrée de notre « zériba » à peine refermée, nous venions de nous serrer les mains et de nous jeter, pantelants, sur le sol, près de notre source, quand nous entendîmes au-dehors un bruit de pas, et des voix plaintives à notre porte. Lord Roxton, armé de son rifle, courut ouvrir ; et nous vîmes, prosternés contre terre, les quatre Indiens survivants. Ils tremblaient en implorant notre protection. Ils promenaient sur les bois des gestes circulaires qui dénonçaient le danger alentour. Enfin, ils s'élancèrent, et, s'accrochant aux genoux de Lord John, y collèrent leurs visages.

– *By George!* s'écria Lord John, perplexe et tortillant sa moustache, que diantre allons-nous faire de ces gens-là ? Allons, debout, les enfants ! assez contemplé mes bottes !

Summerlee, déjà redressé, bourrait son vieux fourneau de bruyère.

– Sauvés, eux aussi ! dit-il. Vous nous avez tous arrachés aux griffes de la mort. Ma parole ! voilà qui s'appelle de la besogne bien faite.

– Admirable ! renchérit Challenger, admirable ! Ce n'est pas nous seuls, individuellement, qui avons contracté envers vous une dette de gratitude, c'est, collectivement, la science européenne. Je n'hésite pas à proclamer que la disparition du professeur Summerlee et la mienne eussent fait un vide dans l'histoire de la zoologie moderne. Notre jeune ami et vous-même avez excellemment travaillé.

Il nous illuminait d'un sourire paternel. Mais la science européenne eût été quelque peu surprise si elle avait vu ces fils de dilection, son espoir, ainsi accommodés, avec leur chevelure ébouriffée, leur poitrine nue et leurs vêtements en guenilles. Challenger, assis, tenait entre ses genoux une boîte de conserve, et dans ses doigts un grand morceau de mouton d'Australie frigorifié. Les Indiens, en l'apercevant, jetèrent un cri et s'accrochèrent de plus belle aux genoux de Lord John.

– N'ayez donc pas peur, mes enfants, dit-il, en tapotant devant lui une tête nattée. Parbleu, Challenger, votre mine l'impressionne et il y a de quoi. Voyons, petit, c'est un homme, rien qu'un homme, comme nous tous.

– Vraiment, monsieur !… protesta le professeur.

– Eh bien, mais, Challenger, félicitez-vous de sortir un peu de l'ordinaire. Sans votre ressemblance avec le roi…

– Ma parole, Lord John Roxton, vous prenez des licences !…

– Je constate un fait.

– S'il vous plaît, monsieur, changeons de sujet. Vos réflexions sont aussi déplacées qu'inintelligibles. Nous avons à nous occuper de ces Indiens. Que faire ? Le mieux serait évidemment de les reconduire chez eux, si nous pouvions savoir où ils habitent.

– Quant à ça, pas difficile, dis-je. Ils vivent dans des cavernes, de l'autre côté du lac central.

– Notre jeune ami l'a effectivement vérifié. Je présume qu'il doit y avoir jusque-là une certaine distance.

– Vingt bons milles.

– Pour ma part, grogna Summerlee, jamais je ne pourrai aller si loin. Et tenez ! j'entends encore ces brutes. Elles nous traquent.

Dans la profondeur reculée des bois retentissait le cri des hommes-singes. Les Indiens gémirent de frayeur.

– Il faut que nous décampions au plus tôt, dit Lord John. Vous aiderez Summerlee, jeune homme. Ces Indiens porteront les provisions. Filons avant qu'on nous surprenne !

Moins d'une demi-heure nous suffit pour atteindre le fourré où nous avions déjà, Lord John et moi, trouvé un abri ; et nous nous y cachâmes. Tout le jour, nous entendîmes, dans la direction du camp abandonné, les appels excités des hommes-singes ; mais aucun ne se montra dans notre direction, et tous, blancs et rouges, nous goûtâmes les douceurs d'un long sommeil. Je somnolais encore le soir quand je me sentis secoué par la manche ; et je vis Challenger agenouillé près de moi.

– Monsieur Malone, fit-il d'un ton grave, vous tenez un journal de l'expédition et comptez le publier un jour ?

– Je ne suis ici que comme représentant de la presse, répondis-je.

– Exactement. Peut-être avez-vous entendu certaines réflexions assez impertinentes de Lord John Roxton paraissant indiquer quelque… quelque ressemblance…

– Je les ai entendues.

– Inutile de vous dire que toute publicité donnée à ces paroles, toute légèreté de votre part dans le récit des événements me seraient une offense.

– Je m'en tiendrai à la stricte vérité.

– Lord John se fait un jeu du paradoxe. C'est bien un trait de lui que d'expliquer par des raisons fantaisistes le respect que les races les plus arriérées manifestent en toute occasion pour la dignité et le caractère. Vous saisissez ?

– Parfaitement.

– Je m'en remets à votre discrétion.

Il se tut un moment, puis :

– Le roi des hommes-singes était vraiment une créature distinguée, une personnalité d'une rare intelligence et d'une
505 beauté remarquable : cela sautait aux yeux, n'est-ce pas ?

– Tout à fait remarquable, dis-je.

Et le professeur, rassuré, s'allongea de nouveau pour dormir.

BIEN LIRE

CHAPITRE 13
• La ressemblance frappante ente Challenger et le roi des hommes-singes n'a pas qu'une fonction comique. Que suggère Malone en notant ces analogies ? Rapprochez cette remarque des propos que Malone tient sur lui-même, p. 225, lignes 383 à 386 : « Il y a d'étranges profondeurs de sauvagerie chez l'homme le plus ordinaire. Je suis une nature sensible [...] et néanmoins, dans la circonstance actuelle, j'avais soif de sang. »

14

« LES VRAIES CONQUÊTES »

Nous nous figurions que les hommes-singes ignoraient notre retraite dans la broussaille ; nous n'allions pas tarder à reconnaître notre erreur. Les bois étaient silencieux ; pas une feuille ne bougeait sur les arbres ; la paix régnait autour de nous ; mais une première expérience aurait dû nous édifier sur la malice et la patience de ces êtres quand il s'agit de guetter l'occasion propice. Quoi qu'il m'arrive dans la vie, je suis bien sûr de ne jamais voir la mort de plus près que ce matin-là. Procédons par ordre.

Nous nous réveillâmes tous brisés par les terribles émotions et le jeûne forcé de la veille. Summerlee ne se tenait debout qu'au prix d'un effort ; mais il y avait chez cet homme une sorte de courage bourru que l'âge n'avait pas atteint et qui se refusait à la défaite. Nous tînmes conseil. Il fut convenu que nous resterions encore tranquillement une heure ou deux à la place où nous étions, que nous nous restaurerions, ce dont nous avions grand besoin, et qu'ensuite nous nous mettrions en route pour gagner, à travers le plateau, de l'autre côté du lac central, les cavernes où, d'après mes constatations, les Indiens avaient leur domicile. Nous comptions sur ceux que nous avions secourus pour nous assurer auprès de leurs amis une réception chaleureuse ; ensuite, notre mission accomplie, ayant pénétré davantage le secret de la Terre de Maple White, nous nous appliquerions uniquement à résoudre le problème vital de l'évasion et du retour. Challenger lui-même était tout près d'admettre que nous aurions, dans ces conditions, réalisé l'objet de notre voyage, et qu'avant tout désormais, nous devions à la civilisation le bénéfice de nos découvertes.

Nous pouvions maintenant examiner à loisir nos Indiens. C'étaient des hommes petits, nerveux, lestes, bien bâtis, qui portaient leurs maigres cheveux noirs relevés derrière la tête au moyen d'une courroie de cuir, et qui n'avaient pour vêtement qu'une ceinture de cuir autour des reins. Leur visage, sans un poil de barbe, offrait des lignes harmonieuses et un air de bonne humeur. Nous devinions chez eux l'usage des ornements d'oreilles à ce que, pour les en dépouiller, on leur avait déchiré et ensanglanté les lobes. Ils parlaient une langue fluide, absolument inintelligible pour nous ; comme le mot « Accala » y revenait à tout bout de champ, nous conjecturâmes qu'il était le nom de la peuplade. Par intervalles, ils tournaient vers le bois des figures convulsées de peur et de haine, ils tendaient le poing, ils criaient : « Doda ! Doda ! », ce qui était sûrement le terme dont ils désignaient leurs ennemis.

– Qu'en pensez-vous, Challenger ? demanda Lord Roxton. Pour moi, pas de doute : le petit que voilà, tout rasé au-dessus du front, est un de leurs chefs.

De fait, l'homme en question tenait visiblement les autres à distance, et jamais ceux-ci ne lui adressaient la parole qu'en lui prodiguant les marques de respect. Il semblait de tous le plus jeune ; mais il avait tant de fierté et de hauteur que, Challenger

ayant posé la main sur lui, ses yeux noirs s'enflammèrent, il sursauta comme un pur-sang sous l'éperon et fit un écart ; puis, le bras sur la poitrine, et campé dans une attitude très noble, il prononça plusieurs fois le mot « Maretas ». Le professeur, qui ne
55 se déconcertait pas pour si peu, saisit par l'épaule l'Indien le plus proche, et se mit là-dessus à nous faire un cours, tout comme s'il eût présenté dans un bocal un spécimen d'amphithéâtre.

– À considérer leur capacité crânienne, leur angle facial[1], et telles autres caractéristiques, énonça-t-il avec sa redondance
60 habituelle, nous ne saurions tenir ces gens-là pour les produits d'un type inférieur ; au contraire, nous devons les ranger à un degré de l'échelle dont restent fort éloignées beaucoup de tribus sud-américaines. Aucune hypothèse n'expliquerait l'évolution de cette race à cette place. De même, un si grand intervalle
65 sépare déjà les hommes-singes des animaux ayant survécu sur ce plateau, qu'on ne saurait admettre qu'ils aient pu se développer là où nous les rencontrons.

– Alors, d'où sont-ils tombés ? demanda Lord John.

– Voilà, répondit le professeur, une question qui certaine-
70 ment soulèvera des discussions passionnées entre savants d'Europe et d'Amérique. Mon avis à moi, que je donne pour ce qu'il vaut…

Cambrant le torse, Challenger fit, d'un regard insolent, le tour de son auditoire attentif.

---

1. La capacité crânienne et l'angle facial sont des mesures anthropométriques par lesquelles les paléontologues peuvent distinguer, parmi les squelettes fossiles, ceux des ancêtres de l'homme moderne et ceux des premiers homo sapiens.

– … C'est que, dans les conditions particulières de ce pays, l'évolution y est allée jusqu'aux vertébrés, laissant les vieux types survivre et coexister avec les nouveaux. De là vient que nous trouvons ici des animaux aussi modernes que le tapir (lequel, d'ailleurs, est d'âge respectable), le grand daim et le grand fourmilier, en compagnie de reptiles de la période jurassique. Quant aux hommes-singes et aux Indiens, quelle interprétation scientifique donner de leur présence ? Je n'en vois pas d'autre que l'invasion. Il a dû exister naguère dans l'Amérique du Sud un singe anthropoïde qui, ayant trouvé le chemin de ce plateau, s'y développa jusqu'à ces hommes-singes que nous avons vus et dont quelques-uns…

Challenger me regarda fixement.

– … étaient d'un aspect, d'une forme qui, si l'intelligence y avait correspondu, eussent honoré toute race vivante. Je ne doute pas que l'immigration des Indiens ne date de plus près encore. Sous la pression de la famine ou de la conquête, ils seront montés de la plaine, et, se trouvant alors en face de créatures féroces qu'ils n'avaient jamais vues, ils auront cherché un asile dans les cavernes dont nous a parlé notre jeune homme. Évidemment, ils auront eu fort à faire pour se maintenir ici en dépit des bêtes sauvages, en dépit surtout des hommes-singes, qui devaient les regarder comme des intrus, et contre lesquels ils auront engagé une lutte sans merci, où ils avaient l'avantage de l'intelligence. Si leur nombre paraît limité, cela tient à la rigueur même de cette lutte. Hé bien, messieurs, vous ai-je donné le mot de l'énigme ? Y a-t-il un point de ma démonstration que vous révoquiez en doute ?

Pour une fois, Summerlee, trop déprimé, se contenta de hocher violemment la tête en signe de désapprobation générale. Lord John, passant ses doigts dans les courtes mèches de ses cheveux, déclara qu'il ne se sentait pas qualifié pour ouvrir une controverse[1]. Quant à moi, je jouai mon rôle ordinaire : je ramenai les choses au niveau prosaïque et pratique en faisant observer que l'un des Indiens manquait.

– Nous l'avons envoyé chercher de l'eau, dit Lord John.

– Au camp ?

– Non, au ruisseau. Il est par là, à deux cents yards tout au plus, entre les arbres. Mais le drôle ne se presse pas.

– Je vais voir de ce côté. Prenant mon rifle, je laissai mes amis disposer notre frugal déjeuner et je partis vers le ruisseau. On me trouvera peut-être bien imprudent de quitter, fût-ce pour m'éloigner de si peu, notre retraite ; mais rappelez-vous que nous étions à plusieurs milles de la cité des singes, que nous n'avions pas lieu de nous croire dépistés par eux, et qu'en tout cas, mon rifle à la main, je ne les craignais pas. J'ignorais leur astuce et leur force.

Je percevais quelque part devant moi le murmure du ruisseau, mais un fouillis d'arbres et de ronces me le cachait encore. Tandis que je m'acheminais vers ce point, qui était hors de la vue de mes compagnons, je remarquai, sous un arbre, dans la broussaille, une masse informe, et je frémis lorsqu'en m'approchant je reconnus le cadavre de notre Indien. Il gisait sur le côté, la tête renversée, le corps tordu de telle sorte qu'il semblait regarder

---

1. Discussion, débat.

droit par-dessus son épaule. Je criai pour donner l'alarme et me précipitai pour examiner le corps.

Il fallait qu'à ce moment mon ange gardien fût sur le qui-vive, car un instinct d'appréhension ou quelque froissement de feuilles me fit lever les yeux. D'entre les branches serrées qui pendaient au-dessus de moi, deux longs bras musclés, garnis d'un poil rougeâtre, descendaient lentement ; une seconde de plus, et les grandes mains furtives m'eussent serré à la gorge. Je bondis en arrière, les mains furent encore plus rapides, et si, dans mon recul, j'esquivai leur étreinte fatale, l'une ne me saisit pas moins à la nuque, tandis que l'autre se posait sur mon visage. Je levai les bras pour me protéger la gorge. Aussitôt, la main qui me couvrait le visage glissa pour se refermer sur mes poignets. Je me sentis légèrement soulevé du sol ; en même temps, une intolérable traction s'exerçait derrière ma tête, tendait mes vertèbres. Je défaillais. Pourtant, je continuai de me débattre, je forçai la main qui me tenait le cou à lâcher prise, je relevai la tête ; et je vis une face épouvantable, avec des yeux bleus, froids, clairs, inexorables, plantés dans les miens. Ils avaient, ces terribles yeux, une espèce de pouvoir hypnotique. Ils brisaient ma résistance. La brute me sentit mollir ; et deux canines étincelèrent un moment aux deux côtés de sa gueule, cinq doigts m'agrippèrent de nouveau le cou, me soulevant et me ployant. Un cercle de brume colorée se forma devant mes yeux ; des cloches d'argent me tintèrent aux oreilles ; j'entendis, sourdement, comme très loin, la détonation d'un rifle ; j'eus l'impression d'une chute, d'un choc ; et je perdis connaissance.

En m'éveillant, je me trouvai couché sur l'herbe, dans notre repaire. Lord John m'aspergeait la figure avec de l'eau qu'on avait apportée du ruisseau; cependant Challenger et Summerlee me soulevaient d'un air inquiet, et sous leur masque de science j'eus le temps d'entrevoir des âmes humaines. C'était surtout le choc qui avait causé ma syncope. Je n'avais pas de blessure; au bout d'une demi-heure, j'étais sur pied, avec une assez forte migraine et quelque raideur dans le cou, mais prêt à toute éventualité.

– Pour un peu, vous y restiez, mon garçon! me dit Lord John. En entendant votre cri, je me mis à courir; mais quand je vous vis, la tête tordue et sortant presque des épaules, gigoter dans le vide, je crus bien que j'arrivais trop tard. Dans mon agitation, je manquai la bête; mais elle vous lâcha tout de même et disparut comme un éclair. *By George!* que n'ai-je avec moi cinquante hommes avec des rifles! J'aurais vite purgé le pays de cette infernale clique et je le laisserais plus propre que nous ne l'avons trouvé!

Ainsi, les hommes-singes nous avaient découverts; ils nous surveillaient de partout. À la rigueur, pendant le jour, nous n'avions pas trop à craindre de leur voisinage; mais ils ne passeraient probablement pas la nuit sans nous attaquer; mieux valait déguerpir au plus vite. Sur trois côtés régnait la forêt, où nous risquions de tomber dans quelque embûche; sur le quatrième, qui descendait vers le lac, il n'y avait que la brousse, avec quelques arbres épars, et, de loin en loin, une clairière. C'était la route même que j'avais prise dans mon voyage solitaire, et elle menait droit aux cavernes des Indiens ; tout nous commandait de la prendre.

Nous avions un regret : celui de laisser notre camp derrière nous, non seulement parce qu'il y restait une partie de nos provisions, mais parce que nous perdions le contact de Zambo, qui seul nous rattachait encore au monde. D'ailleurs, avec nos quatre fusils et le nombre de cartouches dont nous disposions, nous avions pour un certain temps de quoi compter sur nous-mêmes, et nous espérions, la chance aidant, pouvoir revenir bientôt et rétablir nos communications avec le nègre. Il avait promis de rester à son poste : il tiendrait sa parole.

Nous partîmes de bonne heure dans l'après-midi. Le jeune chef marchait à notre tête comme guide ; mais il refusa avec indignation de porter aucun fardeau. Derrière lui venaient les deux Indiens survivants, chargés de nos provisions – hélas ! bien réduites. Lord John, les deux professeurs et moi, nos rifles chargés, nous formions l'arrière-garde. Au moment où nous nous mettions en route, les hommes-singes poussèrent soudain un grand cri, soit qu'ils triomphassent de notre départ, soit qu'ils voulussent insulter à notre fuite. Nous nous retournâmes. L'écran vert des arbres, derrière nous, demeurait impénétrable, mais cette clameur, en se prolongeant, nous disait combien il dissimulait de nos ennemis. Ceux-ci, néanmoins, ne firent pas mine de nous poursuivre ; nous débouchâmes bientôt en terrain libre ; nous leur échappions.

Tout en tirant la jambe à l'extrême arrière-garde, je regardais mes trois compagnons me précéder, et je ne pouvais m'empêcher de sourire. Était-ce bien là ce fastueux Lord John Roxton que j'avais vu, un soir, dans l'Albany, parmi ses tapis de Perse et ses tableaux, sous le rayonnement rose des ampoules électriques ? Était-ce bien là l'imposant professeur qui s'épanouissait derrière un grand bureau dans le massif cabinet d'Enmore Park ? Et cet autre, enfin, était-ce bien le personnage pincé, austère, qui avait surgi au meeting de l'Institut zoologique ? Trois vagabonds rencontrés dans un petit chemin du Surrey n'auraient pu avoir l'air plus minable. Sans doute nous n'étions sur le plateau que depuis une semaine ; mais nous avions laissé en bas nos vêtements de rechange, et la semaine nous avait tous durement traités, moi pourtant moins que les autres, car je n'avais pas eu à subir comme eux les violences des hommes-singes. Mes trois amis avaient perdu leurs chapeaux ; leurs vêtements pendaient en loques autour d'eux ; leurs visages souillés, noirs de barbe, étaient à peine reconnaissables. Summerlee et Challenger clochaient du pied ; moi-même, qui me ressentais de ma chute, je me traînais plus que je ne marchais et j'avais le cou aussi raide qu'une planche. C'était, en vérité, un triste équipage que le nôtre, et je ne m'étonnais pas si, parfois, les Indiens nous considéraient avec une stupeur mêlée d'horreur.

Vers la fin de la journée, nous arrivâmes au bord du lac. Comme nous quittions la brousse et venions de découvrir la nappe liquide, nos amis indigènes, poussant des hurlements de joie, se mirent tous à nous désigner par de grands gestes une même direction devant eux. Nous eûmes alors le plus imprévu des spectacles : toute la flottille de canots glissant sur la surface polie, s'en venait droit vers la rive que nous occupions. Elle était à plusieurs milles quand nous l'aperçûmes ; mais elle avançait avec une extrême vitesse et fut bientôt si près de nous que les rameurs purent nous distinguer individuellement. Aussitôt, il se produisit parmi eux une explosion d'allégresse ; nous les vîmes se lever de leurs sièges, brandir follement leurs pagaies et leurs lances ; après quoi, se mettant de nouveau à ramer, ils amenèrent leurs canots jusqu'à terre, les échouèrent sur le sable, et coururent se prosterner, avec des transports et des éclats, devant le jeune chef. Enfin, l'un d'entre eux, homme d'un grand âge, qui avait un collier et un bracelet faits de grosses boules de verre, et qui portait aux épaules la peau d'un bel animal couleur d'ambre pommelé, s'élança et prit tendrement dans ses bras le jeune homme que nous avions sauvé ; puis, nous ayant regardés, il lui posa quelques questions, vint à nous d'un air digne, et nous embrassa tour à tour ; et là-dessus, toute la tribu, à son commandement, se coucha sur le sol pour nous rendre hommage. Personnellement, ces marques d'adoration m'intimidaient et me gênaient ; je lisais sur les visages de Lord John et de Summerlee des impressions analogues ; mais Challenger s'épanouissait comme une fleur au soleil.

– Possible que ce soient des êtres primitifs, dit-il en caressant sa barbe ; mais leur attitude en présence de créatures supérieures servirait d'exemple à beaucoup d'Européens plus avancés. Quelle étrange chose que l'instinctive correction du sauvage !

Ces gens-là avaient certainement pris le sentier de la guerre ; car ils portaient tous leur lance – un long bambou terminé par un os, – leur arc, leurs flèches ; et une espèce de massue ou de hache de combat pendait à leur ceinture. Les regards de sombre colère qu'ils jetaient du côté du bois, le mot « Doda » qu'ils répétaient sans cesse, tout nous prouvait qu'ils étaient en route pour sauver ou venger celui qu'à présent nous pouvions considérer comme le fils de leur vieux chef. Accroupie en rond, la tribu tint un conseil auquel nous assistâmes, assis sur une dalle de basalte. Deux ou trois des guerriers prirent la parole. Finalement, notre jeune ami prononça une harangue[1] enflammée, et l'éloquence de ses traits, de ses gestes, nous la rendait aussi intelligible que si nous avions saisi les mots eux-mêmes :

– À quoi bon, disait-il, nous en retourner ? Il faut que tôt ou tard l'œuvre s'accomplisse. Peu importe si je reviens sauf. On a massacré nos camarades. Nulle sécurité n'existe pour nous. Nous voici rassemblés et prêts.

Alors, nous désignant :

– Ces hommes étranges sont nos amis. Ils ordonnent (son doigt montrait le ciel) à l'éclair et à la foudre. Quand retrouverons-nous pareille chance ? Marchons. Mourons dès maintenant, ou assurons l'avenir. Si nous rebroussions chemin, comment nous représenterions-nous sans honte devant nos femmes ?

Les petits guerriers rouges buvaient les paroles de l'orateur. Quand il eut terminé, ils éclatèrent en applaudissements, brandirent leurs armes grossières. Le vieux chef s'avança et, la main

---

[1]. De l'italien *aringo* (« place publique »). Discours solennel prononcé par un orateur devant une assemblée.

tendue vers les bois, nous posa une question. Lord John lui fit signe d'attendre la réponse ; puis, se tournant vers nous :

– Décidez, dit-il, ce que vous voulez faire. Pour ma part, j'ai un petit compte à régler avec ces messieurs singes ; et s'il en résulte que nous les balayions de la surface de la terre, je ne crois pas que la terre doive s'en affliger. Je me joins donc à nos petits camarades rouges. J'ai l'intention de les voir au travail. Que dites-vous, jeune homme ?

– Que je viens aussi, bien entendu.

– Vous, Challenger ?

– Que je vous accompagne.

– Et vous, Summerlee ?

– Qu'il me semble que nous perdons de vue l'objet de notre voyage, Lord John. Quand je quittai ma chaire de Londres, je ne songeais guère, je vous l'avoue, que c'était pour conduire un raid de sauvages contre une colonie de singes anthropoïdes.

– Voilà bien à quelles basses fonctions nous descendons ! fit Lord John en souriant. Mais notre parti est pris. Prenez le vôtre.

– Je continue, s'obstina Summerlee, à trouver votre décision fort déraisonnable. D'ailleurs, si vous vous en allez tous, je ne vois pas comment je resterais.

– Cela règle tout ! dit Lord John.

Et se tournant vers le chef, il lui signifia notre assentiment d'un geste de la tête accompagné d'une tape sur son rifle. Le vieillard nous pressa les mains ; ses hommes nous acclamèrent. Comme il se faisait trop tard pour marcher, les Indiens organisèrent une façon de bivouac. Tandis que le plus grand nombre allumaient des feux, certains, qui avaient un instant disparu dans la brousse, reparurent, poussant devant eux un jeune iguanodon. Il avait sur l'épaule cette même plaque d'asphalte que nous avions remarquée chez ses congénères ; et quand nous vîmes l'un des natifs s'avancer et, d'un air de propriétaire, autoriser l'abattage, alors seulement, alors enfin nous comprîmes que ces animaux géants constituaient un bétail privé, et que les taches qui nous avaient tant intrigués étaient simplement la marque du troupeau dont ils faisaient partie. Désarmés, apathiques herbivores, ayant des membres énormes, mais dépourvus de cerveau, ils se laissaient emmener par un enfant. L'iguanodon fut dépecé en quelques minutes ; et sur une douzaine de feux de camp les grands quartiers de viande s'en allèrent rôtir, en compagnie de grands poissons ganoïdes pêchés avec des lances.

Cependant que Summerlee dormait, couché sur le sable, nous errâmes en curieux autour de l'eau. Par deux fois, nous découvrîmes des fosses remplies d'argile bleue, comme déjà nous en avions vu dans le marais des ptérodactyles ; et ces anciennes issues volcaniques intéressèrent au plus haut point Lord Roxton. Challenger, d'autre part, observait un geyser de boue chaude, à la surface duquel venaient crever de grosses bulles gazeuses ; il y plongea un roseau creux et s'exclama de plaisir comme un enfant quand, en approchant une allumette, il détermina une explosion et l'apparition d'une flamme bleue à l'extrémité du tube. Sa joie ne connut plus de bornes lorsque, ayant placé une bourse de cuir renversée au-dessus des roseaux, il la vit se gonfler et s'envoler.

— Un gaz inflammable et sensiblement plus léger que l'air… je n'hésite pas à affirmer qu'il renferme une proportion considérable d'hydrogène libre. Mes jeunes amis, George-Edouard Challenger n'est décidément pas à bout de ressources. Il peut encore montrer comment un grand cerveau plie la nature à ses besoins.

Un dessein secret l'emplissait d'importance ; mais il n'en dit pas plus long.

Pour moi, rien de ce que je voyais sur le rivage ne me semblait aussi prodigieux que le lac lui-même. Nous avions, par notre nombre et par le bruit que nous faisions, effrayé au loin toutes les bêtes ; à l'exception de quelques ptérodactyles, qui planaient en rond au-dessus de nous en attendant de se nourrir de nos reliefs, rien ne bougeait autour du camp. Par contre, les eaux du lac central, roses sous le crépuscule, bouillaient et fermentaient de vie. De longues échines couleur d'ardoise, de hautes nageoires dentelées surgissaient dans une mousse d'argent, puis s'enfonçaient dans les profondeurs. Des formes biscornues et rampantes, tortues démesurées, sauriens baroques, marquetaient les bancs de sable ; une grande bête plate, semblable à une natte de cuir graisseuse et noire, descendait en se tortillant vers le lac. Çà et là, un cou serpentin dressait brusquement dans l'air une tête ; l'eau, en s'ouvrant, le cernait d'un collier d'écume, et des cercles mobiles se formaient derrière lui, tandis qu'il glissait, s'étirant et se contractant avec la grâce onduleuse d'un cou de cygne. Il y en eut un à la suite duquel nous vîmes atterrir sur un banc de sable distant de quelque cent yards un énorme corps en forme de tonneau et muni de nageoires. Summerlee venait à ce moment de nous rejoindre ; Challenger et lui entonnèrent un duo d'enthousiasme.

– Un plésiosaure[1] ! un plésiosaure d'eau douce ! s'exclama Summerlee. J'aurai assez vécu pour voir cela ! Soyez béni, mon cher Challenger, entre tous les zoologistes présents et passés !

La nuit tombait, déjà les feux des Indiens rougeoyaient dans l'ombre, quand nos deux hommes de science finirent par s'arracher aux magies de ce spectacle. Nous nous étendîmes sur la plage ; et dans les ténèbres le lac nous envoyait encore de temps à autre le bruit d'un ébrouement ou d'un plongeon.

Nous levâmes le camp aux premières lueurs de l'aube ; une heure plus tard, nous partions pour notre mémorable expédition. Souvent, dans mes rêves, je me suis vu devenir correspondant de guerre ; mais par quel dévergondage de l'imagination eussé-je soupçonné la nature de la campagne dont j'aurais à rendre compte ? Voici ma première dépêche d'un champ de bataille.

Notre troupe, renforcée durant la nuit par l'arrivée d'un certain nombre d'indigènes, pouvait, quand nous nous mîmes en marche, compter quatre ou cinq cents hommes. Un rideau d'éclaireurs couvrait le gros de la colonne, qui, ayant gravi la pente buissonneuse menant vers la forêt, déploya une longue chaîne d'archers et de porteurs de lances ; Roxton et Summerlee se postèrent sur le flanc droit, Challenger et moi sur le gauche. Avec des fusils qui étaient les derniers chefs-d'œuvre des armu-

---

1. Du grec *plesios* (« voisin »). Grand reptile saurien du secondaire. On pourrait penser aussi à l'ichtyosaure, du grec *ikhtus* (« poisson »), évoqué p. 255.

riers de Saint-James Street et du Strand, nous escortions au combat une armée de l'âge de pierre !

L'ennemi ne se fit pas attendre. Une clameur violente, aiguë, sortit des bois, et tout un parti d'hommes-singes, brandissant
395 des massues, lançant des cailloux, se rua sur notre centre. Charge héroïque, mais folle, car les assaillants se mouvaient lentement, à cause de leurs jambes trop courtes, et les Indiens leur opposaient une agilité de chat. C'était horrible de voir ces êtres féroces, l'écume à la bouche, la flamme aux yeux, s'élancer pour
400 saisir leurs ennemis qui, se dérobant, les criblaient de flèches. Un d'eux, lardé de traits dans la poitrine et les côtes, passa devant moi en hurlant de douleur. Je lui envoyai, d'une balle dans le front, le coup de grâce, et il s'étala parmi les aloès. Ce fut la seule balle tirée ; le centre n'eut pas besoin de notre aide
405 pour vaincre. De tous les hommes-singes descendus en champ libre, je ne crois pas qu'un seul regagna le couvert.

Mais, dans les bois, l'affaire devint plus sérieuse. Pendant plus d'une heure après que nous y fûmes entrés, il y eut un combat désespéré où nous eûmes de la peine à tenir bon.
410 S'élançant du milieu des fourrés, les hommes-singes, avec leurs formidables massues, assommaient parfois deux ou trois Indiens avant de tomber eux-mêmes sous les lances. Partout où ils frappaient, ils écrasaient. L'un d'eux, qui venait de réduire en pièces le fusil de Summerlee, allait lui broyer le crâne, quand un
415 Indien lui planta son couteau dans le cœur. D'autres, du haut des arbres, faisaient pleuvoir sur nous des pierres et des morceaux de branches ; quelquefois, se laissant tomber dans nos

rangs, ils luttaient avec fureur, jusqu'à la mort. Nos alliés fléchirent un instant sous la pression, et certainement ils eussent lâché pied sans les ravages exercés par nos rifles. Vaillamment ralliés par leurs vieux chefs, ils revinrent avec une telle impétuosité qu'à leur tour les hommes-singes commencèrent de plier. Summerlee n'avait plus d'arme; mais je tirais sans relâche, et sans relâche nous entendions crépiter sur notre flanc droit les rifles de nos camarades. Alors, tout d'un coup, chez l'ennemi, ce fut la panique, la débandade. Glapissant et hurlant, les grandes bêtes s'enfuirent dans toutes les directions. Nos amis se jetèrent à leurs trousses. L'air retentissait de leurs cris joyeux. Ils avaient à liquider en ce jour une rivalité vieille de siècles innombrables, et tout ce qu'elle supposait de haines, de cruautés, de mauvais souvenirs dans le cadre de leur étroite histoire. L'homme devait enfin avoir le dernier mot et reléguer à sa place l'homme-bête. Les fugitifs ne pouvaient échapper. De tous côtés, dans les bois, se mêlaient aux clameurs du triomphe le sifflement des flèches et le bruit d'écrasement que faisaient, en tombant des arbres sur le sol, les corps des hommes-singes.

Je suivais les autres, quand Lord John et Challenger nous rejoignirent.

– Affaire réglée, dit Lord John. Je crois que nous pouvons compter sur nos amis pour un bon nettoyage. Moins nous en verrons, et mieux, peut-être, cela vaudra pour notre sommeil.

Dans les yeux de Challenger brillait le désir du meurtre.

– Nous avons eu, s'écria-t-il en se carrant comme un coq de combat, le privilège d'assister à un événement type, à une de ces batailles décisives qui ont déterminé le sort du monde. Qu'est-ce, mes amis, que la conquête d'un pays par un autre ? Cela ne signifie rien et ne change rien. Mais quand, à l'aube des âges, l'habitant des cavernes, dans une rencontre furieuse comme celle-ci, se mesurait avec le tigre ou donnait son premier maître à l'éléphant, alors se réalisaient les vraies conquêtes, celles qui comptent. C'est à une victoire de ce genre qu'un caprice du destin nous a permis de concourir. Désormais, sur ce plateau, l'avenir appartient à l'homme.

Il fallait une foi robuste dans la fin pour justifier de si tragiques moyens. À mesure que nous avancions, nous découvrions, couchés par tas, les cadavres des hommes-singes abattus à coup de flèches ou de lances. De loin en loin, un petit groupe d'Indiens littéralement fracassés marquait la place où l'un des anthropoïdes aux abois avait fait face et vendu chèrement sa vie. Des cris, des rugissements, devant nous, continuaient d'indiquer la direction de la poursuite. Ramenés jusqu'à leur « ville », les hommes-singes avaient fait là une dernière résistance, que le vainqueur avait brisée ; et nos yeux allaient connaître l'horreur de la scène finale. Quatre-vingts ou cent mâles, seuls survivants, avaient été conduits dans cette même clairière au bord de la falaise qui, deux jours auparavant, avait été le théâtre de nos exploits. Comme nous arrivions, un cercle d'Indiens armés de lances venait de se fermer sur eux. Tout s'accomplit en une minute. Trente ou quarante périrent sur place. Les autres, vociférant et griffant, furent lancés par-dessus le précipice ; et s'entrechoquant dans leur chute, ils allèrent, comme

Le Monde perdu

naguère leurs prisonniers, s'empaler, à six cents pieds de profondeur, sur les tiges affilées des bambous. Ainsi que l'avait dit Challenger, l'homme assurait pour jamais sa domination sur la Terre de Maple White : il extermina les mâles, détruisit la Cité des Singes, emmena les femelles et les petits en esclavage ; une immémoriale querelle se terminait dans le sang.

La victoire entraîna pour nous de gros avantages. Nous pûmes revenir à notre camp et retrouver nos provisions ; nous pûmes de nouveau communiquer avec Zambo, qu'avait terrifié au loin le spectacle de cette avalanche de singes tombant de la falaise.

– Vous revenir, massa ! Vous revenir ! nous cria-t-il, ou vous pas échapper au diable !

– C'est la voix de la raison, dit Summerlee, convaincu. Nous avons eu comme cela suffisamment d'aventures, et peu en rapport avec notre caractère et notre état. Challenger, je vous rappelle votre promesse. À partir de ce moment, vous consacrez toutes vos énergies à nous tirer de cet horrible pays pour nous ramener vers la civilisation.

BIEN LIRE

CHAPITRE 14
• Malone est ambivalent : d'abord « assoiffé de sang », puis terrifié par « l'horreur de la scène finale » (p. 248, ligne 464) quand les indiens achèvent les hommes singes et emmènent leurs femmes et leurs enfants pour les soumettre à l'esclavage.

15

« NOS YEUX ONT VU DES MERVEILLES »

J'écris ceci au jour le jour; mais j'espère qu'avant d'arriver au bout de ces lignes, j'aurai pu voir enfin un peu de clarté luire dans nos ténèbres. Nous nous irritons de nous sentir retenus ici faute d'imaginer un moyen d'évasion; peut-être nous féliciterons-nous plus tard d'une contrainte grâce à laquelle nous aurons pu faire plus ample connaissance avec cette terre de prodiges et les êtres qui l'occupent.

La victoire des Indiens et l'anéantissement des hommes-singes ont marqué le tournant de notre fortune. Nous régnons sur le plateau; car les naturels que nous avons aidés, par de si étranges pouvoirs, à détruire leurs ennemis héréditaires, nous considèrent avec une gratitude mêlée de crainte. S'il se peut qu'au fond d'eux-mêmes ils souhaitent le départ d'auxiliaires aussi redoutables, ils ne nous fournissent du moins à cet égard aucune indication utile. Autant que nous le comprenons à leurs signes, il y a eu jadis un couloir montant par où l'on accédait au plateau, et c'est celui-là même dont nous avions découvert l'orifice extérieur : nul doute qu'à diverses époques il n'ait servi de chemin d'ascension aux hommes-singes et aux Indiens, et qu'à leur tour Maple White et son compagnon ne l'aient utilisé dans la suite; mais, l'année dernière, un éboulement déterminé par un tremblement de terre en avait fait disparaître l'issue. Quand nous leur donnons à entendre que nous voudrions nous

Le Monde perdu

en aller, les Indiens secouent la tête et haussent les épaules, soit qu'ils ne puissent pas, soit qu'ils ne désirent pas faciliter notre départ.

Femelles et petits, tous les survivants de la campagne contre les hommes-singes furent, au milieu des gémissements, dirigés sur le versant opposé du plateau et établis dans le voisinage des cavernes, pour y vivre dès lors en servitude sous les yeux de leurs maîtres. Grossière et barbare version de la Captivité des Juifs en Égypte ou à Babylone[1] ! La nuit, une longue lamentation s'élevait d'entre les arbres, comme si un Ezéchiel primitif eût pleuré la grandeur déchue et rappelé la gloire passée de la Cité des Singes ! Couper le bois et puiser de l'eau, ce fut dorénavant le sort des captifs.

Nous avions, nous aussi, deux jours après la bataille, traversé le plateau avec nos alliés et dressé notre camp au pied de leurs falaises. Ils voulaient nous faire partager leurs cavernes ; Lord John refusa d'y consentir, estimant que c'était nous mettre à leur merci en cas de trahison. Nous gardâmes notre indépendance, et, sans cesser d'entretenir avec eux les relations les plus cordiales, nous eûmes toujours, à tout événement, nos armes prêtes. Nous visitions continuellement les cavernes, qui méritaient l'examen ; jamais d'ailleurs nous n'arrivâmes à déterminer si elles étaient l'œuvre de la nature ou de l'homme. Elles se trouvaient toutes creusées dans la même couche de roc tendre,

---

1. La Bible relate ces épisodes d'esclavage qui ne cesseront que lorsque Moïse conduira son peuple vers la terre promise. Ezéchiel est l'un des quatre grands prophètes (vers 627-570 avant J.-C.) : il annonça aux juifs captifs à Babylone la ruine de Jérusalem puis la restauration future d'Israël.

entre le basalte volcanique constituant la falaise vermeille au-dessus d'elles et le dur granit qui formait leur base.

Elles s'ouvraient à quatre-vingts pieds du sol, et l'on y parvenait par des escaliers de pierre, si étroits et si rapides que nul animal ne pouvait les monter. À l'intérieur, elles étaient chaudes et sèches, et projetaient latéralement des galeries droites plus ou moins longues, aux murs gris et lisses, que décoraient des fresques adroitement charbonnées, représentant les divers animaux du plateau. La vie dût-elle disparaître de ce coin de terre, le futur explorateur y trouverait, aux murs des cavernes, l'ample témoignage de l'étrange faune – dinosauriens, iguanodons, poissons-lézards – qui s'y est maintenue jusqu'à nos jours.

Depuis que nous avions appris à ne voir dans les iguanodons qu'un bétail domestique, ayant ses propriétaires et entretenu pour la boucherie, nous admettions qu'avec ses armes rudimentaires l'homme avait su imposer sa suprématie sur le plateau ; nous n'allions pas tarder à reconnaître notre erreur, et ce fut l'affaire d'un drame qui se produisit le troisième jour après notre installation au pied des cavernes. Lord John et moi gardions le camp, en l'absence de Challenger et de Summerlee partis pour le lac central, où des natifs, sous leur direction, pêchaient au harpon des spécimens de grands lézards. Sur la pente, en face de leur demeure, d'autres Indiens vaquaient à divers ouvrages. Soudain, un cri d'alarme s'éleva ; le mot « Stoa » retentit, proféré par des centaines de bouches ; hommes, femmes, enfants fuyaient à l'envi de tous les côtés, cherchant un refuge, et, dans

Le Monde perdu

un mouvement de folle panique, grimpaient à la course les escaliers des cavernes, où ils s'engouffraient.

En levant les yeux, nous les aperçûmes qui, du milieu des rochers, nous invitaient par de grands gestes à les rejoindre. Nous empoignâmes nos rifles et, tous les deux, nous nous élançâmes pour nous rendre compte du danger. Brusquement, un rideau d'arbres près de nous livra passage à douze ou quinze Indiens qui couraient de toute la vitesse de leurs jambes, talonnés par deux effroyables monstres comme ceux qui avaient troublé le repos de notre camp et gâté ma promenade solitaire. Pareils à d'horribles crapauds et se mouvant par bonds, ils étaient d'une grosseur incroyable, qui dépassait même celle du plus gros éléphant. Nous ne les avions vus que de nuit, et le fait est qu'ils ne sortaient pas le jour, à moins qu'on n'allât, comme cette fois, les déranger dans leurs repaires. Nous nous arrêtâmes ébahis : leur peau, couverte de verrues et de pustules, avait les irisations curieuses de celle des poissons, et tous les tons de l'arc-en-ciel y jouaient au soleil.

Mais nous n'avions pas le loisir de les contempler, car déjà ils avaient rattrapé les fugitifs, dont ils faisaient un atroce carnage. Ils tombaient sur eux de tout leur poids, et quand ils en avaient écrasé un, ils passaient à un autre. En vain, les malheureux Indiens, qui jetaient des cris de terreur, essayaient de se soustraire à l'implacable agilité des monstres : il n'en restait plus debout qu'une demi-douzaine au moment où Lord Roxton et moi arrivâmes enfin à leur secours. D'ailleurs, notre intervention n'eut guère pour résultat que de nous exposer au même

péril. Nous ouvrîmes à deux cents yards un feu répété qui vida nos magasins, mais des boulettes de papier eussent été aussi efficaces que nos balles. Ces êtres de nature reptilienne bra-
105 vaient les blessures ; l'absence chez eux de centre nerveux, la diffusion des sources de la vie au long de la moelle épinière les rendaient invulnérables aux armes modernes. Le plus que nous pouvions faire, c'était de retarder leur marche en détournant leur attention par les éclairs et le bruit de la fusillade, afin de
110 donner aux indigènes et de nous donner à nous-mêmes le temps de gagner les escaliers, en haut desquels nous n'avions plus rien à craindre. Mais là où faisait chou blanc la balle conique explosive du XXe siècle, nous allions voir réussir la flèche empoisonnée de l'indigène, trempée dans le jus de stro-
115 phante[1] et plongée ensuite dans de la charogne. Une pareille arme serait de peu d'utilité pour l'attaque de la bête ; car le poison circulerait avec trop de lenteur dans ses veines pour qu'avant de succomber elle n'eût pas amplement le moyen et le temps d'écraser l'homme. Mais comme les deux monstres nous
120 pourchassaient jusqu'au pied des escaliers, une grêle de dards s'abattit sur eux, en sifflant, de toutes les crevasses de la falaise. Ils en furent, au bout d'une minute, hérissés, sans en manifester d'abord aucune gêne. Griffant, bavant, ils s'acharnaient, dans une rage impuissante, à vouloir gravir les marches, et,
125 quand ils en avaient péniblement monté quelques-unes, ils glis-

---

1. Du grec *strophos* (« torsades ») et *anthos* (« fleur ») : petit arbrisseau dont les graines vénéneuses agissent sur le cœur.

saient et roulaient sur le sol. À la fin, le poison opéra. Un des deux fit entendre un sourd grognement, et tomba, comme entraîné par son énorme tête plate. L'autre se mit à bondir, à pousser des gémissements aigus, en décrivant un cercle excentrique ; puis, il s'écroula, et nous le vîmes un instant se tordre avant de se raidir et de s'immobiliser. Alors, dans la joie folle d'une victoire qui les débarrassait d'ennemis dangereux, les Indiens s'élancèrent en foule des cavernes pour danser une ronde frénétique autour des cadavres. Pendant la nuit, les ayant dépecés, ils les portèrent à l'écart, non pour les manger, car le poison était encore actif, mais par crainte de la pestilence. Cependant, les cœurs des deux reptiles, larges comme des coussins, continuaient de battre ; animés d'une horrible vie indépendante, ils s'élevaient et s'abaissaient d'un mouvement doux et rythmique ; ils ne s'arrêtèrent que le troisième jour.

Plus tard, quand j'aurai mieux qu'une caisse de conserves en guise de pupitre, quand j'aurai mieux, pour écrire, qu'un chicot de crayon et les derniers feuillets d'un méchant carnet, je parlerai en détail des Indiens Accala, de notre vie parmi eux, de toutes les visions plus ou moins rapides que nous offrit la Terre de Maple White. Je sais que la mémoire ne me faillira pas : aussi longtemps que je respirerai, il n'y aura pas une heure, pas un geste de cette période qui ne gardera dans mon souvenir la clarté, la netteté des événements de la prime enfance. Nulles impressions nouvelles n'en sauraient effacer d'aussi profondes. Le moment venu, je dirai cette admirable nuit de lune sur le lac où un jeune ichtyosaure – étrange créature, moitié phoque, moitié poisson, avec deux yeux recouverts d'un os aux deux côtés du museau et un troisième œil au sommet de la tête, – se débattait dans le filet d'un Indien, au point qu'il fit presque chavirer le canot dans lequel nous le remorquions ; cette nuit où un serpent d'eau à la robe verte jaillit du milieu des joncs et emporta dans ses replis le timonier du canot de Challenger. Je dirai encore cette grande chose blanche et nocturne – bête ou reptile ? nous l'ignorons, – qui vivait dans un marais immonde à l'est du lac et glissait rapidement à l'entour, en produisant une légère clarté phosphorescente. Les Indiens, terrifiés, refusaient d'en approcher. Nous l'aperçûmes au cours de deux expéditions, sans pouvoir parvenir jusqu'à elle à travers le marais ; elle semblait plus grosse qu'une vache et elle exhalait une bizarre odeur de musc. Je dirai aussi cet oiseau qui poursuivit un jour Challenger jusque dans les rocs où il cherchait asile : un oiseau coureur, de taille colossale, beaucoup plus gros qu'une autruche, avec un cou de vautour et une tête cruelle qui faisaient de lui un spectre ambulant. Comme Challenger grimpait pour se mettre en sûreté, un coup de bec lui coupa net le talon de sa botte. Cette fois, du moins les armes modernes eurent le dernier mot : l'oiseau, qui mesurait vingt pieds de la tête aux pattes, et que le professeur, haletant mais exultant, nous donna pour un phororhachos[1], tomba sous le rifle de Lord Roxton, dans un trémoussement de plumes et de membres au milieu desquels deux

---

1. Cet animal ressemble à une autruche. Contrairement au ptérodactyle, il porte des plumes comme l'archéoptéryx.

yeux jaunes luisaient d'un éclat féroce. Puissé-je vivre assez pour voir son crâne plat et difforme occuper une place parmi les trophées de l'Albany ! Enfin, je parlerai sûrement du toxodon – ce cochon d'Inde gigantesque, haut de dix pieds et muni de dents en saillie coupantes comme des ciseaux ; – que nous tuâmes au petit matin tandis qu'il s'abreuvait dans le lac.

Oui, tout cela, je l'écrirai, tôt ou tard, plus à loisir. Mais, après nos journées si actives, je voudrais peindre avec tendresse ces délicieuses soirées d'été où, sous le ciel d'un bleu profond, étendus côte à côte, en camarades, dans les grandes herbes près des bois, nous regardions émerveillés des oiseaux singuliers voler au-dessus de nous, des bêtes inconnues sortir de leurs gîtes pour nous épier, cependant que les buissons penchaient des branches lourdes de fruits savoureux, et que mille ravissantes fleurs nous entouraient comme des prunelles ouvertes ; je voudrais évoquer ces nuits radieuses sur le grand lac, dont la surface bouillonnait au plongeon de quelque monstre ou dont les profondeurs s'allumaient d'un reflet verdâtre au passage de quelque forme capricieuse entre deux eaux. Telles sont les scènes sur lesquelles, dans l'avenir, j'arrêterai avec complaisance mon esprit et ma plume.

Mais, demanderez-vous, pour avoir tant de souvenirs, vous vous attardiez donc, vos camarades et vous, à tout autre chose qu'à chercher jour et nuit les moyens de redescendre ? Non, répondrai-je, il n'était pas un de nous qui n'y songeât sans cesse, mais en vain. Nous avions tout de suite découvert un fait : les Indiens ne nous aideraient pas. À tous autres égards, ils se montraient nos amis, je dirais presque nos esclaves ; mais recourions-nous à eux soit pour trouver un madrier qui nous servît de pont sur l'abîme, soit pour nous fournir des lanières de cuir ou des lianes dont nous aurions fait des cordes, nous ne rencontrions de leur part qu'un refus gentil, mais tenace. Ils souriaient, clignaient de l'œil, hochaient la tête, et c'était tout. Le vieux chef nous opposait une obstination pareille ; seul, Maretas, le jeune homme que nous avions sauvé, nous regardait pensivement et nous faisait entendre par ses gestes combien nous le chagrinions. Depuis le triomphe décisif sur les hommes-singes, ils nous tenaient pour des surhommes qui portaient la victoire dans des tubes, et ils voyaient dans notre présence parmi eux le gage assuré de la bonne fortune. Une épouse rouge et une caverne, voilà ce qu'ils nous offraient si nous consentions à oublier notre pays pour demeurer à tout jamais leurs hôtes. Certes, nous n'avions qu'à nous louer d'eux ; mais nous sentions la nécessité de garder pour nous nos plans de descente, car nous pouvions redouter qu'au dernier moment ils ne cherchassent à nous retenir de force.

Au mépris des dinosauriens – qui ne sont guère dangereux le jour, ayant surtout, comme je l'ai dit, des habitudes nocturnes, – je suis allé deux fois, ces dernières semaines, jusqu'à notre ancien camp, voir notre nègre, qui continuait de monter sa faction au pied de la falaise. Mes yeux fouillèrent avidement la plaine, quêtant au loin l'espoir du secours que nous avions imploré ; mais les longs espaces semés de cactus s'étendaient nus et vides jusqu'à la ligne des bambous sur l'horizon.

– L'Indien ne pouvoir pas tarder, massa Malone. Vous n'avoir pas à attendre plus d'une semaine et lui revenir, et lui apporter des cordes pour votre descente.

Ainsi le brave Zambo me donnait courage. Je m'en revenais de cette petite expédition après une nuit d'absence, et je suivais ma route accoutumée, quand, en arrivant à un mille environ du marais des ptérodactyles, je vis quelque chose d'extraordinaire. Un homme s'avançait, protégé de la tête aux pieds par une sorte de carcasse ou de cage en roseaux posée sur lui comme une cloche. Mon étonnement s'accrut lorsqu'en m'approchant je reconnus Lord Roxton. Il me vit, se glissa hors de la cage, et, bien qu'il affectât de rire, il semblait un peu confus.

– Eh! jeune homme, dit-il, comment aurais-je pu croire que j'allais vous rencontrer par ici?

– Que diable faites-vous? demandai-je.

– Je rends visite à mes amis les ptérodactyles.

– Pourquoi cela?

– Ce sont des bêtes intéressantes, savez-vous. Mais combien insociables! Elles vous ont une manière d'accueillir les étrangers! Vous vous rappelez bien? Aussi me suis-je affublé de cette carcasse, qui me préserve de leurs attentions trop pressantes.

– Mais enfin, que cherchez-vous dans le marais?

Il me regarda d'un air interrogateur, et je lus un peu d'hésitation sur sa figure.

– Croyez-vous, dit-il enfin, qu'il n'y ait que les professeurs qui veuillent s'instruire? J'étudie ces chers mignons. Que cela vous suffise!

– Je ne pensais pas vous offenser, dis-je.

Sa bonne humeur lui revint.

– Non, vous ne m'avez pas offensé, jeune homme. Je tâche de me procurer pour Challenger un de ces poussins du diable. Mais je ne tiens pas à votre compagnie. Je suis en sûreté là-dedans et vous ne l'êtes pas. À tout à l'heure. Je rentrerai vers le soir.

Il me planta là pour rentrer dans sa cage et repartir à travers bois. Si la conduite de Lord John, en ce temps-là, me causa quelque surprise, je n'en dirai pas moins de celle de Challenger. Il exerçait une véritable fascination sur les femmes indiennes, et il portait toujours une grande palme avec laquelle il les écartait comme des mouches quand elles s'attachaient trop à lui. De le voir, cet insigne d'autorité dans la main, s'avancer à la façon d'un sultan d'opéra-comique, la barbe en avant, les orteils pointant à chaque pas, tandis que derrière lui se pressait un cortège de jeunes Indiennes aux grands yeux, vêtues de minces draperies en fibre d'écorce, c'est l'un de mes souvenirs les plus grotesques. Quant à Summerlee, absorbé par les oiseaux et les insectes, il passait tout son temps – sauf la partie très considérable qu'il en réservait pour injurier Challenger, coupable de ne pas nous tirer d'embarras, – à préparer et monter ses spécimens.

Challenger allait de temps à autre se promener seul. Il revenait solennel, grave, en homme qui porte sur ses épaules le fardeau d'une grande entreprise. Un jour, tenant sa palme et traînant sur ses pas la foule de ses dévotes, il nous mena jusqu'à la place secrète dont il avait fait son cabinet de travail.

C'était une petite clairière au centre d'une palmeraie. Il s'y trouvait un de ces geysers de boue que j'ai eu l'occasion de décrire. Au bord du geyser avaient été disposées un certain nombre de lanières de cuir taillées dans la peau d'un iguanodon, et aboutissant toutes à une immense poche membraneuse qui était simplement l'estomac d'un des grands poissons-lézards pêchés dans le lac. Cette poche, cousue à l'une de ses extrémités, ne conservait à l'autre qu'un étroit orifice, où étaient insérées plusieurs cannes de bambou reliées à dés entonnoirs d'argile qui recueillaient les gaz du geyser. La poche commença peu à peu à se détendre ; bientôt, elle montra une telle propension à s'enlever que Challenger, pour la maintenir, dut nouer aux arbres le bout des lanières. Une demi-heure après, elle était devenue un ballon de bonne contenance, dont nous mesurions la force ascensionnelle considérable à la façon dont il tirait sur ses attaches. Challenger, ému comme un père en présence de son premier-né, regardait son œuvre avec satisfaction, muet, souriant et peignant sa barbe. Summerlee, le premier, rompit le silence.

– Vous n'espérez pas que nous partions avec ça, Challenger ? dit-il d'une voix acide.

– J'espère, mon cher Summerlee, qu'après la démonstration que je vous aurai faite du pouvoir de mon ballon vous n'hésiterez pas à vous confier à lui.

– Ôtez-vous cette idée de la tête, répliqua Summerlee avec dérision. Rien au monde ne saurait m'induire à un acte aussi déraisonnable. J'aime à croire, Lord John, que vous n'encouragerez pas une telle folie ?

– Bigrement ingénieux ! dit Lord John. Je voudrais bien voir fonctionner cette machine.

– Vous le verrez, dit Challenger. Pendant plusieurs jours, j'ai appliqué toutes mes facultés cérébrales à résoudre le problème de notre descente. Nous savions qu'il n'existait pas de chemin pour quitter le plateau. Nous savions aussi qu'entre le plateau et l'aiguille rocheuse d'où nous sommes venus nous n'avions aucun moyen de franchir l'abîme. Comment donc sortir d'ici ? J'avais fait remarquer, il y a quelque temps, à notre jeune ami, que ces geysers de boue émettent de l'hydrogène libre. L'idée d'un ballon s'ensuivit naturellement. Je conviens que la difficulté de trouver une enveloppe pour le gaz me tint d'abord en échec. Mais j'eus une révélation en voyant les entrailles de ces reptiles. Le résultat, le voilà !

Une main sur son veston en lambeaux, il montrait de l'autre son ballon, qui, parfaitement arrondi, imprimait de violentes secousses à ses amarres.

– Folie furieuse ! grogna Summerlee.

Lord John ne se sentait pas d'aise.

– Pas bête, hein, le cher vieux ? me chuchota-t-il.

Et s'adressant à Challenger :

– Mais la nacelle ?

– Je m'en occupe. Je sais déjà comment la construire et la mettre en place. Je me bornerai à vous démontrer pour l'instant que mon appareil est de force à nous enlever.

– Tous ensemble ?

– Non. Mon idée, c'est que nous descendions l'un après

l'autre, comme dans un parachute, et que chaque fois le ballon soit ramené de ce côté par des moyens dont je m'aviserai sans peine. Qu'il enlève à tour de rôle chacun de nous et le laisse doucement redescendre, c'est tout ce qu'on lui demande. Passons à la démonstration.

Il alla chercher un grand bloc de basalte, approprié de façon qu'on pût nouer une corde à son centre. Cette corde était celle que nous avions apportée sur le plateau après l'avoir utilisée pour gravir l'aiguille ; longue de cent pieds, elle était, quoique mince, très solide. Challenger avait préparé une sorte de collier de cuir d'où pendaient quantité de courroies : par-dessous, en prenant soin que le poids se répartît sur une grande surface, puis, ayant attaché au bout des courroies le bloc de basalte, il en laissa pendre la corde, qu'il enroula trois fois autour de son bras.

– À présent, dit-il avec un sourire qui escomptait le triomphe, vous allez voir la puissance de mon ballon.

Ce disant, il coupa les attaches. Jamais expédition ne fut plus près de sa perte. La membrane gonflée fit un bond effrayant dans les airs. Challenger, arraché de terre, suivit. Je n'eus que le temps de lui jeter mes bras autour de la ceinture, et je m'envolai à mon tour. Les bras de Lord John, comme un ressort de ratière, m'agrippèrent les jambes ; mais je sentis que lui aussi quittait le sol. Un moment, j'eus la vision de quatre aventuriers suspendus comme un chapelet de saucisses au-dessus de la terre qu'ils avaient conquise. Par bonheur, s'il semblait qu'il n'y eût pas de limites au pouvoir ascensionnel de l'infernale machine, il y en avait à la résistance de la corde. Elle craqua brusquement, et nous tombâmes en tas, roulés dans ses anneaux. En nous relevant, nous aperçûmes dans le ciel une tache noire, le bloc de basalte fuyait à toute vitesse.

– Magnifique ! s'écria bravement Challenger, en frottant son bras meurtri. Démonstration péremptoire ! Jamais je n'aurais attendu un pareil succès. Dans une semaine, messieurs, j'aurai un second ballon avec lequel je me charge de vous mettre en toute sécurité sur la voie du retour !

Jusqu'ici, j'ai noté au jour le jour tout ce qui nous arrivait. C'est dans notre premier camp, resté à la garde de Zambo, que je reprends la plume. Difficultés et dangers, nous avons laissé tout cela derrière nous, comme un songe, au sommet des grandes roches vermeilles qui se dressent si haut sur nos têtes. Car nous en voilà descendus enfin, et dans des conditions bien imprévues, mais sans encombre. Tout va pour le mieux. Nous serons à Londres dans six semaines ou deux mois, peut-être aussi vite que cette lettre. Déjà nos cœurs s'émeuvent, nos âmes s'envolent vers la cité mère, gardienne précieuse de tant d'objets qui nous sont chers !

Le soir même de notre périlleuse aventure avec le ballon de Challenger, notre fortune subit un revirement. J'ai dit que nos projets de départ n'avaient rencontré un peu de sympathie que chez le jeune chef indien. Seul, il n'avait pas le désir de nous retenir malgré nous sur une terre étrangère. Autant qu'il le pouvait, il nous l'avait exprimé par gestes. Ce soir-là, au crépuscule, il vint nous trouver dans notre petit camp. Il me tendit (car il me témoignait des attentions particulières, peut-être parce que j'étais plus près de lui par l'âge) un petit rouleau d'écorce, et, me montrant solennellement la rangée des cavernes au-dessus de nous, il mit un doigt sur ses lèvres pour me demander le secret ; puis il s'en retourna vers son peuple.

Je portai le rouleau près du feu, et tous ensemble nous l'examinâmes à la lumière. Il mesurait un pied carré ; à l'intérieur étaient alignés des signes étranges, dont voici d'ailleurs la disposition :

Tracé nettement au charbon sur la surface blanche, ils me firent, à première vue, l'effet d'une grossière, notation musicale.

– Quoi que cela signifie, je jure que c'est important, dis-je. Je l'ai lu sur le visage du jeune homme quand il m'a remis le rouleau.

– À moins, dit Summerlee, que nous n'ayons affaire à un farceur professionnel, le goût de la farce marquant, je crois, l'une des phases élémentaires du développement de l'homme.

– C'est, évidemment, une sorte d'écrit[1], dit Challenger.

– On dirait un puzzle de concours, fit observer Lord John.

Il tendait le cou pour mieux voir. Soudain, il allongea la main et saisit le « puzzle ».

– *By George !* je crois que j'y suis, s'exclama-t-il. Le gamin, d'emblée, a vu juste. Regardez-donc. Combien y a-t-il là de

---

1. Le professeur Challenger, habitué aux premiers manuscrits de l'humanité (Mésopotamie), semble prendre le plan des cavernes pour une écriture cunéiforme (en forme de coins).

signes ? Dix-huit. Or, remarquez-le, il y a, au-dessus de nous, de ce côté de la colline, dix-huit ouvertures de cavernes.

— Il me les montrait en me remettant le rouleau, dis-je.

— Nous voilà fixés : ceci est une carte des cavernes. Dix-huit sur une seule rangée, les unes peu profondes, les autres davantage, quelques autres se divisant, ainsi que, d'ailleurs, nous l'avons nous-mêmes constaté. Ceci est une carte. Et il y a là une croix. Pour quoi faire ? Pour marquer une caverne plus profonde que les autres.

— Une caverne traversant la falaise ! m'écriai-je.

— Je crois, dit Challenger, que notre jeune ami a deviné. Si cette caverne ne traverse pas la falaise, je ne vois pas pourquoi quelqu'un qui nous veut du bien aurait ainsi attiré notre attention sur elle. Et si vraiment elle la traverse, pour aboutir de l'autre côté, au point correspondant nous n'aurions pas plus de cent pieds à descendre.

— Cent pieds ! grommela Summerlee.

— Notre corde a plus de cent pieds de long, dis-je, nous descendrions à coup sûr.

Summerlee objecta :

— Et les Indiens qui occupent ces cavernes ?

Je répondis :

— Aucun Indien ne les occupe. Elles servent de greniers et de magasins. Pourquoi n'irions-nous pas tout de suite les reconnaître ?

Il existe sur le plateau un arbre résineux, une espèce d'araucaria, d'après nos botanistes, dont les Indiens emploient le bois pour faire des torches. Chacun de nous s'en fit un fagot, et nous montâmes l'escalier recouvert d'herbe qui menait à la caverne soulignée d'une croix dans le dessin. Nous la trouvâmes inoccupée, comme je l'avais dit, sauf toutefois par les chauves-souris, qui, tandis que nous avancions, tournoyaient au-dessus de nos têtes. Ne tenant pas à éveiller l'attention des Indiens, nous attendîmes d'avoir, en trébuchant dans l'obscurité, pénétré assez loin et franchi plusieurs courbes, pour allumer enfin nos torches. Alors, nous vîmes un beau couloir, aux murs secs, gris, lisses, orné d'images ; en haut s'arrondissait une voûte ; en bas étincelait un gravier blanc. Nous pressâmes le pas ; mais tout d'un coup nous fîmes halte, et le désappointement nous arracha une malédiction : devant nous se dressait un mur, un mur sans une fente à laisser passer une souris. De ce côté, pas de fuite possible.

Un moment, nous restâmes immobiles, pleins d'amertume, écarquillant les yeux devant l'obstacle. Le mur ne résultait pas cette fois d'une convulsion, sa paroi faisait corps avec les parois latérales ; il formait le fond de ce qui était et avait toujours été un cul-de-sac.

– Qu'importe, mes amis ? dit Challenger, indomptable ; vous avez toujours la promesse de mon ballon.

Summerlee se lamentait.

– Nous serions-nous trompés de caverne ? suggérai-je.

– Non, jeune homme, fit Lord John, un doigt sur le rouleau : nous sommes bien dans la caverne marquée d'une croix, la dix-septième en partant de droite, la deuxième en partant de gauche.

Mais comme je regardais le signe, un cri joyeux m'échappa :

– Je crois comprendre ! Suivez-moi ! suivez-moi !... Et vivement je rebroussai chemin.

– C'est ici, dis-je, montrant des allumettes sur le sol, que nous avons allumé nos torches ?

– Parfaitement.

– D'après le dessin, la caverne bifurque, et nous avons dépassé la bifurcation avant de faire de la lumière ; nous devons, en remontant, trouver la grande branche de la fourche.

Effectivement, nous n'avions pas fait trente yards que nous distinguions, dans le mur, l'entrée d'une galerie beaucoup plus large. Nous nous y engageâmes et, pressant notre marche, respirant à peine dans notre impatience, nous la suivîmes sur quelque cent yards de longueur. Subitement, une clarté rouge, qui tranchait en avant de nous sur l'obscurité profonde, attira nos regards surpris ; une nappe de flamme semblait couper le couloir et barrer la route. Nous y courûmes. Elle ne produisait ni bruit ni chaleur ; elle ne bougeait pas ; mais elle illuminait toute la caverne et changeait en diamants les grains de sable. Comme nous approchions, elle laissa voir le bord d'un disque.

– La lune, *by George !* s'écria Lord Roxton ; nous avons traversé, mes enfants, traversé !

C'était bien la pleine lune qui brillait dans une ouverture de la falaise ; et cette ouverture avait, au plus, la largeur d'une fenêtre, mais elle suffisait pour notre dessein. Nous pûmes, en nous penchant au-dehors, nous rendre compte que son peu de hauteur au-dessus du sol nous rendrait la descente facile. Qu'elle nous eût échappé d'en bas, il n'y avait à cela rien d'étonnant ; l'évasement de la falaise dans sa partie supérieure décourageait toute idée d'ascension à cet endroit et, par là même, toute inspection attentive. Nous nous assurâmes qu'avec notre corde nous avions de quoi descendre jusqu'au sol, puis nous nous en revînmes, heureux, faire nos préparatifs pour le soir du lendemain.

Nous avions à les faire vite et secrètement, dans la crainte qu'à la dernière heure les Indiens ne cherchassent à nous retenir. Nous abandonnerions nos provisions, pour n'emporter que nos fusils et nos cartouches ; mais Challenger avait un objet très encombrant dont il désirait ne pas se séparer, et un colis spécial dont je ne puis rien dire, sinon qu'il nous donna plus de mal que tout le reste. La journée passa lentement ; quand vint le soir, il nous trouva prêts au départ. Nous eûmes bien du mal à hisser nos affaires jusqu'en haut de l'escalier. Là, nous retournant, nous donnâmes un dernier coup d'œil à cette terre étrange qui, je le crains, ne tardera pas à se banaliser, à devenir la proie du chasseur et du prospecteur, mais qui restera pour nous une terre de rêve, enchantée, romanesque, où nous aurons beaucoup souffert, beaucoup appris : notre terre, ainsi que toujours nous l'appellerions avec tendresse. Les feux des cavernes voisines égayaient l'ombre sur notre droite. Le long des pentes que nous dominions, les voix des Indiens montaient, au milieu des chansons et des rires. Par-delà s'étendait la masse des bois, au centre desquels reluisait vaguement le lac, père des monstres. Un grand cri, l'appel de quelque animal fantastique, déchira les ténèbres : la terre de Maple White nous disait adieu. Nous nous engouffrâmes dans la caverne au bout de laquelle il y avait le chemin du pays.

Deux heures plus tard, nous étions avec nos paquets au pied de la falaise ; le bagage de Challenger nous avait seul occasionné de l'embarras. Laissant tout sur place, nous partîmes immédiatement pour le camp de Zambo et fûmes très étonnés, en approchant de voir une douzaine de feux briller dans la plaine. Ils nous annonçaient l'arrivée des secours. Vingt Indiens étaient là, venus du fleuve avec des pieux, des cordes, et tout ce dont nous pouvions avoir besoin pour franchir le gouffre. Ainsi, du moins, nous n'éprouverions pas de difficultés pour le transport de nos colis quand, demain matin, nous reprendrions la route de l'Amazone.

C'est l'humble pensée sur laquelle il m'est agréable de conclure. Nos yeux ont vu des merveilles ; nos âmes ont connu la dure leçon de l'épreuve ; chacun à notre manière, nous revenons améliorés et comme approfondis. Peut-être devrons-nous prendre à Para le temps de nous rafistoler un peu, auquel cas cette lettre me précédera d'un courrier ; dans le cas contraire, nous arriverons le même jour à Londres. De toute façon, mon cher monsieur Mc Ardle, j'espère vous serrer bientôt la main.

BIEN LIRE

CHAPITRE 15
• **Dans ce chapitre, Malone tire la leçon de l'aventure : « Nous revenons améliorés et comme approfondis »** (ci-dessus, lignes 536-537). Quel bilan peut-on faire de cette expérience ? Qu'ont appris les héros (du point de vue scientifique, social, psychologique et moral) ?

Le Monde perdu

16

« UN CORTÈGE ! UN CORTÈGE ! »

Je veux exprimer ici notre gratitude à tous nos amis de l'Amazone pour les prévenances et les soins hospitaliers dont ils nous comblèrent durant notre voyage de retour. En particulier, je remercierai le signor Penalosa et les autres agents du gouvernement brésilien qui, par tout un ensemble de mesures, nous facilitèrent la route ; et je n'aurai jamais garde d'oublier le signor Pereira, de Para, à la prévoyance duquel nous devons de reparaître décemment devant le monde civilisé. Il semblera que ce fut mal reconnaître la courtoisie et le dévouement de nos hôtes, mais, les circonstances ne nous laissant pas le choix, nous dûmes les prévenir qu'ils perdraient leur temps et leur argent en essayant de refaire derrière nous notre voyage. Je répète que j'ai changé dans mon récit jusqu'aux noms des lieux. Quelque étude qu'on en fasse, je suis sûr que pour qui tenterait de l'approcher notre terre inconnue resterait à des milliers de milles.

Je considérais comme purement locale l'excitation qui se manifestait partout à notre passage en Amérique du Sud, et j'assure nos amis anglais que nous n'avions pas la moindre idée de l'émoi soulevé en Europe par quelques vagues rumeurs qui avaient couru au sujet de nos aventures. Il fallut les innombrables messages de télégraphie sans fil qui, au moment où l'Ivernia arrivait à cinq cents milles de Southampton, se succédèrent, nous apportant les offres énormes des agences et des journaux en échange de quelques mots sur les résultats positifs de notre voyage, pour nous montrer à quel point cela intéressait non seulement le monde scientifique, mais le public en général. Nous décidâmes néanmoins de ne faire aucune communication à la presse qu'après avoir causé avec les membres de l'Institut zoologique : délégués par lui, tenant de lui un mandat, nous lui devions les premiers renseignements sur nos recherches. À Southampton, assaillis par les journalistes, nous leur refusâmes toute information, ce qui eut pour effet de concentrer la curiosité publique sur la réunion annoncée pour le soir du 7 novembre. La salle de l'Institut, où notre mission avait pris naissance, parut, en cette occasion, insuffisante, et, tout compte fait, l'on ne trouva d'assez vaste que Queen's Hall, dans Regent Street. On sait aujourd'hui que les promoteurs, après avoir songé à l'Albert Hall, le jugèrent de proportions encore trop restreintes.

La réunion devait avoir lieu le surlendemain de notre arrivée. Nous avions, Dieu merci, pour nous occuper jusque-là, suffisamment d'affaires personnelles. Des miennes, j'aime mieux, pour l'instant, ne rien dire ; quand les faits seront moins récents, peut-être me sera-t-il moins pénible d'y songer et d'en parler. J'ai fait connaître, au début de cette histoire, les motifs de ma conduite ; je devrais, sans doute, pour conclure, en faire connaître les résultats. Qui sait pourtant si un jour je ne regretterais pas que ce qui a été n'eût pas été ? Au sortir d'une incroyable aventure, je ne saurais avoir que de la gratitude pour la force qui m'y poussa.

Je touche à l'événement suprême. Tandis que je me demande comment le raconter, mes yeux tombent sur le compte rendu publié dans mon journal même, à la date du 8 novembre, par mon camarade et ami Macdona. Pourrais-je faire mieux que de le reproduire ? Je conviens que le journal, en raison de sa participation à l'entreprise, montrait quelque exubérance ; mais les autres grands quotidiens furent à peine moins sobres de détails. Voici ce qu'écrivait Macdona :

LE NOUVEAU MONDE

GRANDE RÉUNION AU QUEEN'S HALL

SCÈNES TUMULTUEUSES

UN INCIDENT EXTRAORDINAIRE

QU'ÉTAIT-CE ?

MANIFESTATION NOCTURNE DANS REGENT STREET

« La réunion, si discutée par avance, de l'Institut zoologique, à l'effet d'entendre le rapport de la Commission d'Enquête envoyée l'an dernier dans l'Amérique du Sud pour vérifier les assertions du professeur Challenger relativement à la continuité de la vie préhistorique sur ce continent, s'est tenue hier dans la grande salle du Queen's Hall, et il convient de dire que, selon toute probabilité, l'histoire de la science en marquera la date d'un caillou blanc, car elle donna lieu à des incidents sensationnels, inoubliables pour tous ceux qui y assistèrent. (Ouf ! confrère Macdona, quel exorde[1] !) On n'y devait admettre en principe que les membres de l'Institut et leurs amis. Mais ce

---

1. Du latin *exordium*. Entrée en matière d'un discours, introduction, préambule.

terme d'« amis » est élastique, et, bien avant l'ouverture de la séance, annoncée pour huit heures, on s'écrasait sur tous les points de la vaste salle. Cependant, à huit heures moins un quart, le grand public, redoutant à tort de se voir exclu, força les portes, après une longue mêlée où furent blessées plusieurs personnes, notamment l'inspecteur Scoble, de la division H., qui eut la jambe brisée. Après cette invasion, que rien ne justifiait, et qui non seulement remplit les couloirs, mais ne respecta même pas les places de la presse, on peut évaluer à près de dix mille le nombre des gens qui attendaient les explorateurs. Quand enfin ils apparurent, ils prirent place sur une estrade où se trouvaient déjà les plus illustres savants d'Angleterre, de France et d'Allemagne, à qui s'était joint, pour la Suède, le professeur Sergius, l'illustre zoologiste de l'université d'Upsal. Les quatre héros de la soirée furent, à leur entrée, l'objet d'une démonstration chaleureuse : toute l'assistance, debout, les acclama plusieurs minutes. Cependant un observateur avisé aurait pu discerner au milieu des bravos certains signes d'opposition et prévoir une soirée plus animée qu'unanime ; mais nul dans la salle n'aurait soupçonné le tour que les choses allaient prendre.

« Inutile de décrire au physique les quatre voyageurs : tous les journaux ont, ces temps-ci, publié leurs photographies. Les fatigues qu'ils ont dû, paraît-il, endurer, n'ont pas laissé chez eux beaucoup de traces. La barbe du professeur Challenger peut avoir exagéré son hérissement, le visage du professeur Summerlee son ascétisme, celui de Lord John Roxton sa maigreur, tous les trois peuvent avoir le teint plus brûlé qu'au moment où ils quittèrent

Le Monde perdu

nos rivages, mais tous ils semblent en excellente santé. Quant à notre représentant E.-D. Malone, l'athlète et le champion de rugby universellement connu, il paraît plus entraîné que jamais ; et tandis qu'il promenait son regard sur la foule, un sourire de satisfaction envahissait sa bonne figure candide. (Vous, Mac, si jamais je vous pince dans un coin !...)

« Quand, le calme rétabli et l'ovation terminée, les assistants eurent repris leurs sièges, le président, duc de Durham, prononça quelques paroles. Il ne voulait pas faire attendre plus d'une minute à l'assemblée le plaisir que lui promettait cette séance. Il n'avait pas à préjuger ce qu'allait dire, au nom du Comité, le professeur Summerlee ; mais déjà la rumeur courante affirmait l'extraordinaire succès de l'expédition. (Applaudissements.) Apparemment, les temps du romanesque n'étaient pas révolus ; il y avait un terrain sur lequel pouvaient se rencontrer les plus extravagantes imaginations du romancier et les découvertes du chercheur en quête de vérité scientifique. L'orateur se réjouissait avec toute l'assistance de voir ces messieurs revenus sains et saufs, ayant accompli leur difficile et dangereuse tâche, car le désastre de l'expédition eût sans contredit infligé une perte irréparable à la cause de la science zoologique. (Applaudissements, auxquels s'associa ostensiblement le professeur Challenger.)

« Le professeur Summerlee se leva, et ce fut le signal d'une autre explosion d'enthousiasme, qui se renouvela plusieurs fois pendant son discours. Ce discours, nous ne le donnerons pas *in extenso* dans nos colonnes, par la raison que, publiant en supplément, sous la signature de notre correspondant spécial, le récit complet des aventures de l'expédition, il nous suffit de l'indiquer dans ses grandes lignes.

« Après avoir rappelé la genèse du voyage et payé au professeur Challenger un noble tribut d'éloges, accompagné d'excuses pour l'incrédulité qui avait accueilli ses premières assertions, si complètement vérifiées aujourd'hui, il s'étendit sur le voyage même, en s'abstenant avec soin de tout renseignement qui permît de retrouver le plateau. Il retraça en termes généraux le parcours effectué de l'Amazone à la base des falaises ; il captiva son auditoire en lui disant les mécomptes de l'expédition, ses vaines tentatives et, finalement, le succès couronnant ses efforts tenaces, mais coûtant la vie à deux serviteurs dévoués. (Par cette stupéfiante version de la mort de nos métis, Summerlee voulait éviter tout ce qui, dans la circonstance, pouvait devenir matière a discussion.)

« Ensuite, élevant ses auditeurs jusque sur le plateau, les y enfermant par la chute accidentelle du pont dans l'abîme, le professeur décrivit les horreurs et, tout ensemble, les attraits de cette terre. Il laissa de côté les aventures personnelles pour mettre en relief la riche moisson scientifique que représentaient les observations faites sur les bêtes, les oiseaux, les insectes, les plantes. Par exemple pour les coléoptères et les lépidoptères[1], il

---

1. Du grec *koleos* (« étui ») et *lepis* (« écaille »), associés à ptéron, aile. Les ailes antérieures des coléoptères protègent le corps et les ailes postérieures membraneuses servent au vol. Les lépidoptères, autres insectes, sont des papillons. Ils possèdent une trompe pour aspirer le nectar des fleurs et quatre ailes membraneuses couvertes d'écailles microscopiques.

Le Monde perdu

avait recueilli, des premiers, en quelques semaines, quarante-six échantillons d'espèces nouvelles et, des seconds, quatre-vingt-quatorze. S'il s'agissait des grands animaux, en particulier de ceux que l'on supposait depuis longtemps disparus, et qui, naturellement, devaient entre tous intéresser le public, l'orateur était en mesure d'en fournir dès à présent une bonne liste, laquelle, vraisemblablement, s'allongerait beaucoup après de plus amples recherches. Ses compagnons et lui en avaient vu, le plus souvent à distance, une douzaine n'ayant aucun rapport avec ceux que connaît actuellement la science. Ils seraient, en temps utile, dûment examinés et classés. L'orateur cita entre autres un serpent de couleur pourpre dont la dépouille mesurait vingt pieds de long; une créature blanchâtre, probablement mammifère, qui produisait une lueur phosphorescente dans l'obscurité; et aussi une grande phalène noire dont les Indiens considéraient la piqûre comme des plus venimeuses. En dehors même de ces formes de vie entièrement nouvelles, le plateau contenait un très grand nombre de formes préhistoriques connues, dont certaines remontaient aux tout premiers temps jurassiques. Parmi elles, l'orateur mentionna le gigantesque et grotesque stégosaure que M. Malone avait vu boire dans le lac, et dont l'image figurait déjà dans l'album de l'aventurier américain qui avait découvert ce monde inconnu. Il décrivit encore l'iguanodon et le ptérodactyle, qui avaient causé aux explorateurs deux de leurs premières surprises. Il fit frémir l'assemblée en lui parlant des terribles dinosauriens carnivores qui poursuivirent plusieurs fois les membres de la troupe, et qui étaient les bêtes les plus formidables qu'ils eussent rencontrées. De là, il passa au grand oiseau féroce qu'on nomma phororhachos, et au grand élan qui erre encore dans cette haute contrée. Mais quand il aborda les mystères du lac central, la curiosité et l'enthousiasme furent à leur comble. On devait se pincer pour bien s'assurer soi-même que l'on entendait ce professeur, d'esprit positif et sain, décrire froidement, avec mesure, les monstrueux poissons-lézards munis de trois yeux, et les énormes serpents aquatiques qui habitent ce bassin enchanté. Il fournit quelques indications sur la population du plateau, sur ses Indiens, sur son extraordinaire colonie de singes anthropoïdes, qu'on peut considérer comme plus avancés que le pithécanthrope de Java et, partant, comme plus proches que toute forme connue de cet être hypothétique : le fameux chaînon manquant. Il divertit l'auditoire quand il vint à parler de l'ingénieuse mais périlleuse invention du professeur Challenger. Et il termina ce remarquable exposé en rendant compte de la manière dont les explorateurs étaient rentrés dans la civilisation.

« On avait pu croire que la séance finirait là-dessus, après le vote d'une adresse de remerciements et de félicitations présentée par le professeur Sergius, de l'université d'Upsal ; mais il parut vite que les événements allaient suivre une pente moins lisse. Des signes d'hostilité n'avaient pas laissé de se manifester par intervalles. L'orateur venait à peine de se rasseoir que le docteur Illingworth, d'Edimbourg, se leva au centre de l'assistance et demanda s'il n'était pas d'usage qu'avant de voter une motion l'on discutât les amendements.

« LE PRÉSIDENT. – Oui, monsieur, quand il doit y avoir des amendements.

« LE DR ILLINGWORTH. – Il doit y en avoir un, Votre Grâce.

« LE PRÉSIDENT. – Présentez-le donc tout de suite.

« LE PROFESSEUR SUMMERLEE, *se dressant*. – Puis-je expliquer, Votre Grâce, que cet homme est mon ennemi personnel depuis notre polémique, dans le *Journal trimestriel de la Science*, sur la vraie nature du bathybius ?

« LE PRÉSIDENT. – Je ne puis entrer dans les questions de personnes. La parole est au Dr Illingworth.

« Mais les déclarations du Dr Illingworth se perdirent pour une bonne part au milieu des protestations. On voulut même l'obliger à se rasseoir. Sa taille et sa voix lui permirent de dominer le tumulte. Il avait d'ailleurs des amis dans la salle. Sitôt qu'il s'était levé, une minorité avait nettement pris parti en sa faveur. La masse du public gardait une neutralité attentive.

« Le Dr Illingworth commença par dire à quel point il appréciait l'œuvre scientifique réalisée de concert par le professeur Challenger et le professeur Summerlee. Il regrettait qu'on pût voir dans son intervention le fait de préventions personnelles. Il n'obéissait qu'à un souci de vérité. Il observait, en somme, à cette séance, la même attitude que le professeur Summerlee à la séance précédente. À la séance précédente, le professeur Challenger ayant émis certaines assertions, le professeur Summerlee les avait révoquées en doute ; aujourd'hui qu'il les prenait à son compte, il n'entendait pas qu'on les contestât : était-ce raisonnable ? (« Oui ! » « Non ! » Interruption prolongée. Des bancs de la presse, on entend le professeur Challenger demander au Président l'autorisation de faire passer le docteur Illingworth dans la rue.) L'année d'avant, un homme disait certaines choses ; aujourd'hui, quatre hommes en disaient d'autres, plus saisissantes : cela constituait-il une preuve finale, quand il s'agissait de faits incroyables, de faits révolutionnaires ? On n'avait que trop fréquemment accepté à la légère les récits de voyageurs arrivant de pays inconnus. L'Institut zoologique de Londres voulait-il se mettre dans ce cas ? L'orateur reconnaissait chez les membres de la mission des hommes de caractère. Mais la nature humaine est très complexe. Un désir de notoriété peut égarer même des professeurs. Comme les papillons, nous cherchons tous à voltiger dans la lumière. Les chasseurs de gros gibier aiment à pouvoir rabattre le caquet de leurs rivaux. Les journalistes ne détestent pas les coups sensationnels, même quand l'imagination doit leur venir en aide. Chaque membre de la commission avait ses motifs propres de grossir les résultats acquis. (« À l'ordre ! À l'ordre ! ») L'orateur ne voulait blesser personne. (« Vous ne faites que cela ! » Interruption.)

« Sur quoi, continua-t-il, s'appuient tous ces récits merveilleux ? Sur bien peu de chose. Sur quelques photographies : est-ce là un témoignage à une époque où la manipulation photographique se montre si ingénieuse ? Par surcroît, on nous conte une histoire de fuite, de descente au moyen de cordes, qui exclut la production de grands spécimens : cela est habile, mais peu convaincant. J'ai cru comprendre que Lord John

Roxton prétendait avoir un crâne de phororhachos : il pourrait se contenter de dire qu'il voudrait l'avoir.

« LORD JOHN ROXTON. – Est-ce que cet individu me traite de menteur ? (Tumulte.)

« LE PRÉSIDENT. – Silence ! Silence ! Docteur Illingworth, veuillez conclure et présenter votre amendement.

– Votre Grâce, j'aurais encore beaucoup à dire ; mais je m'incline. Je propose donc que des remerciements soient adressés au professeur Summerlee pour son intéressante communication, mais que les faits en cause, étant considérés comme non prouvés, soient soumis à l'examen d'une commission d'enquête plus étendue et, si possible, plus digne de confiance.

« Cet amendement détermina dans la salle une confusion indicible. La majeure partie de l'assemblée, indignée d'un tel blâme à l'adresse des voyageurs, demandait que l'amendement fût retiré ou ne fût pas mis aux voix. On entendit le cri de : « À la porte ! » D'autre part, les mécontents, qui ne laissaient pas d'être nombreux, criaient : « À l'ordre ! », en appelaient au Président, réclamaient le vote. Une bagarre éclata dans le fond, parmi les étudiants en médecine ; seule, la présence modératrice d'un grand nombre de dames empêcha une mêlée générale. Soudain, il se fit un apaisement, puis le silence. Le professeur Challenger était debout. Son attitude, l'air de son visage imposaient l'attention. Il leva la main, et l'assemblée s'immobilisa pour l'entendre.

« – Beaucoup de personnes se souviendront, dit-il, que des scènes pareilles, aussi folles, aussi inconvenantes, marquèrent la dernière réunion où je vous adressai la parole. En cette circonstance, le professeur Summerlee menait l'attaque ; et les regrets qu'il en éprouve à cette heure n'en peuvent effacer entièrement le souvenir. J'ai entendu ce soir des sentiments analogues, plus injurieux encore, s'exprimer par la bouche de la personne qui vient de s'asseoir ; et bien qu'il m'en coûte de m'oublier jusqu'à descendre au niveau mental de ladite personne, je m'y efforcerai, afin de dissiper tous les doutes honnêtes qui pourraient subsister dans les esprits. (Rires et interruptions.) Je n'ai pas besoin de rappeler que si, en qualité de chef de la commission d'enquête, le professeur Summerlee a pris tantôt la parole, c'est moi qui avais déclenché l'affaire, c'est à moi surtout qu'on en doit les résultats. J'ai heureusement conduit ces trois messieurs à la place indiquée, je leur ai démontré la véracité de mes allégations. Nous espérions ne pas trouver à notre retour quelqu'un d'assez obtus pour discuter nos conclusions conjointes. Averti toutefois par une précédente expérience, j'ai eu soin d'apporter des preuves de nature à convaincre un homme raisonnable. Comme vous l'a expliqué le professeur Summerlee, nos appareils photographiques ont été détériorés et la plupart de nos négatifs détruits par les hommes-singes qui dévastèrent notre camp. (Exclamations ironiques. Rires. « À d'autres ! ») Je parle des hommes-singes, et je ne puis m'empêcher de dire que quelques-uns des bruits que j'entends ravivent singulièrement en moi le souvenir de mes rencontres avec ces intéressantes créatures. (Rires). Malgré la destruction de tant d'inappréciables clichés, il reste en notre possession un certain nombre de photographies probantes qui montrent les conditions de la vie sur le plateau. Nous accuse-t-on d'avoir fabriqué ces photographies ? (Une voix : « Oui ! » Longue agitation. Plusieurs interrupteurs sont expulsés de la salle.) Les négatifs ont été soumis à des experts. Mais nous avons d'autres témoignages. Si, dans les conditions où nous avons quitté le plateau, nous ne pouvions emporter un nombreux bagage, du moins nous avons sauvé les collections de papillons et de scarabées du professeur Summerlee, et elles contiennent plusieurs espèces nouvelles. Est-ce ou non une preuve ? (Plusieurs voix : « Non ! ») Qui a dit non ?

« LE DR ILLINGWORTH, *se levant*. — L'existence de ces collections n'implique pas forcément celle d'un plateau préhistorique. (Applaudissements.)

« LE PROFESSEUR CHALLENGER. — Évidemment, monsieur, nous devons, malgré l'obscurité de votre nom, nous incliner devant votre haute compétence. Je passe donc et sur les photographies et sur la collection entomologique[1], pour en venir aux renseignements très divers, très précis, que nous apportons sur certains points non encore élucidés. Par exemple, en ce qui concerne les mœurs des ptérodactyles… (Une voix : « Des blagues ! » Tumulte.) Je dis qu'en ce qui concerne les mœurs des ptérodactyles nous sommes en état de faire la lumière complète. J'ai là, dans mon portefeuille, le portrait d'une de ces bêtes, pris sur le vif et susceptible de vous convaincre…

---

1. Du grec *entomon* (« insecte »), et logos (« science »). L'entomologie est la science des insectes.

« LE Dr ILLINGWORTH. – Aucun portrait ne saurait nous convaincre de quoi que ce soit.

« LE PROFESSEUR CHALLENGER. – Vous demanderiez à voir la bête elle-même ?

« LE Dr ILLINGWORTH. – Sans aucun doute.

« LE PROFESSEUR CHALLENGER. – Vous accepteriez de la voir ?

« LE Dr ILLINGWORTH. – Comment donc !…

« Il se produisit là-dessus un coup de théâtre comme n'en mentionne pas l'histoire des réunions scientifiques. Sur un signal du professeur Challenger, notre confrère Mr. E.-D. Malone se leva et descendit vers le fond de l'estrade. Un instant après, il reparaissait en compagnie d'un gigantesque nègre qui l'aidait à porter une grande caisse carrée. Lentement, il vint déposer cette caisse, qui paraissait très lourde, devant la place du professeur. Un vaste silence régna. Le public, tout à ce qui se passait devant lui, se recueillait. Le professeur Challenger fit glisser le couvercle mobile de la caisse ; puis, se penchant, il regarda à l'intérieur ; on l'entendit, parmi les rangs de la presse, qui murmurait d'une voix caressante : « Petit ! petit ! viens ! » Et presque aussitôt, avec un bruit de grattement et de battement, une horrible, une répugnante créature, sortant de la caisse, se percha au-dessus. Même l'accident survenu à ce moment, la chute inopinée du duc de Durham dans l'orchestre, ne détourna pas l'attention pétrifiée de l'assistance. À voir la bête, on eût dit la plus extravagante gargouille[1] conçue par l'imagination déréglée

---

1. Gouttière en forme de démon.

d'un artiste du Moyen Âge. Elle avait une tête méchante, hideuse, où deux petits yeux rouges luisaient comme des tisons; son long bec féroce, à demi ouvert, étalait une double rangée de dents semblables à des rapières[1]; une sorte de châle gris déteint s'arrondissait sur ses épaules bossues. C'était le diable en personne, tel que nous nous le figurions dans notre enfance.

« Le désordre se met dans la salle. On crie. Deux dames aux premières rangées de sièges s'évanouissent. L'estrade semble vouloir, comme son président, passer dans l'orchestre. Un moment, on a lieu de craindre une panique. Le professeur lève les bras pour tâcher de calmer l'émotion; son mouvement effraye la bête derrière lui; elle déroule tout d'un coup son châle, dont les pans deviennent deux ailes de cuir qui se mettent à battre. Le professeur veut la retenir par les jambes: trop tard, elle s'est élancée de son perchoir, elle vole, décrivant des cercles, dans l'immensité de Queen's Hall; ses ailes, longues de dix pieds, ont des claquements secs; une odeur fétide et pénétrante circule à sa suite. Les cris des galeries, épouvantées par l'approche de ces yeux brillants et de ce bec meurtrier, l'affolent. Elle tourne de plus en plus vite, heurtant les murs, les lustres. « La fenêtre! Au nom du ciel, fermez la fenêtre! » vocifère le professeur, qui se démène sur l'estrade et se tord les mains avec angoisse. Trop tard encore! La bête, en se cognant aux murs comme un monstrueux papillon à un globe de lampe, a rencontré la fenêtre; elle s'est précipitée au travers; elle a dis-

---

1. Mot tiré du francique *raspon* (« rafler »). Épée à lame fine et longue, fort prisée dans les duels.

paru ! Et le professeur Challenger, retombant sur son siège, enfouit son visage dans ses mains, tandis que le public pousse un long, un profond soupir de délivrance !

« Alors… oh ! qui dira ce qui advint alors, quand, la majorité ne se contenant plus, et la minorité, entièrement retournée, se joignant à elle, il se forma une vague d'enthousiasme qui roula du fond de la salle, grossit en s'approchant, déferla sur l'orchestre, submergea l'estrade, emporta les quatre héros sur sa crête ? (Très bien, ça, Mac !) Si on ne leur avait pas fait pleine justice, on leur faisait sans réserve amende honorable[1]. Tout le monde était debout. Tout le monde allait, criait, gesticulait. On se poussait autour des voyageurs, on les acclamait. « En triomphe ! en triomphe ! » hurlèrent des centaines de voix. Instantanément, leurs quatre figures s'élevèrent au-dessus des têtes. En vain ils se débattirent : ceux qui les tenaient ne les lâchaient plus. On eût voulu les descendre qu'on y aurait eu grand-peine, tellement la foule les serrait de toutes parts. Les voix crièrent : « Regent Street ! Regent Street ! » Il y eut un grand remous ; puis un courant peu à peu se dessina ; et sur les épaules qui les soutenaient les quatre voyageurs gagnèrent la porte. Au-dehors, le coup d'œil était extraordinaire. Cent mille personnes attendaient. Cette multitude allait de Langham Hotel à Oxford Circus. Un ouragan d'acclamations salua les triomphateurs lorsque, dominant les manifestants, ils apparurent dans la vive clarté des lampadaires électriques. On cria :

---

1. Reconnaître publiquement sa faute et s'en excuser.

« Un cortège ! Un cortège ! » Et une phalange compacte, qui bloquait les rues d'un bord à l'autre, s'avança par Regent Street, Pall Mall, Saint-James's Street et Piccadilly, interrompant la circulation dans tout le centre de Londres : d'où un certain nombre de collisions entre les manifestants d'une part et, d'autre part, la police et les conducteurs de taxi-cabs. Il était minuit passé quand les voyageurs recouvrèrent la liberté devant le logement de Lord John Roxton dans l'Albany et que la foule, après avoir entonné en chœur : « Ce sont de fameux gaillards ! » couronna son programme par le *God save the King*. Ainsi finit l'un des soirs les plus inouïs que Londres ait vus depuis un temps considérable. »

Parfait, ami Macdona ; voilà un compte rendu fleuri, mais fidèle. Quant à l'incident qui émut si fort le public, il surprit tout le monde, excepté nous, aide besoin de le dire ? Qu'on se rappelle ma rencontre avec Lord John le jour où, sous la protection de sa crinoline-abri, il cherchait pour Challenger ce qu'il appelait un « poussin du diable ». J'ai, de plus, laissé entendre les ennuis que nous avait causés le bagage du professeur lors de notre évasion du plateau. Enfin, si j'avais conté notre retour, j'aurais eu fort à dire sur la peine que nous dûmes prendre pour entretenir avec de la viande pourrie l'appétit de notre immonde compagnon ; mais j'ai respecté le désir du professeur de réserver pour la dernière minute, sans que rien permît de l'éventer, l'argument sans réplique qui confondrait ses adversaires.

Que devint le ptérodactyle amené à Londres ? Rien de certain à cet égard. Deux femmes racontèrent avec épouvante qu'elles l'avaient vu se percher sur le toit de Queen's Hall et qu'il y demeura plusieurs heures comme une statue diabolique. Le lendemain, les journaux du soir annoncèrent que le soldat Mills, des Coldstream Guards, avait comparu devant un conseil de guerre pour avoir, alors qu'il se trouvait de faction devant Marlborough House, déserté son poste : le conseil n'avait pas admis le système de défense du soldat Mills déclarant que, s'il avait jeté son fusil et pris ses jambes à son cou, c'était qu'il avait vu soudain le diable entre lui et la lune ; peut-être, cependant, le fait allégué a-t-il quelque rapport avec celui qui nous occupe. Le seul autre témoignage que je puisse produire, je l'emprunte au journal de bord du steamer Fnesland, de la Compagnie Hollando-Américaine : il y est dit qu'un matin (qui se trouve être le lendemain du jour de la séance), à neuf heures, le navire ayant Stand Point à dix milles par tribord, quelque chose qui tenait le milieu entre une chèvre volante et une monstrueuse chauve-souris passa au-dessus de lui, fuyant vers le sud-est à une vitesse prodigieuse. Si l'instinct du retour le dirigeait dans la bonne ligne, il n'y a pas de doute que le dernier ptérodactyle européen ait trouvé sa fin quelque part dans l'étendue déserte de l'Atlantique.

Et Gladys ? ma Gladys ? la Gladys du lac mystique, qu'il faut à présent que je renomme « central », car jamais elle ne recevra de moi l'immortalité… N'avais-je pas toujours senti chez elle une certaine dureté de fibre ? Même dans l'instant où j'obéissais avec orgueil à son ordre, n'avais-je pas senti qu'elle était une pauvre amoureuse celle qui poussait son amoureux à la mort ou

Le Monde perdu

à un danger de mort ? Une sincérité envers moi-même dont j'avais beau me défendre, et qui prévalait sans cesse, ne me montrait-elle pas, derrière la beauté du visage, une âme où je discernais les deux ombres jumelles de l'égoïsme et de l'inconscience ? Aimait-elle l'héroïsme, la grandeur, pour leur noblesse propre, ou pour ce qu'elle en recueillerait de gloire sans qu'il lui en coûtât d'effort ni de sacrifice ? Mais peut-être ne m'en avisais-je qu'aujourd'hui, par l'effet de cette vaine sagesse que donne l'expérience. J'avais reçu un coup. Je pus croire un instant que je versais dans le pire scepticisme. Depuis, une semaine est déjà passée ; nous avons eu avec Lord Roxton une conférence des plus importantes, et… et j'estime, ma foi, que les choses auraient pu tourner plus mal.

Je m'explique en peu de mots. Aucune lettre, aucun télégramme ne m'avait accueilli à Southampton ; et quand j'arrivai, ce soir-là, vers dix heures, devant la petite villa de Streatham, l'inquiétude me donnait la fièvre. Gladys était-elle morte ou vivante ? Que devenaient les songes de mes nuits : ses bras ouverts, son sourire, les mots qu'elle saurait trouver pour l'homme qui avait risqué sa vie sur un caprice d'elle ? Je quittais déjà les hauteurs, je touchais le sol. Pourtant quelques bonnes raisons venues d'elle suffiraient à me renvoyer dans les nuages. Je traversai en courant l'allée du jardin, je soulevai le marteau de la porte, j'entendis à l'intérieur la voix de Gladys et, passant devant la servante ahurie, je tombai dans le salon. Gladys était là, sur un canapé bas, près du piano, éclairée par la lampe classique. Je franchis en trois pas la distance qui me séparait d'elle, je lui pris les mains.

— Gladys ! m'écriai-je. Gladys !

Elle leva les yeux. Le plus vif étonnement se peignit sur sa figure. Un changement subtil s'était opéré en elle. Je ne lui reconnaissais pas ce regard levé, fixe, dur, ni cette inflexion des lèvres. Elle retira ses mains.

— Qu'est-ce que cela signifie ? dit-elle.

— Gladys, repris-je, qu'avez-vous ? N'êtes-vous pas toujours ma Gladys, la petite Gladys Henderson ?

— Non, répondit-elle, je suis Gladys Potts. Laissez-moi vous présenter à mon mari.

Que la vie est absurde ! Je me surpris adressant un salut mécanique et serrant la main à un petit homme roussâtre, lové dans les profondeurs du fauteuil qu'on me réservait naguère ; nous nous balancions et grimacions l'un devant l'autre.

— Père veut bien nous loger ici en attendant que notre maison soit prête.

— Ah ?...

— Vous n'avez donc pas reçu ma lettre à Para ?

— Je n'ai reçu aucune lettre.

— Quel dommage ! Elle vous expliquait tout.

— Mais tout s'explique de reste.

— Je n'ai rien caché à William. Nous n'avons pas entre nous de secret. Mon Dieu, que je regrette ce qui arrive ! Pourquoi, aussi, m'abandonner, vous en aller au bout du monde ?... Vous n'êtes pas fâché ?

— Non, non, pas du tout. Je vous laisse.

— Vous allez d'abord vous rafraîchir, dit le petit homme.

Le Monde perdu

Il ajouta, d'un ton de confidence :

— C'est toujours la même histoire, n'est-ce pas ? Et ce sera toujours la même, tant que nous n'aurons pas la polygamie... mais à rebours[1], vous comprenez ?

Il éclata d'un rire idiot. Je gagnai vivement la porte. Et je me disposais à sortir quand, cédant à une impulsion saugrenue, je me retournai soudain et revins vers mon heureux rival, qui regardait nerveusement la sonnette électrique.

— Voulez-vous me permettre une question ? demandai-je.

— Pourvu qu'elle soit raisonnable, dit-il.

— Qu'avez-vous fait dans la vie ? Cherché un trésor caché ? Découvert un pôle ? Monté un bateau pirate ? Survolé la Manche ? Enfin, comment et par quoi vous êtes-vous donné le prestige du romanesque ?

Il me considéra, et je lus un véritable désespoir sur sa bonne figure insignifiante et chétive.

— Ne croyez-vous pas, murmura-t-il, que voilà une question bien personnelle ?

— Alors, m'écriai-je, répondez simplement à ceci : quelle profession exercez-vous ?

— Je suis second clerc d'avoué chez MM. Johnson et Merivale, 41, Chancery Lane.

— Bonne nuit ! dis-je.

Et bouillonnant de chagrin, de rage, riant avec amertume, je m'évanouis dans les ténèbres, à la façon de tous les héros incon-

---

[1]. Tournure qui supplée à l'ignorance du terme « polyandrie ». Le nouveau mari de Gladys imagine que, tel un polygame, homme doté de plusieurs femmes, Gladys pourrait avoir deux maris.

solables dont on vient de briser le cœur!

Encore un épisode, et j'ai fini. Après dîner, hier soir, chez Lord John Roxton, nous fumions et devisions familièrement de nos aventures. J'éprouvais une curieuse impression à retrouver dans un cadre si différent les mêmes visages. Il y avait là Challenger, avec son rire condescendant, ses paupières basses, ses yeux intolérants, sa barbe agressive, son torse énorme ; gonflant les joues, soufflant la fumée, il parlait à Summerlee d'un air de rendre des arrêts. Et Summerlee, sa courte pipe de bruyère entre sa mince moustache et sa barbiche grise, tendait sa figure fatiguée, discutait avec animation, opposait à toutes les sentences de Challenger mille chicanes[1]. Quant à notre hôte, avec ses traits aigus, son visage d'aigle, il continuait de garder au fond de ses yeux, bleus et froids comme un glacier, une lueur de malice.

Ce fut dans son sanctuaire même, sous l'éclat rose des lampes, parmi ses innombrables trophées, que Lord Roxton nous fit, un peu plus tard, la communication qu'il avait à nous faire. Il avait pris dans un placard une vieille boîte à cigares et l'avait posée sur la table.

– Il y a, dit-il, une chose dont j'aurais peut-être dû vous parler plus tôt, mais j'ai préféré d'abord me renseigner ; inutile de faire naître prématurément des espérances. Vous rappelez-vous que, le jour où nous découvrîmes le marais des ptérodactyles, la configuration et la nature du terrain me frappèrent ? Mais peut-

---

[1]. Disputes, querelles de mauvaise foi à propos de détails.

être n'y avez-vous pas pris garde. Le marais était un ancien cratère plein d'argile bleue.

Les professeurs s'inclinèrent.

– En fait de cratère plein d'argile bleue, je n'en connaissais qu'un autre au monde : la mine de diamants de Becrs, à Kimberley. Aussi, voyez-vous, je n'avais plus que diamants dans la cervelle. J'inventai un équipement qui me protégeât contre les sales bêtes, et je passai une bonne journée à fouiller le sol au couteau. Voici ce que j'en tirai.

Ouvrant la boîte à cigares, il y puisa et mit sur la table vingt ou trente cailloux raboteux, dont la grosseur variait de celle d'un haricot à celle d'une noisette.

– Oui, peut-être, j'aurais déjà dû vous dire cela. Mais je sais à quoi l'on s'expose en parlant à l'étourdie. Ces pierres, malgré leur grosseur, n'auraient de prix qu'en raison de leur couleur et de leur pureté une fois sorties de leur gangue. Je les apportai à Londres ; et le jour même de notre arrivée, j'allai trouver Spink, je lui demandai d'en tailler grossièrement une et de l'évaluer.

Il prit dans sa poche une petite boîte, d'où il fit tomber un diamant qui jetait mille feux, une des pierres les plus belles que j'eusse jamais vues.

– Voilà le résultat. Au dire de Spink, l'ensemble vaut, pour le moins, deux cent mille livres. Naturellement, nous partagerons la somme. Je n'entends pas qu'il en soit autrement. Eh bien, Challenger, qu'allez-vous faire de vos quarante mille livres ?

– Si vraiment vous persistez dans vos généreuses intentions, dit le professeur, je fonde un musée particulier, ce dont je rêvais de longue date.

– Et vous, Summerlee ?

– Je quitte l'enseignement pour me consacrer à la classification définitive des fossiles de la craie.

– Moi, dit Lord John Roxton, j'organise une expédition, je m'en vais revoir un peu le cher plateau. Quant à vous, jeune homme, vous vous mariez, je suppose ?

– Pas encore, dis-je, avec un piteux sourire ; je crois plutôt que je vous accompagne… si vous voulez de moi.

Lord Roxton ne me répondit pas ; mais une main brunie chercha la mienne par-dessus la table.

BIEN LIRE

CHAPITRE 16
• Pourquoi Malone délègue-t-il à un autre journaliste, Macdona, la charge de relater la conférence spectaculaire donnée par les quatre héros ?

Après-texte

POUR COMPRENDRE

Séquence 1	Chapitre 1	296
Séquence 2	Chapitre 2	298
Séquence 3	Chapitres 4, 9 et 10	300
Séquence 4	Chapitres 7, 8 et 14	302
Séquence 5	Chapitre 8	304
Séquence 6	Chapitres 11 et 13	305
Séquence 7	Chapitre 16	306
Séquence 8	Les fins de chapitre	308

GROUPEMENT DE TEXTES

Les animaux préhistoriques 309

INFORMATION/DOCUMENTATION

Bibliographie, filmographie, visites, Internet 318

CHAPITRE 1

Lire

1 Chaque chapitre commence par une épigraphe (phrase placée en tête de livre, de poème ou de chapitre), composée d'une phrase tirée du texte. Retrouvez qui tient les propos de cette épigraphe et commentez-les.

2 Le premier chapitre, comme la scène d'exposition au théâtre, présente les lieux, les personnages et l'intrigue. Qu'apprend-on, ici, de Gladys ?

3 Le héros-narrateur ne peut se décrire, mais que pouvez-vous dire de lui (nom, âge, profession, caractère, etc.) ?

4 En quoi la définition de l'homme d'action, selon Gladys, révèle-t-elle son égoïsme ?

5 Trouvez-vous acceptable le rôle réservé aux femmes dans le discours de Gladys ?

6 Les raisons invoquées par Gladys pour aimer un « homme d'action » vous semblent-elles les meilleures ?

7 En quoi la discussion des deux « amis » annonce-t-elle la future aventure ?

8 Edouard Malone a pris des risques en descendant dans la mine détruite par un coup de grisou. Étudiez l'explication qu'il donne de ce geste courageux et demandez-vous si elle suffit.

9 Relisez le dernier paragraphe : cherchez quelle métaphore sera concrétisée par la suite. Comment Malone modère-t-il son enthousiasme idéaliste par une réflexion bien matérielle ?

Écrire

10 Rédigez le portrait d'Edouard Malone à partir des éléments recensés à la question 3.

11 Classez en deux colonnes les idées que se font Edouard Malone, d'une part, et Gladys, d'autre part, de l'homme idéal.

12 Résumez, dans un récit ordonné, l'entretien d'Edouard et de Gladys.

13 Imaginez ce que Gladys pourrait dire de Malone.

Chercher

14 Le père de Gladys part pour une réunion maçonnique. Cherchez dans une encyclopédie ce qu'est la franc-maçonnerie.

15 Cherchez l'étymologie du mot « héroïsme » et étudiez l'évolution de sa signification depuis l'Antiquité.

16 Recherchez les circonstances exactes de la célèbre rencontre, au fin fond de l'Afrique, entre Stanley, cité p. 13, et Livingstone.

17 Gladys évoque l'exploit d'un jeune « Français parti en ballon » : cherchez des exemples analogues, dans la réalité, la littérature ou au cinéma.

> ### L'OUVERTURE D'UN ROMAN
>
> **À SAVOIR**
>
> Le premier chapitre d'un roman est primordial. C'est lui qui détermine le lecteur à poursuivre son roman en lui donnant les indications clefs, sans toutefois trop en révéler. Il doit permettre de situer le héros, ses goûts, son tempérament, dans un contexte précis : ici, l'Angleterre du début du XXe siècle, dans un salon bourgeois.
>
> Si le héros est également le narrateur, nous devinons sa personnalité par son style et ses réflexions sur ce qu'il ressent. Nous le connaissons également par certains comportements et répliques de ses interlocuteurs. Ici, le père de Gladys « réprouve l'habituelle légèreté » du héros. Gladys « rit de [sa] brusque effervescence irlandaise » et Malone lui-même se condamne pour n'avoir pas su séduire celle qu'il aime.
>
> Enfin, le premier chapitre doit accrocher le lecteur par l'annonce d'un projet, d'une intrigue ou d'un problème à résoudre. Ici, le chapitre se referme sur la décision de Malone : accomplir un exploit. Comme il s'est montré dynamique, volontaire et courageux, nous ne doutons pas qu'il nous conduise vers une aventure extraordinaire.
>
> Rappelons la particularité de l'épigraphe qui donne, en quelque sorte, un titre à chaque chapitre. Ce procédé a été utilisé, entre autres, par Stendhal, dans *Le Rouge et le Noir* (1830).

CHAPITRE 2

Lire

1 Étudiez le portrait de Mc Ardle et comparez ce « petit vieux bourru » avec d'autres journalistes dans des romans, des bandes dessinées ou au cinéma.

2 Étudiez les arguments par lesquels Malone parvient à convaincre Mc Ardle de lui confier une mission.

3 Étudiez les caractéristiques d'une fiche biographique (celle de Challenger ressemble aux fiches que toutes les rédactions de journaux tiennent en réserve).

4 Comparez cette fiche biographique avec ce que Mc Ardle dit de Challenger.

5 Quels compléments d'information la discussion de Malone avec Tarp Henry apporte-t-elle ?

6 Quelles conclusions peut-on tirer de ces divers documents consacrés à Challenger ?

7 Analysez la lettre que Malone écrit à Challenger. Par quels procédés cherche-t-il à attirer l'attention et la bienveillance du professeur ?

8 Lisez attentivement le dernier paragraphe. En quoi la rencontre avec Challenger peut-elle constituer un premier exploit ?

9 Quelles sont les diverses interprétations de la dernière phrase du chapitre ?

Écrire

10 Reprenez la fiche biographique de Challenger et transposez-la en un récit rédigé comme un roman.

11 Reprenez le résumé de Mc Ardle et complétez-le en respectant le discours indirect, en ajoutant quelques articulations logiques et en surveillant les indices de temps.

12 Relisez la biographie de Conan Doyle et rédigez sa fiche biographique.

13 Relevez les arguments favorables à Challenger et ceux qui lui sont défavorables.

14 Rédigez une lettre pour obtenir un entretien avec un éminent savant de votre choix.

Chercher

15 Qu'est-ce que l'Agence Reuter ? Cherchez d'autres organismes du même type.

16 Que semble suggérer le nom du professeur Challenger ? Cherchez la signification de ce mot d'origine anglaise et voyez en quoi elle pourrait s'appliquer au professeur.

17 Cherchez dans une encyclopédie qui sont Lamarck, Darwin et Cuvier.

PAGES 18 à 28

LES TYPES DE RÉCITS ET LES PORTRAITS

Le Monde perdu est un récit réaliste, c'est-à-dire qu'il donne une image du monde réel, présent ou passé. Ses personnages sont de l'ordre du vrai ou du vraisemblable. Mais c'est aussi un récit de science-fiction, qui s'inspire des découvertes scientifiques et relate des aventures fictives. Les romans de science-fiction se situent souvent dans le futur et dans d'autres univers. Ici, l'action se déroule, en partie, dans une préhistoire miraculeusement conservée sur un plateau rocheux d'Amérique du Sud.

Avant de rencontrer le professeur Challenger qui l'entraînera dans ces aventures préhistoriques, le journaliste se documente. C'est l'occasion de présenter des personnages originaux. L'auteur peut proposer un portrait direct (il décrit son interlocuteur au chapitre 3) ou indirect (il lit une fiche biographique ou écoute quelqu'un qui connaît le personnage : Mc Ardle ou Tarp Henry).

Le portrait comporte beaucoup d'adjectifs qualificatifs, de comparaisons et de métaphores. Mc Ardle bénéficie d'un portrait réaliste : il est « bourru, voûté et roux ». Le professeur Challenger pâtira d'un portrait caricatural : il sera comparé à un taureau au chapitre 3. La description peut changer selon l'angle de vue : Malone voit d'abord la « figure ricanante et rouge » de Mc Ardle, puis son « crâne liséré de petits poils blonds ».

Le récit biographique, au contraire, comporte de nombreux verbes d'action et des indices de temps et de lieu. Par exemple, Challenger, né à Largs en 1863, devient adjoint au British Museum en 1892 avant de résigner ses fonctions en 1893.

CHAPITRES 4, 9 ET 10

Lire

1 Étudiez, p. 49, la description du monstre représenté par Maple White. Comment Malone parvient-il à détailler un animal qu'il ne connaît pas ?

2 Par quelles raisons Malone explique-t-il, dans le chapitre 4, ce dessin ?

3 Comment Malone explique-t-il la ressemblance entre ce dessin et la planche tirée de la monographie de Ray Lankester ?

4 Quand et pourquoi Malone est-il convaincu que Challenger ne ment pas ?

5 Au chapitre 9, quelles sont les découvertes qui suggèrent aux héros la présence d'une « humanité hostile » ?

6 Plus tard, les héros sont attaqués par un ptérodactyle. Étudiez comment la surprise est soulignée par le calme qui précède l'attaque.

7 Au chapitre 10, comment Malone suggère-t-il la faible intelligence des iguanodons ?

8 Expliquez les réactions différentes des héros après la fuite des iguanodons.

9 Pages 162 et 163, Malone imagine des dinosaures plus effrayants que l'iguanodon. En quoi ménage-t-il ainsi un suspense ?

Écrire

10 Trouvez un dinosaure qui ne soit pas présenté par Malone et décrivez-le au repos (le vélociraptor, le tricératops, l'ichtyosaure, par exemple).

11 Imaginez une situation qui le mette en mouvement.

12 Quelles seraient vos réactions face à un dinosaure ? Cherchez à préciser vos réactions physiques et psychologiques.

13 Imaginez le titre d'un article où vous raconteriez cette rencontre.

Chercher

14 Dans quelles conditions climatiques les dinosaures vivaient-ils ?

15 Quels sont les dinosaures dont on a retrouvé les traces en France ?

16 Dans quelles régions de France trouve-t-on des traces de dinosaures ?

LA REPRÉSENTATION DES MONSTRES : DESCRIPTION, ÉTYMOLOGIE, SUSPENSE

Les grands sauriens du jurassique n'existent plus que sous la forme de squelettes. L'art de Conan Doyle consiste à les faire revivre sous nos yeux. D'abord, il propose des portraits statiques et dynamiques en employant des périphrases, des comparaisons, des métaphores et en s'appuyant sur des verbes de mouvement. Page 136, Malone décrit un ptérodactyle en commençant par une approximation (« quelque chose »), suivie d'une comparaison (« comme un aéroplane »). Il poursuit par des précisions physiques dont il déduit un comportement : « des yeux féroces, rouges, avides ». Il conclut par une référence à la mythologie antique (« Harpies ») en conférant ainsi aux ptérodactyles un caractère surnaturel. Ce portrait est mis en mouvement par l'angle de vue : d'abord Malone ne perçoit qu'une forme ; à la fin, il distingue même « de petites dents luisantes ». Cette progression correspond à l'approche de l'oiseau. Malone multiplie les verbes de mouvement : fondre, agiter, se tendre, fuir, flotter.

Ensuite, il tire de l'étymologie des éléments de description. Depuis la Renaissance, les scientifiques français ont inventé des noms pour décrire des objets nouveaux en combinant des racines grecques ou latines. Dès la page 49, Malone décrit la « bête fantastique » représentée par Maple White : « un corps de lézard ventru, une échine courbe surmontée d'une haute denture ». Si l'on reprend les mots grecs désignant « ce qui surmonte » (*stegein*) et le « reptile » (*saura*) on comprend qu'il décrit un stégosaure. En relatant la terreur des aventuriers devant les dinosaures, le narrateur ne fait que mettre en scène l'étymologie de ces « terribles » (*deinos*) « reptiles » (*saura*).

Enfin, Malone mobilise l'attention du lecteur en ménageant un suspense. Il lui suffit d'annoncer un spectacle terrifiant sans le décrire, mais en relatant ses effets sur les spectateurs. Page 163, les quatre aventuriers commencent par percevoir « un étrange bruit ». Lord John part en avant pour inspecter les lieux. Ses amis le voit « écarquiller les yeux » mais ne savent pas pourquoi. Ce n'est que quinze lignes plus tard que nous apprenons qu'il s'agit d'une assemblée de ptérodactyles. Ici, le suspense dure peu, mais d'autres phénomènes étranges ne recevront leur explication qu'à la fin du roman : les recherches de Lord John dans l'argile bleue et le paquet encombrant de Challenger déboucheront sur la présentation de diamants et sur l'envol d'un bébé ptérodactyle à Londres.

CHAPITRES 7, 8 ET 14

Lire

1 Chapitre 7 : Étudiez le portrait de Summerlee. En quoi est-il, malgré son âge et sa profession, préparé à l'aventure ?

2 Quelles sont les ressemblances et les différences entre Summerlee et Lord Roxton ?

3 Pourquoi Lord Roxton est-il apprécié des Indiens ?

4 Chapitre 14 : Quelles sont les premières déductions des aventuriers quand ils examinent les Indiens du plateau ?

5 Comment Challenger explique-t-il la coexistence, sur le plateau, de reptiles du jurassique, d'hommes-singes et d'Indiens ?

6 Pourquoi les héros décident-ils de se réfugier dans les cavernes des Indiens ?

7 Quelle idée Challenger tirera-t-il de l'examen d'un geyser de boue chaude ?

8 Que peut-on penser de la punition infligée aux femmes-singes et à leurs enfants ?

Écrire

9 Transformez le portrait de Summerlee en remplaçant les évaluatifs par leurs antonymes (mots de sens contraire) : les mélioratifs par des péjoratifs et inversement.

10 Transposez, dans le chapitre 7, le récit de la défense des Indiens par Roxton en discours prononcé par Roxton.

11 Racontez ce même épisode du point de vue des Indiens.

12 Au début du chapitre 14, Malone décrit les Indiens rescapés. Imaginez la description des quatre Européens par les Indiens.

Chercher

13 Relevez les évaluatifs mélioratifs concernant les hommes-singes dans les deux dernières pages du chapitre 14 et commentez leur emploi.

14 Qui était Las Casas et comment a-t-il amélioré le sort des Indiens ?

15 Quand les Indiens ont été soustraits à l'esclavage en Amérique, on leur a substitué des esclaves venus d'Afrique. Cherchez ce qu'était le commerce triangulaire.

16 Pour ce qui concerne l'esclavage des Africains dans les colonies françaises, cherchez ce qu'étaient :
– le code noir ;
– la Société des amis des Noirs ;
– la date d'abolition de l'esclavage par le gouvernement français.

L'EXPRESSION DES IDÉES REÇUES ET DES JUGEMENTS DE VALEURS

L'anthropologie, selon son étymologie grecque (*anthropos*, « homme » + *logos*, « science »), étudie les hommes dans leur diversité. Mais à vouloir classer, on risque de hiérarchiser. Le racialisme prétend démontrer scientifiquement l'inégalité des races. Malone n'échappe pas aux préjugés racistes qui transparaissent dans l'emploi des affectifs et des évaluatifs.

Zambo, engagé par les aventuriers à Manáos, est un personnage secondaire important. Son aide et sa fidélité sauveront les héros dans les pires moments. Mais le Britannique Malone le présente, p. 97, comme « un nègre gigantesque et docile ». Le substantif a une connotation péjorative ; on dirait aujourd'hui « un Noir ». Le premier adjectif, évaluatif, et le second, plus affectif, sont apparemment mélioratifs, mais suggèrent l'obéissance d'un être inférieur, sinon par la taille, du moins par l'intelligence.

Au chapitre suivant, Zambo attaque Gomez qui espionne les héros. Malone analyse ce geste : « Notre terrible nègre [...] joint à une fidélité de caniche la haine de sa race pour les demi-sang. » L'adjectif « terrible » est péjoratif et ambigu : il désigne la terreur mais peut suggérer une sorte d'exaspération admirative de Malone. La comparaison animale (« caniche ») déprécie la qualité humaine de Zambo (« fidélité »). L'explication de Malone tente de donner des bases scientifiques à son racisme. La conception qu'il prête à Zambo — une race pure est supérieure à un métissage — est apparemment la sienne.

Plus tard, Malone précisera : « notre fidèle Zambo », et Summerlee appréciera ses conseils (p. 249) : « c'est la voix de la raison ». Ces diverses corrections résultent d'un apprentissage : dans le danger, les héros ont découvert les multiples qualités de Zambo et auraient péri sans lui. Il n'empêche que les préjugés les empêchaient de le considérer d'emblée comme égal.

Il en va de même pour les métis Gomez et Manuel, présentés p. 98. Les évaluatifs et la comparaison avec des animaux indiquent que les héros blancs les considèrent comme inférieurs. Ils ont un « air farouche » et sont « souples et nerveux comme des panthères ». Ici, le jugement moral est déterminé par l'aspect physique des métis. La comparaison suggère un danger et la suite du roman le confirmera.

L'emploi des évaluatifs, des affectifs, des comparaisons et des métaphores permet au lecteur de mieux connaître les personnages et le narrateur.

CHAPITRE 8

Lire

1 Relevez, d'une part, les expressions qui renvoient à l'architecture d'une cathédrale, d'autre part, celles qui pourraient caractériser son atmosphère et le comportement de ceux qui y pénètrent.

2 Pourquoi y a-t-il autant de plantes grimpantes ?

Écrire

3 Transposez la description de la jungle en description d'une forêt française.

4 Décrivez l'intérieur d'un lieu de culte comme s'il s'agissait d'une forêt.

5 Décrivez la forêt en la comparant, cette fois, à un palais.

Chercher

6 Où y a-t-il des forêts vierges dans le monde ?

7 Quelle est la taille de l'Amazonie par rapport à la France ?

8 Quel était le commerce qui a fait la richesse de Manáos ?

> **À SAVOIR**
>
> **LA DESCRIPTION D'UN PAYSAGE ÉTRANGE**
>
> La description des lieux est importante dans les romans d'aventures : les héros parcourent des terres inconnues, souvent hostiles, mais parfois d'une beauté stupéfiante. La description informe le lecteur sur le contexte dans lequel se déroule l'action. Elle crée une pause dans le récit et permet au narrateur d'exprimer ses sentiments face au spectacle de la nature. L'étude de la description de la forêt amazonienne, pages 108-110, met en relief quelques règles d'écriture. Si le récit est au passé simple, la description se fait à l'imparfait, mais pour exprimer la permanence de certains faits, le narrateur emploie un présent de vérité générale (l. 87-96).
>
> Un même paysage peut susciter la surprise (l. 67), l'admiration (l. 70) ou encore l'horreur (l. 92). Malone encadre sa description d'exclamations qui témoignent de son émotion.
>
> Ici, la métaphore filée de la cathédrale magnifie la forêt en lui conférant un caractère sacré. De nombreux évaluatifs mélioratifs se combinent avec des adjectifs de couleur pour forcer l'admiration du lecteur. Enfin, cette description est animée par des verbes de mouvement (« les plus petites plantes [...] s'agrafent et s'entortillent, [...] grimpent, [...] enlacent, [...] se poussent ») et l'illustration sonore (« singes hurleurs ; caquetage des perruches ; ronflement des insectes ») complète le tableau.

CHAPITRES 11 ET 13

Pages 171 à 191 et 211 à 230

Lire

1 Au chapitre 11, comment s'opère la première rencontre entre Malone et un homme-singe ?

2 Au chapitre 13, quel est le comportement de Challenger face aux hommes-singes qui l'ont fait prisonnier ?

3 Repérez les ressemblances entre Challenger et le roi des hommes-singes.

4 En quoi ces êtres sont-ils plus proches de l'homme que du singe ?

Écrire

5 Décrivez un homme vu pour la première fois par un homme-singe.

Chercher

6 Pourquoi Y. Coppens et les anthropologues anglais qui l'accompagnaient ont-ils baptisé « Lucy » le squelette qu'ils ont retrouvé ?

7 Les australopithèques ont-ils coexisté avec les premiers hommes ?

À SAVOIR

DIALOGUE ET POLÉMIQUE

Dans les récits d'aventures, les héros s'entretiennent souvent et se disputent parfois : une discussion violente s'appelle « une polémique » (du grec *polemikos*, « relatif à la guerre »). Les querelles des savants commencent à Londres. Pages 76 et 77, Malone les relate au style indirect en variant les verbes déclaratifs : répondre, répliquer, riposter. La dispute recommence, au dernier chapitre, entre les professeurs Illingworth et Summerlee. Comme dans une pièce de théâtre, le dialogue est mis en page avec le nom des interlocuteurs en capitales, suivi d'un tiret qui précède la réplique. Comme ce dialogue est rapporté dans un article, lui-même cité par Malone, chaque réplique, comme chaque paragraphe de l'article, est introduite par des guillemets.

Au chapitre 11, les deux professeurs rivaux interrogent Malone sur la nature de l'être inconnu qu'il vient de voir. Le dialogue est rapporté au style direct pour une présentation immédiate et objective des propos. La mise en page est différente ; chaque réplique est précédée d'un tiret et peut comporter une incise précisant qui parle et comment il le fait :

« – Il nous guettait depuis notre arrivée, *dis-je*.
– Comment le savez-vous ? *demanda* Lord John. »

Les dialogues animent le roman et transforment certains passages en scènes de théâtre.

CHAPITRE 16

Lire

1 En quoi le premier paragraphe du chapitre ressemble-t-il à un discours officiel ?

2 Pourquoi Malone préfère-t-il laisser la parole à un autre journaliste pour relater la conférence à laquelle il participe ?

3 Quelles sont les ressemblances et les différences entre cette conférence et celle du chapitre 5 ?

4 Étudiez les remarques que Malone fait, entre parenthèses, sur l'article de son confrère.

5 Étudiez la typographie des échanges entre le président et les professeurs Illingworth, Summerlee et Challenger.

6 Comparez l'apparition du ptérodactyle avec celle relatée au chapitre 9.

7 Pourquoi Malone surmonte-t-il assez facilement sa déception amoureuse ?

8 Comment les dernières répliques incitent-elles le lecteur à espérer une suite ?

Écrire

9 Transposez l'un des dialogues rapportés au style direct en récit au style indirect.

10 Transposez au passé simple l'avant-dernier paragraphe, qui est rédigé au présent.

11 Imaginez les reproches que Malone aurait pu faire à Gladys et qu'il tait par pudeur et dignité.

Chercher

12 Où se trouve le port de Southampton ?

13 Retrouvez, sur un plan de Londres, le trajet suivi par le cortège triomphal.

14 En quoi consiste le métier du mari de Gladys ? Correspond-il à ce qu'elle attendait, au début du roman, de l'homme idéal ?

15 Dans quelles régions du monde trouve-t-on des diamants ?

À SAVOIR

LES POINTS DE VUE

Durant tout le roman, le récit est fait à la première personne, le narrateur devant relater, en tant que journaliste, les aventures de l'expédition. Au dernier chapitre, Malone est relayé par un confrère qui rend compte de la conférence. Les points de vue sont différents.

Dans le premier cas, nous voyons par les yeux du héros (récit subjectif) ; dans le second, nous assistons à la relation plus objective d'un autre journaliste. Le compte rendu de Macdona se distingue du récit de Malone par la présence de guillemets en tête de chaque paragraphe, car c'est un article de journal que Malone cite. Il est annoncé par un titre, en capitales, qui doit dire l'essentiel en peu de mots, tout en suscitant la curiosité du lecteur. Le narrateur intervient entre parenthèses pour critiquer son confrère qui évoque « sa bonne figure candide » ou pour commenter la version officielle de la mort des deux métis (on prétexte un accident pour ne pas avoir à répondre de leur assassinat).

L'insertion des petits dialogues rapportés au style direct garantit l'objectivité de l'article. Enfin, pour rendre son récit plus vivant quand le ptérodactyle s'envole, Macdona passe du passé simple au présent et raccourcit ses phrases. L'insertion de l'article dans le roman fait varier les points de vue et crée l'illusion d'un fait réel.

LES FINS DE CHAPITRE

PAGES 17, 28, 79, 151, 210, 249, 294

Lire

1 Chapitre 1 : En quoi la dernière phrase peut-elle nous renseigner sur la situation finale de Gladys ?

2 Chapitre 2 : Quelles sont les deux significations de l'avertissement donné dans la dernière phrase ?

3 Chapitre 5 : Quel effet la solennité de la dernière phrase produit-elle ?

4 Chapitre 9 : Le dernier paragraphe est un post-scriptum qui insiste sur l'impossibilité de sortir du plateau-prison. Pourquoi Malone énumère-t-il plusieurs hypothèses irréalisables ?

5 Chapitre 12 : En quoi le dernier paragraphe constitue-t-il une habile transition ?

6 Chapitre 14 : Pourquoi la dernière réplique de Summerlee peut-elle sembler rassurante ?

7 Chapitre 16 : Que signifie le geste de Lord Roxton ?

Écrire

8 Pourquoi les conclusions des chapitres 8, 10 et 13 peuvent-elles paraître décevantes ?

9 Rédigez des conclusions plus satisfaisantes pour ces trois chapitres.

Chercher

10 Comparez la fin de plusieurs chapitres avec les épigraphes qui les précèdent et les suivent.

11 Reprenez un livre que vous avez déjà lu et étudiez les fins de chapitre.

LES FINS DE CHAPITRE

À SAVOIR

Un roman d'aventures joue sur les péripéties et les rebondissements. Le lecteur doit être surpris par un événement inattendu, retrouver un personnage disparu, s'apercevoir que celui qu'il considérait comme un ami n'était qu'un ennemi — ou inversement. Le roman doit maintenir l'attention du lecteur, notamment à la fin de chaque chapitre, pour susciter l'envie de lire le suivant.

Conclure un chapitre, c'est d'abord effectuer un bilan de ce qui s'y est déroulé, mais c'est aussi ouvrir sur les conséquences, qu'elles soient immédiates ou différées de plusieurs pages. Le narrateur peut annoncer, plus ou moins ouvertement, que la suite des événements détruira ses illusions (*cf.* chap. 1), renversera son opinion première (*cf.* chap. 2) ou encore la renforcera (*cf.* chap. 7). Il peut également s'endormir sans soupçonner une catastrophe qui se prépare (*cf.* chap. 10)…

GROUPEMENT DE TEXTES

LES ANIMAUX PRÉHISTORIQUES

La rencontre d'animaux préhistoriques hante l'imagination des écrivains – et de leurs lecteurs – depuis les premières découvertes de squelettes de sauriens, à la fin du XVIIIe siècle. Cuvier (1769-1832) et Geoffroy Saint-Hilaire (1772-1844), auquel Balzac rendra hommage dans la dédicace du *Père Goriot*, fondent la paléontologie et leurs publications servent de support à la créativité des écrivains.

Les romans qui mettent en scène des dinosaures reflètent l'évolution culturelle. Au XIXe siècle, la visée pédagogique des éditions Hetzel pousse Jules Verne à écrire des ouvrages scientifiques de vulgarisation qui familiarisent les lecteurs avec la paléontologie. Chaque rencontre avec un monstre antédiluvien devient prétexte à un petit cours d'anatomie et de géologie fondé sur les dernières découvertes de l'évolutionnisme.

Au XXe siècle, les héritiers de J. Verne alternent romans policiers (C. Doyle) ou d'anticipation (les Anglo-Saxons) avec ces romans inclassables où l'aventure le dispute à la vulgarisation paléontologique. Soit ils choisissent le genre fantaisiste dont le vraisemblable est banni au profit d'une ironie sophistiquée (Brown, Lewis), soit ils privilégient le suspense et l'identification aux héros dans un contexte où l'héroïsme et l'humanisme l'emportent presque toujours sur la violence titanesque des dinosaures.

Quoi qu'il en soit, si les dinosaures fascinent, c'est d'abord par leur étrangeté : leur gigantisme, leur cruauté et le mélange d'espèces qu'ils représentent (oiseaux-reptiles, lézards bipèdes, etc.).

C'est ensuite parce qu'ils correspondent aux fantasmes que les pires cauchemars de l'humanité ont inventés (vampires, harpies, yeti ou chimères de la peinture médiévale). C'est enfin parce que l'on pressent le lien ténu qui les relie, par le biais de l'évolution, à notre espèce de *sapiens sapiens*.

La rencontre des sauriens brouille tous les repères temporels et illustre ce désir si ancien de remonter le temps et de rencontrer concrètement ce que nous ne connaissons que par les reconstitutions scientifiques. Mais n'est-ce pas aussi l'envie de mieux connaître ce qu'il y a de plus primitif en nous ?

Jules Verne (1828-1905)

Voyage au centre de la Terre (1864)
En se rapprochant du centre de la Terre, les héros découvrent une mer intérieure. Du radeau qu'ils ont construit, ils assistent, terrifiés, à un titanesque combat de sauriens.

> Deux monstres seulement troublent la surface de la mer, et j'ai devant les yeux deux reptiles des océans primitifs. J'aperçois l'œil sanglant de l'ichthyosaurus, gros comme la tête d'un homme. La nature l'a doué d'un appareil d'optique d'une extrême puissance et capable de résister à la pression des couches d'eau dans les profondeurs qu'il habite. On l'a justement nommé la baleine des Sauriens, car il en a la rapidité et la taille. Celui-ci ne mesure pas moins de cent pieds, et je peux juger de sa grandeur quand il dresse au-dessus des flots les nageoires verticales de sa queue. Sa mâchoire est énorme, et d'après les naturalistes, elle ne compte pas moins de cent quatre-vingt-deux dents.
>
> Le plesiosaurus, serpent à tronc cylindrique, à queue courte, a les pattes disposées en forme de rame. Son corps est entièrement revêtu

Les animaux préhistoriques

d'une carapace, et son cou flexible comme celui du cygne se dresse à trente pieds au-dessus des flots.

Ces animaux s'attaquent avec une indescriptible furie. Ils soulèvent des montagnes liquides qui refluent jusqu'au radeau. Vingt fois nous sommes sur le point de chavirer. Des sifflements d'une prodigieuse intensité se font entendre. Les deux bêtes sont enlacées. Je ne puis les distinguer l'une de l'autre. Il faut tout craindre de la rage du vainqueur.

Une heure, deux heures se passent. La lutte continue avec le même acharnement. Les combattants se rapprochent du radeau et s'en éloignent tour à tour. Nous restons immobiles, prêts à faire feu.

Soudain, l'ichthyosaurus et le plesiosaurus disparaissent en creusant un véritable maelström au sein des flots. Plusieurs minutes s'écoulent. Le combat va-t-il se terminer dans les profondeurs de la mer ?

Tout à coup une tête énorme s'élance au-dehors, la tête du plesiosaurus. Le monstre est blessé à mort. Je n'aperçois plus son immense carapace. Seulement son long cou se dresse, s'abat, se relève, se recourbe, cingle les flots comme un fouet gigantesque et se tord comme un ver coupé. L'eau rejaillit à une distance considérable. Elle nous aveugle. Mais bientôt l'agonie du reptile touche à sa fin, ses mouvements diminuent, ses contorsions s'apaisent, et ce long tronçon de serpent se détend comme une masse inerte sur les flots calmés.

Quant à l'ichthyosaurus, a-t-il regagné sa caverne sous-marine, ou va-t-il reparaître à la surface de la mer ?

Alfred Jarry (1873-1907)

Ubu cocu ou l'Archéoptéryx (écrit en 1893, publié en 1944)
Histoire farfelue d'un tyran grotesque, prétentieux et cruel. Le père Ubu tue ou fait passer à la trappe tous ceux qui lui déplaisent.

L'ÂME DE PÈRE UBU : Nous croyons que nous sommes cocu, bien valablement, malgré, au vu de nos attraits, l'invraisemblance de la chose. Nous sommes père d'un bel oiseau, cornegidouille ! Il nous paraît préhistorique, croisé vampire-archéoptéryx, ichthyornis, avec de nombreuses qualités des chiroptères, léporides, rapaces, palmipèdes, pachydermes et porcins ! Nous regrettons presque de ne l'avoir pas nous-même engendré. Mais nous nous applaudissons qu'il sache, aussi bien que se poser sur son séant, voler à travers les airs de cette façon.

L'âme du père Ubu poursuit la mère Ubu en lui lançant l'Archéoptéryx, jusqu'à ce qu'elle s'engloutisse dans la trappe.

Mikhaïl Boulgakov (1891-1940)

Les Œufs fatidiques (écrit en 1930, traduit en 1971)
Le savant Persikov a découvert un rayon rouge qui accélère la maturation des œufs, mais multiplie la taille, la force et la méchanceté des animaux. Par inadvertance, des œufs de serpents, de crocodiles et d'autruches sont soumis au rayon. La Russie se couvre alors de monstres antédiluviens dont seul le gel, grand vainqueur de toutes les guerres russes, viendra à bout. Ici, deux miliciens découvrent les premiers ravages dans un sovkhoze.

Des serpents de toutes les tailles rampaient le long des fils électriques, grimpaient sur les armatures du vitrage et sortaient par les trous du toit. Il y en avait même un qui était suspendu au globe électrique, un serpent tout noir, tacheté, long de plusieurs mètres ; sa tête oscillait juste au-dessous du globe comme un balancier. Au milieu du sifflement, on entendait comme un bruissement de hochets ; l'orangerie dégageait une odeur putride insolite, une senteur d'eaux croupissantes. Les agents distinguèrent encore confusément des monceaux d'œufs blancs entassés dans les coins pleins de poussière, et un oiseau étrange et gigantesque, gisant près des chambres noires, immobile, et, enfin, le cadavre d'un homme vêtu de gris à côté d'un fusil, près de la porte.

– En arrière! – cria Chtchoukine ; et il se mit à crier en repoussant Polaïtis de sa main gauche et en levant le revolver dans sa main droite. Il eut le temps de tirer neuf ou dix fois ; l'arme émettait des sifflements et lançait des éclairs verdâtres aux abords de l'orangerie. Le bruit s'amplifia terriblement ; le tir de Chtchoukine avait déclenché une folle agitation dans toute l'orangerie ; des têtes plates pointèrent à travers les trous du vitrage. Aussitôt, un fracas du tonnerre commença à se répercuter à travers tout le sovkhoze, rebondissant d'un mur à l'autre en une cascade d'échos. Ta-ta-ta-ta, c'était Polaïtis qui tirait en marchant à reculons. Un bizarre bruissement de quadrupède se fit entendre derrière son dos ; tout à coup, Polaïtis poussa un cri affreux en tombant à la renverse. Une créature ressemblant à un lézard d'une taille fantastique – elle était kaki, avec des pattes écartées, une énorme gueule pointue et une queue dentelée – avait jailli d'un hangar et, d'un coup de mâchoires rageur, avait broyé la jambe de Polaïtis, le précipitant à terre.

– Au secours – cria Polaïtis, mais déjà son bras gauche était happé par la gueule du monstre et l'on entendit un craquement sec ; il balayait le sol de sa main droite, armée d'un revolver, qu'il essayait vainement de lever. Chtchoukine se retourna et, fiévreusement, tenta d'intervenir. Il réussit à tirer une première fois mais il mit nettement à côté de la cible car il avait peur de tuer son camarade. Une deuxième fois, il tira en direction de l'orangerie parce qu'entre les têtes de petits serpents, il avait vu surgir une énorme gueule olivâtre ; détendant tout son corps, un serpent gigantesque avait bondi droit vers lui ; c'est alors que Chtchoukine avait tiré, le tuant sur le coup.

Fredric Brown (1906-1972)

Paradoxe perdu (1974)
Shorty se retrouve enfermé dans le noir avec un étrange interlocuteur qui se prétend fou. N'est-ce pas une folie que de croire

qu'on a inventé une de ces « machines à remonter le temps » que la logique prétend irréalisables ? Paradoxe ou non, Shorty est bien convié à une très réelle chasse aux dinosaures.

– Un paradoxe de plus ou de moins... on n'en est pas à un paradoxe près ; et une machine à remonter le temps, ce n'est pas la mer à boire. Nous sommes beaucoup à en posséder une. Nous sommes nombreux à revenir ici, chasser le dinosaure. C'est comme ça que nous avons amené l'extinction de l'espèce, et c'est pour ça que...

– Pas si vite ! coupa Shorty. Cet univers dans lequel nous sommes présentement assis, le Jurassique, fait-il partie de votre... de votre concept, ou est-il réel ? Il a l'air réel, les détails y ont un air authentique.

– Il est réel, mais rien n'a vraiment existé. Cela est évident. Si la matière est une vue de l'esprit, comme les sauriens n'ont jamais eu d'esprit, comment voudriez-vous qu'ils disposent, pour y vivre, d'un univers autre que celui que nous avons conçu pour eux... après coup ?

– Oooohhh ! soupira Shorty, dont l'esprit tournoyait en bourdonnant... Oooohhh, vous voulez dire que les dinosaures n'ont jamais vraiment...

– En voilà un qui arrive, dit le petit bonhomme.

Shorty se dressa d'un bond, explora frénétiquement du regard les alentours, et ne vit rien qui ressemblât à un dinosaure.

– Là-bas, dit le petit bonhomme, il arrive à travers les buissons. Regardez-moi faire.

Shorty regarda son compagnon qui tendait le caoutchouc de son lance-pierres. Une petite chose, qui ressemblait à un lézard, mais sautillait debout sur ses pattes de derrière comme jamais aucun lézard n'a sautillé, arrivait en contournant un buisson nain. L'animal mesurait une quarantaine de centimètres.

Il y eut un bzzing suraigu pour accompagner la détente du caoutchouc, et un plaff sourd quand le caillou frappa la créature entre les deux

yeux. La créature tomba, le petit bonhomme s'en approcha et la souleva :
– Vous pouvez tirer le prochain, si vous voulez, dit-il.
Bouche bée et bras ballants, Shorty contemplait le saurien mort.
– Un struthiominus ! articula-t-il. Bigre ! Mais si le prochain à venir est gros ? Si c'était un brontosaure ou un tyrannosaurus rex ?
– Il n'y en a plus. Nous avons amené l'extinction de ces espèces. Il ne reste que les petits. C'est quand même mieux que la chasse aux lapins, non ? De toute façon, moi, un seul me suffit pour aujourd'hui. Je commence à m'ennuyer, mais je veux bien rester le temps que vous en tuiez un aussi, si le cœur vous en dit.

Roy Lewis (1920-1996)

Pourquoi j'ai mangé mon père (écrit en 1960, traduit en 1990)
Le héros-narrateur raconte une vie préhistorique fantaisiste. Dans le raccourci de quelques décennies, il découvre le langage articulé, le feu et la peinture : tout cela sur le ton d'un intellectuel du XXe siècle. Ici, il s'agit de se procurer du feu, occasion de parler des mammouths.

La grande affaire, c'était de se fournir en combustible. Une bonne arête de silex vous taillera en travers une branche de cèdre de quatre pouces en moins de dix minutes, encore faut-il avoir la branche. Heureusement, les éléphants et les mammouths nous gardaient au chaud : c'était leur bienheureuse habitude d'éprouver la force de leur trompe et de leurs défenses à déraciner les arbres. Plus encore le vieil *elephas antiquus* que le modèle récent, parce qu'il trimait dur à évoluer, le pauvre, et rien ne soucie plus un animal en évolution que la façon dont ses dents progressent. Les mammouths, eux, en ces jours-là, se considéraient comme à peu près parfaits. S'ils arrachaient des arbres, c'était quand ils étaient furieux ou voulaient épater les femelles. À la saison des amours, il suffisait de suivre les troupeaux pour se fournir en bois de chauffage. Mais, la saison passée, une pierre bien envoyée derrière le creux de l'oreille faisait souvent l'affaire, pour un bon mois. J'ai même vu ce truc-là réussir avec les grands mastodontes, mais après c'était le diable de traîner chez soi un baobab. Oh ! ça brûle bien. Mais ça vous tient à distance de trente mètres. L'excès en tout est un défaut.

Michaël Crichton (1942-)

Le Monde perdu (1995)
Levine et Diego suivent l'ancienne piste d'une Jeep sur une île que la jungle est en train de reconquérir. Près d'un cours d'eau, Levine découvre des empreintes tridactyles et entend un cri bref et aigu. Il se cache pour laisser l'animal s'approcher.

Au bout d'un moment, un petit animal se montra entre les frondes. Il avait la taille d'une souris, une peau lisse, sans poils, de gros yeux perchés sur une petite tête. Il était brun-vert et émettait des couinements irrités en direction de Levine, comme s'il avait voulu le chasser. Levine demeura rigoureusement immobile, osant à peine respirer.

Il avait reconnu l'animal, bien entendu. C'était un mussaurus, un tout petit prosauropode de la fin du trias, dont on avait trouvé des squelettes uniquement en Amérique latine. L'un des plus petits dinosaures connus.

Un dinosaure, se dit Levine.

Même s'il s'attendait à en voir sur cette île, c'était une impression saisissante de se trouver face à un représentant en chair et en os de l'ordre des dinosauriens. Surtout si petit. Il ne pouvait en détacher les yeux. Il était fasciné. Après tant d'années, après tous les squelettes poussiéreux... un dinosaure vivant !

Le petit mussaurus se risqua plus loin, avança sur une fronde. Levine constata que l'animal était plus long qu'il ne l'avait cru de prime abord.

Les animaux préhistoriques

Il mesurait dix centimètres, avec une queue d'une étonnante épaisseur. Tout bien considéré, il ressemblait beaucoup à un lézard. Il se redressa, se mit debout sur ses pattes de derrière. Levine vit sa cage thoracique se soulever au rythme de sa respiration. L'animal battit l'air de ses minuscules membres antérieurs, en poussant une suite de petits cris aigus.

Lentement, très lentement, Levine tendit la main.

L'animal jeta un cri bref, mais il ne prit pas la fuite. Il semblait avant tout curieux ; quand la main de Levine se rapprocha de lui, il pencha la tête sur le côté, comme le font souvent les animaux de très petite taille.

Les doigts touchèrent l'extrémité de la fronde. Le mussaurus se dressa sur ses pattes arrière, la queue tendue lui servant de balancier. Sans montrer le moindre signe de peur, il sauta avec légèreté sur la main de Levine, s'arrêta au milieu de la paume. Il était si léger que l'homme le sentait à peine. Le mussaurus se déplaça, flaira les doigts de Levine. Levine sourit, séduit.

Brusquement, le petit animal émit un sifflement et disparut dans les palmes. Levine cligna des yeux, incapable de comprendre pourquoi.

Il perçut soudain une odeur fétide, entendit des froissements dans la végétation de la rive opposée. Il y eut un grognement étouffé. De nouveaux bruissements de feuilles.

En un éclair, il revint à l'esprit de Levine que les carnivores en liberté chassaient près du lit des cours d'eau, attaquant des proies devenues vulnérables quand elles se penchaient pour boire. Mais il était trop tard. Un cri perçant, terrifiant, retentit ; quand il se retourna, il vit le corps de Diego entraîné dans les buissons et l'entendit hurler. Diego se débattit ; les buissons s'agitèrent violemment ; Levine aperçut un pied énorme, le doigt médian terminé par une griffe courte et crochue. Puis le pied se retira. Les buissons continuèrent de trembler.

Soudain, un chœur de rugissements effrayants éclata dans la forêt. Richard Levine vit un gros animal charger dans sa direction. Il prit ses jambes à son cou, atteint d'une terreur panique, ne sachant plus où aller, sachant seulement qu'il n'y avait plus d'espoir.

INFORMATION / DOCUMENTATION

BIBLIOGRAPHIE

Œuvres littéraires dans lesquelles apparaissent des monstres préhistoriques

• **Romans et théâtre**
– Jules Verne, *Voyage au centre de la Terre* et *Vingt Mille Lieues sous les mers*.
– Alfred Jarry, *«Ubu cocu»* in *Ubu*, Gallimard, « Folio », 1978.
– Mikhaïl Boulgakov, *Les Œufs fatidiques*, L.G.F., 1999.
– Fredric Brown, *Paradoxe perdu*, Calman-Lévy, 1974.
– Michaël Crichton, *Jurassic Park*, Pocket, 1994, et *Le Monde perdu*, Pocket, 1998.
– Roy Lewis, *Pourquoi j'ai mangé mon père*, Actes Sud, 1996.

• **Bandes dessinées**
– Edgar Pierre Jacobs, *Le Piège diabolique*, série « Blake et Mortimer », 1990.
– Jacques Tardi, *Adèle et la Bête*, Casterman, 1975, et *Le Savant fou*, Casterman, 1977.

Ouvrages consacrés aux dinosaures

• **Essais**
– Jean Le Lœuff, *99 Réponses sur les dinosaures*, C.R.D.P., 1994.
– Éric Buffetaut, *Dinosaures en France*, éd. B.R.G.M., 1995.
– Jean-Jacques Jaeger, *Les Mondes fossiles*, Odile Jacob, 1996.
– Philippe Taquet, *L'Empreinte des dinosaures : carnets de piste d'un chercheur d'os*, Odile Jacob, 1997.
– Walter Alvarez, *La Fin tragique des dinosaures*, Hachette, 1998.
– Michaël Benton, *L'Atlas historique des dinosaures : 1000 espèces, 160 millions d'années*, Autrement, 1998.
– Éric Buffetaut, Jean Le Lœuff, *Les Mondes disparus*, Berg International, 1998.
– Yves Robert, *Dinosaures: sur les traces des iguanodons de Bernissard*, La Renaissance du Livre, 1998.

• **Revues**
– *Oryctos*, publication bilingue, à commander au musée des Dinosaures, Espéraza (Aude).
– *La Lettre de Dinosauria*, trimestriel disponible au musée des Dinosaures.
– *Science et Avenir*, n° 627, mai 1999.
– *La Recherche*, n° 277, juin 1995.

INFORMATION / DOCUMENTATION

FILMOGRAPHIE

– *Gertie*, dessin animé de 1909.
– *Le Monde perdu*, première adaptation, muette, en 1925.
– *King Kong*, première version en 1933.
– *Voyage au centre de la Terre*, film en couleurs de Henry Levin, 1959.
– *Le Monde perdu*, nouvelle adaptation, Irwing Allen, 1960.
– *Voyage au centre de la Terre*, film mexicain d'Alfredo Crevenna, 1964.
– *When Dinosaurs Ruled the Earth*, 1970.
– *Le Continent fantastique*, film espagnol de Juan Piquar, 1977.
– *Le Chaînon manquant*, dessin animé de Picha, 1979.
– *Jurassic Park*, film de S. Spielberg, 1993.
– *Le Monde perdu* (titre emprunté au roman de Conan Doyle), S. Spielberg, 1999.

VISITER

Espéraza (Aude) : musée des Dinosaures, tél. 04. 68. 74.05. 75.
Paris : Muséum national d'histoire naturelle, 57, rue Cuvier, tél. 01. 40. 79. 30.00.

CONSULTER INTERNET

• **Les sites de dinosaures en France**
http ://www.liberation.fr/dinos/evolind.html
Site de Crayssac (Périgord) : http ://www.citeweb.net/pteros/
Site du Muséum de Paris : http ://www.mnhn.fr
Site de la plaine aux dinosaures : http//www.villemeze.fr :dino.htm

• **Sites sur Jules Verne**
http ://www.geocities.com/Arca51/Quadrant/2877/JHDJV-Index.htm
http ://www.geocities.com/Athens/Delphi/4530
http ://www.f./julesverne/accueilverne.html

• **Sites sur les animaux du jurassique**
Jurassic page : http ://members.aol.com :jurassicta/jp-hp.html
Le Monde perdu, de M. Crichton : http ://legere.free.fr/monde.htm

Couverture
Conception graphique : Marie-Astrid Bailly-Maître
Photo : *The age of reptiles*, mural, by Rudolph F. Zallinger © 1966, 1975, 1985, 1989, Peabody museum of natural history, Yeal university, New Haven, CT.
Intérieur
Structuration du texte : Roxane Casaviva
Conception graphique : Marie-Astrid Bailly-Maître
Réalisation : PAO Magnard, S.A.R. Barbara Tamadonpour

Aux termes du Code de la propriété intellectuelle, toute reproduction ou représentation intégrale ou partielle de la présente publication, faite par quelque procédé que ce soit (reprographie, microfilmage, scannérisation, numérisation...) sans le consentement de l'auteur ou de ses ayants droit ou ayants cause est illicite et constitue une contrefaçon sanctionnée par les articles L. 335-2 et suivants du Code de la propriété intellectuelle.
L'autorisation d'effectuer des reproductions par reprographie doit être obtenue auprès du Centre Français d'exploitation du droit de Copie (CFC) – 20, rue des Grands-Augustins – 75006 PARIS – Tél. : 01 44 07 47 70 – Fax : 01 46 34 67 19.

© Éditions Magnard, 2000 – Paris
www.magnard.fr

Imprimé en France par I. F. C. 18390 Saint-Germain-du-Puy
Dépôt légal : octobre 2002 - N° d'éditeur : 2002/533
N° d'imprimeur : 02/1036